韩国留学生习得汉语介词副词偏误分析

——基于国别化汉语中介语语料库的研究

焉德才 ◎ 著

中国社会科学出版社

图书在版编目(CIP)数据

韩国留学生习得汉语介词副词偏误分析：基于国别化汉语中介语语料库的研究 /
焉德才著 . —北京：中国社会科学出版社，2018.3

ISBN 978-7-5203-1922-5

Ⅰ.①韩… Ⅱ.①焉… Ⅲ.①汉语–中介语–对外汉语教学–教学研究 Ⅳ.①H195

中国版本图书馆 CIP 数据核字(2018)第 000365 号

出 版 人	赵剑英
责任编辑	任 明
责任校对	石春梅
责任印制	李寡寡

出 版	中国社会科学出版社
社 址	北京鼓楼西大街甲 158 号
邮 编	100720
网 址	http://www.csspw.cn
发 行 部	010-84083685
门 市 部	010-84029450
经 销	新华书店及其他书店

印刷装订	北京君升印刷有限公司
版 次	2018 年 3 月第 1 版
印 次	2018 年 3 月第 1 次印刷

开 本	710×1000 1/16
印 张	23.75
插 页	2
字 数	387 千字
定 价	98.00 元

凡购买中国社会科学出版社图书，如有质量问题请与本社营销中心联系调换
电话：010-84083683

目　　录

第一章

国别化偏误语料库构建的意义及思路

第一节 国内偏误研究及汉语中介语语料库建设概况

偏误分析理论发端于英国应用语言学家科德（Corder）1967 年的《学习者错误的重要意义》一文。在这篇文章及随后的研究中，科德提出偏误分析的五个步骤：收集资料、鉴别偏误、描写偏误、解释偏误、评价偏误，在偏误归类上提出了著名的"省略""附加""类推"和"错序"四种主要偏误类型。后来"中介语之父"塞林格（Selinker）提出，语言迁移、训练迁移、过度泛化、学习策略、交际策略是语言偏误形成的五大原因，这使我们对偏误的致误机制有了更深的认识。

偏误理论 1984 年由鲁健骥先生引入国内，20 多年来影响深远，成果颇丰。陆俭明（2005）、崔希亮（2001；2008）、张博（2008）、周小兵（2004；2007）、肖奚强（2008；2009；2016）、李大忠（1996）、程美珍（1997）、叶盼云、吴中伟（1999）、任长慧（2001）、周文华（2011）等人或专著论及，或在专著中列有汉语偏误描写的专门章节；词典编纂方面，国内引入"偏误入词典"理念的对外汉语参考词典主要有杨庆蕙主编的《现代汉语正误辞典》(1993)，李晓琪的《现代汉语虚词讲义》(2005)，赵新、李英主编的《商务馆学汉语近义词词典》(2009)，朱丽云主编的《实用对外汉语重点难点词语教学词典》(2009)，岑玉珍主编的《汉语副词词典》(2013) 以及赵新和刘若云主编的《实用汉语近义虚词词典》(2013) 等。除此之外，张博先生正主持编写的面向对外汉语教学的汉语易混词词典令人期待。

自 20 世纪 90 年代北京语言学院首建"汉语中介语语料库"以来，国内汉语中介语语料库的建设渐呈燎原之势。南京师范大学、中山大学、暨南大学、台湾师范大学等十多所高校都建立了各自的书面汉语中介语语料库，香港中文大学、苏州大学建立了"汉语中介语口语语料库"。基于汉语中介语语料库进行偏误研究已成学界共识。

随着研究的深入发展，研究者们发现，国别化汉语中介语语料库建设势在必行。国别化研究是汉语研究走向精细化的表现之一。国别化汉语中介语语料库的建设不但可以丰富语料库建设的维度和种类，而且可以拓展扩充语言类型学的研究内容。目前，基于国别化汉语中介语语料库进行汉语偏误分析已然成为新的研究热点。这一研究趋势的形成，是建立在对国内语料库建设的观察和反思的基础之上的。

第二节　国内汉语中介语语料库建设的不足

虽然近20多年来国内汉语偏误研究取得了很大成绩，但尚存以下三点不足：

一　偏误研究广度不足维度单一

以往偏误研究的对象一般是出错率高的少量典型词汇或句式，但在中介语系统中，每个词都有自己独特的偏误生态，"萃取型"研究范式无法照顾到所有词的偏误描写。另外，汉语偏误研究的视角多集中于相对单一的领域，或者语法，或者语义，或者认知，缺少从语音、汉字、语义、语用、语体、认知、语言对比等多维视角进行的研究。

二　对"国别化"语料库建设重视不够

以往的偏误研究多为不分学习者国别的通用型研究，对"国别化"问题重视得不够，今后应致力于探寻国别化汉语词汇教学研究的特异性规律。比如，韩国语学生把汉语的"经历了很多事"说成"经验了很多事"，泰国学生常把汉语的"我不舒服"说成"我不好"，等等，很多汉语偏误形式都跟学生的母语的国别化背景有关。通过对国别化汉语中介语语料库的研究，我们需要探讨的是，汉语的哪些内容在不同语言中的表现基本一样，哪些内容受本族语的影响较明显。因为只有知己知彼，方能在面对不同国别的留学生时做到胸有成竹，从容驾驭，最终实现教学效果的最优化。

三 词汇教学信息库建设偏弱

目前国内汉语中介语语料库有的完成了语料某些基础信息的标注，但未对语料词汇信息进行深度挖掘。造成"基础中介语语料库偏多，教学信息库建设偏弱"的状况。目前，国别化汉语教学及研究急需的基于偏误反馈的、多维度、宽覆盖的"教学型信息库"建设国内尚属空白。

我们的研究项目《对韩汉语甲级词认知编码度的标注及开放型偏误语料库的建设》就是在这样的背景下展开的。

第三节 本研究项目的价值和意义

一 基于国别化语料库的词汇偏误描写具有前瞻性

我们一直认为，中介语中的偏误信息是有生态价值的。每个词在中介语中都有自己的生态特点。我们应该深入细致地研究这些偏误信息，对它们精细分类并条分缕析地描写出来，最终构拟出每个词的偏误生态，编成大纲词偏误生态信息库。这样的词汇偏误生态描写，如果能跟国别化词汇研究结合起来可能更有针对性，也更有价值。正是基于这种想法，我们认为，对汉语词汇进行基于国别化规模语料的偏误生态描写是一项具有前瞻性，也非常有意义的基础性研究工作，它对提高 CSL 课堂教学效果、提升教材编写质量、促进对外汉语词典编纂都具有非常重要的价值。

二 提出了词汇偏误描写需要解决的八大问题

这八大问题包括：
1. 对每个词的偏误生态进行微观描写
2. 找出各层次（语音、汉字、词汇、语法、语义等）偏误的内在规律
3. 找出各层次偏误的多发重灾区
4. 找出容易"化石化"的偏误形式
5. 找出词语或语法结构的易混淆信息

6. 对偏误形成的原因进行分析和解释

7. 对偏误要有正式的解决方案

8. 要形成电子或者纸媒文件，以供查询和参考

第四节　本研究项目的内容、观点和创新

一　主要内容

本研究项目试图从服务于对韩课堂教学的应用角度，给 HSK 大纲词提供一些来自偏误反馈的教学提示信息，并将这些教学提示信息组织成一个对韩汉语词汇教学的自主应用平台(网上电子信息库)，为广大对韩汉语教师的教学科研提供必要的信息支持。

信息库的主体框架包括"语料处理系统""数据库"和"用户检索系统"三部分。"语料处理系统"存储的是从"韩国留学生汉语中介语语料库"中提取的所有偏误语料；"数据库"中的信息包括 HSK 大纲词、大纲词基础附码集、大纲词编码度集、大纲词认知难度评价、正负迁移和偏误例句等信息；"用户检索系统"的内容主要包括：每个 HSK 大纲词的基础附码、编码度标注、认知难度评价、迁移情况描写和典型偏误展示五个方面。其中，"典型偏误展示"是核心内容，其他内容的撰写大多来源于对偏误语料的分析和归纳。偏误语料的搜集，主要来自我们已经建设完成的《韩国留学生汉语中介语语料库》，这个语料库目前已经收集了 400 万字的语料，基本可以满足需要，如果出现语料稀疏或者不平衡的情况，我们将采取人工干预的手段搜集一些偏误语料。

（一）基础附码

为了科研的需要，我们给每个词添加了标示该词各种客观信息的代码，这种代码就是基础附码。基础附码包括三种："词性附码""词法附码"和"词调附码"，比如单词"半天"的词性附码是 n(名词)，词法附码是 pz(偏正结构)，词调附码是 41(四声+一声)。基础附码最主要的功能是服务于科研检索。

（二）编码度标注

编码度标注是指从语音、汉字、语法和语义四个维度对每个汉语单词

的"编码度"进行标注。所谓"编码度"是指一种衡量韩国学生认知汉语词汇难易程度的量化指标。编码度的确定可以概括为"四维五级"。"四维"指"语音、汉字、语法、语义"四个维度;"五级"指学生认知汉语词汇的五个难度等级,认知难度最高的词标为5,最低的标为1。

（三）认知难度评价

认知难度评价是对词汇的"认知难度"做出评价和说明。比如,对"旅游、减肥"等词就要提示这些词的声调是韩国学生的难点,再如,语音方面韩国学生的"z 和 zh"的混淆,语义方面的"最终、终于"/"经历""经验"的混淆,汉字方面的"己、已、巳"的混淆,词汇方面的"明天""第二天"/"明年""第二年"的混淆,语法方面的"对"和"给"的混淆（"他〔给〕我说:'你过来'（×）/你〔给〕我说说你迟到的理由（✓）"）等等,很多词都需要加以评价说明。

（四）迁移情况描写

迁移情况描写是指在综合分析偏误语料的基础上对词的典型正负迁移情况做出说明。比如韩国学生将"因为"发成"因+努+为"的音,"再见"发音的上挑都是由母语负迁移引起的,"你为什么做这样"则是受目的语语法的影响而形成的。另外,易混淆词偏误也有一些属于迁移性质的偏误。我们的信息库需要对这些典型的正负迁移情况进行描写和说明。

（五）典型偏误展示

典型偏误展示,主要是为了呈现搜集到的典型偏误例句,让参考者能够比较清楚地观察到偏误的类型和主要特点。偏误例句既可以作为描写词汇信息的依据,又可以作为科学研究的语料基础。

二　基本观点

（一）国别化汉语词汇教学信息库的建设是未来汉语语料库建设的方向之一

国别化汉语中介语语料库的后续开发和应用,若想跟国别化课堂教学实现更紧密的对接与融合,基于中介语语料库偏误反馈的汉语词汇教学信息库的建设应该是未来汉语语料库建设的方向之一。

（二）词汇偏误信息的描写应该是立体多维的

本信息库的基础性工作是对每个 HSK 甲级大纲词从编码度标注、认知难度评价、迁移情况描写和典型偏误展示四个方面展开词汇偏误的精细描写。

（三）对韩汉语词汇教学信息库的建设具有示范作用

基于偏误反馈的对韩汉语词汇教学信息库的建设是一种探索，我们的目的是以此为范例，提炼国别化的汉语词汇教学信息库的建库规范，用以指导其他国别化信息库的建设，力争在未来形成其他语种的系列化的汉语词汇教学信息库，共同为汉语教学、汉语研究以及汉语国际传播服务。

三　创新之处

本课题的创新之处在于以下三点：

（一）提出了国别化汉语中介语语料库建设与国别化对外汉语课堂教学"对接融合"的思想

这种思想基于四点：一是随着孔子学院"本土化"战略的实施，国别化汉语词汇教学信息库建设需要纳入我们的研究视野；二是加快汉语国际传播的紧迫感要求我们提供的教学信息更准确、更有效率；三是经过多年的积累，汉语中介语语料库的建设需要向"基于偏误反馈的汉语词汇教学信息库的建设"转向；四是对词汇偏误信息的精细描写必须建立在对真实语料的偏误分析的基础上。

（二）提出了"编码度"思想

教学中，我们发现，有的单词（发音、汉字、语法、语义），学生一次性就可以掌握，有的需要多次重现才能掌握。这启发我们提出了"编码度"思想。我们试图从语音、汉字、语法和语义四个维度进行编码度标注，标注的依据有基于语言对比分析的预测因素，也有基于语料库偏误分析的信息支撑。

（三）提出了偏误信息的"描写呈现"思想

目前国内汉语中介语语料库建设，大多只是完成了偏误的"标注呈现"，尚未完成偏误的"描写呈现"，为此，我们创造性地提出：从"编码度标注""认知难度评价""迁移情况描写"和"典型偏误展示"四个维度对每个汉语词的偏误规律和特点进行描写。这种基于偏误反馈的汉语词汇信息的"逐词式偏误描写范式"，未来必将大有可为，也必将有助于推动汉语的国际传播。

我们的研究项目《对韩汉语甲级词认知编码度的标注及开放型偏误语料库的建设》正是以上思想的具体实践。目前，这一国别化偏误语料库已经建成并已开放，规模为 100 万字，网址是：http://wd.jasonwung.com，欢迎相关研究者及广大教师查询参阅。

第二章

对韩汉语教学偏误研究概述

第一节　韩国人学习汉语的情况

中韩两国是一衣带水的友好邻邦，经济文化交流源远流长。自建交以来，两国的经济文化交流日益密切。特别是近几年，"汉语热"席卷韩国，方兴未艾。据 2015 年的统计数字，目前韩国有孔子学院 20 所，孔子学堂 5 所。全国有 100 多所大学开设了汉语课程，每年有接近 1/3 的韩国大学生选择汉语作为第二外语。中小学开设汉语班的有 2000 余个，学生达六七万名。每年的 HSK 考试，韩国国内的考生就多达到 5 万名，这在世界上是最多的。

其实，韩国汉语学习者人数迅速增加始于 2002 年。据韩国政府统计，2002 年前往日本留学进修的韩国人是 1.1 万，但从 2003 年开始首次跌破 1.1 万人，被学习汉语的人数迅速超越，并且这种趋势一直持续到现在。目前，汉语的地位已经超越日语，成为仅次于英语的第二大外语。（王海峰，2011）。2011 年，来华的韩国人达到 600 万人次，常住中国的韩国人已经超过 200 万，中国每年的来华留学生中，人数最多的是韩国学生。中国已经成为韩国人出国工作和学习的首选居住地。目前，不管是政府、公司还是家庭层面，韩国人都掀起了大规模学习汉语汉文化的热潮。

资料显示，现在学习汉语最大的海外人群是韩国人。2016 年来华的韩国学生人数是 70540 人，是第二名美国的 3 倍多。面对韩国人学习汉语的热潮，对韩汉语教学界陆续开展了一系列有针对性的研究工作。其重点集中在对韩国学生的汉语偏误分析和汉语偏误研究上。具体来说，包括语音偏误研究、汉字偏误研究、语义偏误研究、语法偏误研究、语体偏误研究、语用偏误研究、语篇偏误研究等方面。下面笔者结合搜集到的相关资料，对国内对韩汉语教学中的偏误分析和偏误研究的著述做一概览式扫描。

第二节　对韩汉语教学偏误研究著述概览

对韩汉语教学偏误研究最早的研究成果主要集中在语法偏误研究上。主要分为两大阶段：第一阶段是从 20 世纪 80 年代到 90 年代中期，主要经历了从中介语的引进，到初步利用它进行对韩汉语语法偏误分析和偏误研究的过程；第二阶段是从 90 年代中期至今，是研究的发展期。这期间，出现了一批偏误研究专著，都或多或少涉及对韩汉语偏误的分析和研究。下面我们将按照时间顺序对这些偏误专著进行简单的扫描。

一　20 世纪 80 年代中期到 90 年代早期的偏误著述

早期的偏误分析专著有佟慧君（1986）的《外国人学汉语病句分析》，这本书选取了外国学生 2020 个偏误句，分为"词"和"句子"两部分进行偏误分析，其中就包含很多韩国学生的偏误例句。虽然受时代和研究成果的限制，这本书在偏误分析上还不十分全面，但它的开拓性和当时在学术界的地位，我们应该给予充分肯定。这本书跟鲁健骥先生发表的一系列偏误研究论文交相辉映，是 20 世纪 80 年代偏误研究的开创性成果。

1993 年，杨庆蕙先生主编了一本《现代汉语正误辞典》，这本辞典由条目、偏误例句和辨析三部分组成。所选例句大部分是英语背景的外国学生，也有一部分是韩国学生的例句。现在来看，这本辞典还是有一些不尽如人意之处，比如，有些词的偏误句的搜集尚不全面，加上受编写体例的限制，一些偏误句的呈现给人一种"蜻蜓点水"的感觉。但即使这样，我们也应该看到，这本辞典是在偏误分析理论指导下编写的第一本供留学生和对外汉语教师参考的语法偏误辞典，其编写思想契合了后来的研究者关于对外汉语词典编撰的一些研究成果，特别是"偏误入辞典"的编纂思想，应该说是相当有前瞻眼光的。2011 年赵新、李英编写的《商务馆学汉语近义词词典》也从课堂教学实践中吸收了大量的典型偏误例句。而且更可喜的是，赵英和刘若云于 2013 年"从留学生的视角"主编了一本《实用汉语近义虚词词典》，这本词典包含了极为丰富的偏误例句，是一部相当好的外向型汉语词典。

二　20世纪90年代中后期的偏误分析著作

20世纪90年代，国内出现了两本重要的偏误分析专著。一本是李大忠先生1996年所著的《外国人学汉语语法偏误分析》，另一本是1997年程美珍先生主编的《汉语病句辨析九百例》。李大忠先生长期从事偏误分析课的教学，经验丰富，在教学实践的基础上写成此书。这本书的特点有三点，一是选择例句典型精当。二是分析深入浅出，而且能够吸收一些汉语本体研究的相关成果进行偏误分析。三是对习得难度大的虚词的典型偏误进行了重点观照。该书分30个专题，偏误的分析和解释深入浅出，环环相扣，堪称当时的经典之作。李著出版的第二年，程美珍先生主编的《汉语病句辨析九百例》出版，这本书分总说、语法偏误、句法偏误和标点符号错误四个部分，将外国人学习汉语出现的偏误类别分门别类地标示出来，而且对典型偏误例句进行了细致的分析讲解。该书基本涵盖了汉语各种词类和各种句式的偏误，是一本比较全面的偏误分析专著。李著跟程著是20世纪90年代偏误分析和偏误研究领域的"双子星座"。李著抓难点，更深入。程著重覆盖，更全面。二者遥相呼应，互为补充。到了20世纪90年代末期的1999年，叶盼云和吴中伟两位先生共著的《外国人学汉语难点释疑》出版，是李著和程著的有力补充。以上三部专著，都有韩国学生造的大量偏误例句，这从一个侧面说明，对韩国学生的汉语偏误分析和偏误研究正逐渐走向深入。当然，我们也不得不指出，以上专著的例句大部分都没有标注究竟是哪国学生产出的偏误，这就造成教师参考时存在一定的筛选困难。这一问题在21世纪的偏误研究中得到了一定程度的改观。

三　21世纪初期的偏误分析著作

进入21世纪，偏误分析和偏误研究变成了对外汉语教学领域的热点中的热点。这期间的偏误分析和偏误研究，专著迭出，蔚为壮观。其特点有四点：一是开始追求理论建树。二是开始进行有针对性的专题研究。三是开始着手进行汉韩语言的大规模比较和微观描写。四是针对韩国学生的

"国别化"偏误研究方兴未艾。一些精通汉语的韩国学者和一些熟悉韩国语的中国学者开始出版专著进行有针对性的偏误分析，特别是在汉字词和韩国语母语负迁移领域的研究尤为引人注目。他们的研究成果使教学界对韩国学生各个层面的偏误规律有了更深入更直观的了解。

这期间，至少有十多本专著陆续出版。按照时间顺序，分别是：任长慧（2001）的《汉语教学中的偏误分析》，甘瑞媛（2006）的《"国别化"对外汉语教学用词表制定的研究》，周小兵等（2006，2007）的《对外汉语教学习得研究》和《外国人学汉语语法偏误研究》，崔健和韩国学者孟柱亿从 2007 年到 2012 年先后出版了一套三本《汉韩语言对比研究》，张博（2008）的《基于中介语料库的汉语词汇专题研究》，肖奚强（2008；2009；2016）的《汉语中介语语法问题研究》《外国学生汉语句式学习难度及分级排序研究》和《外国留学生汉语偏误案例分析》，周小兵（2009）主编的《对外汉语教学入门（第二版）》，孟国（2011）主编的《对外汉语语法难点的偏误研究》，周文华（2011）的《现代汉语介词习得研究》，王海峰（2011）的《国别化：对韩汉语教学法（上、下）》，俞燕君（2011）的《韩国人学汉语难点及偏误解析》，以及杨金华（2012）的《外国人汉语语法习得难点研究》。

这些专著中，韩国人甘瑞媛的著作《"国别化"对外汉语教学用词表制定的研究》是在国内对外汉语教学界大力呼吁推进"国别化"教学背景下的第一部"国别化"研究专著。其研究以汉语词汇大纲 8000 词为基础，对韩国学生汉语学习用词表的制定进行了理论和实践的探讨，提出了一份体现"国别化"特点的"对韩汉语教学用词表"总表。该书填补了作为第二语言的汉语教学的基础研究方面的空白，其观点和理论对"国别化"词表的制定和教材的编写具有重要意义。在这部书中，作者专辟章节对韩国学生的各种偏误及母语负迁移效应进行了较为深入的探讨。

周小兵先生的《外国人学汉语语法偏误研究》、张博先生的《基于中介语料库的汉语词汇专题研究》和肖奚强先生的《汉语中介语语法问题研究》是 21 世纪前十年国内对外汉语教学界开展偏误研究方面比较重要的专著。周著偏重理论建树，在建构偏误理论的过程中，融入了一些教学过程中的典型偏误实例。在具体的偏误研究过程中，该书按语言进行操作，其中关于韩国人汉语偏误的论述很深刻，很有启发性。张博先生的

《基于中介语料库的汉语词汇专题研究》以中介语语料库为依托对汉语词汇偏误进行专题研究，是大规模应用中介语语料库进行偏误研究的重要著作。该书分八个专题进行研究，同时融入了国别化的有关内容，其资料收集和数据分析大都是在数据处理软件的帮助下完成的，一些调查结论和研究数据很有说服力。该书是汉语偏误研究"从大处着眼，从细微处着手"的重要研究成果。肖奚强先生的《汉语中介语语法问题研究》无意进行宏观理论的建构，而是从细微处着手研究一个个语法问题。这些问题涉及一些句法格式，如"除了"句式，也涉及一些语法词，比如频率副词、程度副词、方位词等。这本书将汉语语法知识与对外汉语课堂语法教学非常紧密地结合起来，有样例调查，有数据分析，有详尽的偏误描写和解释，是国内汉语句法偏误研究的重要著作。书中列举了很多韩国人的偏误句式，对我们的研究工作颇有裨益。当然，以上三本著作的着眼点还主要是"外国人"的偏误研究。

2011年，孟国先生主编的《对外汉语十个语法难点的偏误研究》出版。该书对汉语教学过程中的十个语法难点进行了细化研究，研究工作按照"设计调查表——到留学生中调查——数字统计——分析调查结果"的程序进行，在大量吸收汉语本体研究成果的基础上进行偏误类型分析、偏误难度分析和偏误出现频率分析，并找出化解语法难点的办法。这本书以专题形式研究语法难点，其探索为汉语偏误研究提供了新的视角，为以后的偏误研究提供了新思路。当然，这本专著所遴选的难点也是针对"外国人"的，未必完全适合韩国人的偏误实际。比如，韩国人最典型的"的"字偏误和"了"字偏误，该书就未作重点去分析。所以，如果要找出韩国人的语法偏误，还是需要广大教师从该书中仔细甄别。

不难发现，以上专著的研究对象是"所有外国人"，很多偏误分析著作只专注于偏误分析，而无暇顾及偏误生成者的语言背景。虽然其中有几部著作偶有章节论及韩国人的偏误（肖奚强，2008、2009、2016；周小兵，2006、2007、2009；周文华，2011），但研究的覆盖面尚需进一步拓展。

2011年，这一状况发生了一定程度的改变，其标志是王海峰的《国别化：对韩汉语教学法（上、下）》，这本书的研究对象虽然是教学法，但是书中列举了大量韩国人特有的偏误形式。这些偏误，分为语音偏误、语法偏误、词汇偏误、汉字偏误。在研究方法上，该书采取韩汉对比的方法，使读者不但能大量接触韩国人典型的偏误例句，而且能从这些偏误对比和分析中看出韩国语母语负迁移对韩国学生的汉语习得过程进行干扰的一些线索。该书资料比较翔实，重点比较突出，跟教学实践结合得比较紧密，针对性强，在一定程度上解决了对韩汉语教师的教学困惑。这是目前国内屈指可数的专门针对韩国人汉语偏误的分析著作，也是对韩"国别化"汉语教学比较重要的研究成果。几乎同时，俞燕君（2011）的《韩国人学汉语难点及偏误解析》出版，这本书的体例基本上脱胎于佟慧君的《外国人学汉语病句分析》，不足之处是偏误句较少，分析也稍显简单。不过作为一部专论韩国人的偏误著作，该书的价值还是值得肯定的。

　　另外，韩国人李恩华（2008）的《对外汉语教学中的偏误分析与统计应用》，通过统计学的手段对韩国人的偏误进行分析和统计，得出了一些有价值的结论，其研究方法值得国内同行借鉴。而赵新、李英（2009）编写的《商务馆学汉语近义词词典》是一次将偏误理论应用于外向型词典编纂的成功实践。该词典以汉语近义词为编纂对象，将一些典型偏误例句吸收进来，这一做法正是《现代汉语正误辞典》主编杨庆惠先生"偏误入辞典"思想的延续，着实令人欣喜。除此之外，章宜华先生（2011）在专著《基于用户视角的对外汉语词典释义研究》的第五章、第六章、第七章中也论及外国留学生的汉语偏误，得出了一些很有价值的见解。

　　总之，从以上的论述中，不难看出，国内针对韩国人的偏误分析和偏误研究虽然早已起步，但是其研究中的用例多以"外国人"为主，专论韩国人的偏误研究著作并不多。除了崔健和孟柱亿主编的三本《汉韩语言对比研究》以外，直到2011年，才出现了真正意义上专论对韩汉语偏误研究的两部著作。这两部著作虽然稍显稚嫩，但它们的初试啼声，无疑预示着对韩汉语偏误分析与偏误研究即将迎来一个崭新的春天。

　　当然，自偏误分析理论和中介语理论引入国内以后，2010年，北京语言大学和南京师范大学发起主办了第一届汉语中介语语料库建设与应用国际学术讨论会。随后的几年，又分别在北京语言大学（2012）、福建师范大学（2014）和扬州大学（2016）举办了三届汉语中介语语料库建设与应用国际学术讨论会。另外，汉语中介语口语语料库国际学术研讨会也分别在南京大学（2015）、美国休斯顿莱斯大学（2016）和北京语言大学

（2017）举办了三届。以上会议，每届都有论文集出版，其中就包含了不少对韩汉语偏误分析和研究的论文。

除了以上论及的著述及各种会议论文集以外，国内各大院校广大教师的研究论文，硕士生和博士生的毕业论文也大量涉及对韩汉语教学过程中的各类偏误，无论是从语音、汉字、语法、词汇、语义，还是基于句型句式，甚至句群语篇，都有比较多的研究文章发表。这类文章数量巨大，涉及内容繁多，在此就不一一列举了。

需要补充的是，我们发现，在汉语中介语偏误研究的范式上，学界正在由过去那种偏于"类词研究范式"（总结一类词的偏误共性）逐步向"类词研究范式"和"逐词研究范式"（每个词有每个词的偏误特点）相结合的范式转变。因为对一个词的偏误进行研究，一定会涉及该词的易混淆词，通过对这些易混淆词之间错综复杂关系的梳理，可以更精准地分析出目标词的形式特点和语义背景。这一基于中介语语料库的融合了"类词研究范式"的"逐词研究范式"可能更符合汉语词汇偏误研究的实际。比如"错"这个词究竟是形容词还是动词？如果是形容词，但却不能说"S很错"。再比如"忘"和"忘记"这两个词的语义基本相同，但用法差异很大。因此，我们特别重视"逐词研究范式"。在进行偏误的"逐词研究"过程中，找出目标词的易混淆词，搞清楚易混淆词与目标词之间的关系，就能更精准地认识目标词的语义背景和使用特点。

第三章

韩国语汉字词的发展脉络及语义流变

中韩两国是一衣带水的友好邻邦。自古以来，经济文化交流非常密切。韩国是最早进入汉字文化圈的国家，也是汉文化传统保留最为完整的国家。汉字在历史上曾经是韩国的通用文字，这一过程延续了1000多年。韩语跟汉语虽然分属于两种不同的语言类型，但在词汇上却存在着密不可分的血缘关系。大量的汉字词不仅负载着古代的文化信息，而且保留着系统性很强的古代读音，这就使得韩国语中的汉字词成为汉语语音史和词汇史研究的重要语料，因此，韩国汉字词具有重要的研究价值。

本章将综合相关资料，从汉字汉文东移及汉字文体在朝鲜半岛的流变、韩语中汉字词的来源、韩语中汉字词的语义变迁、韩中汉字词研究与对韩汉语教学四个方面来探讨一下韩国语中的汉字词。

第一节　汉字汉文东移及汉字文体在朝鲜半岛的流变

一　汉字汉文输入朝鲜半岛的大致过程

朝鲜半岛与中国的文化交流可追溯至春秋战国时期。《汉书·地理志》云："东夷天性柔顺，异于三方之外，故孔子悼道不行，设桴于海，欲居九夷，有以也夫。"（转引自陈榴，2007）这里所说的"东夷"就是指黄渤海地区和朝鲜半岛。

早在汉字输入以前，朝鲜半岛没有文字。据中国《梁书·诸夷传》记载，新罗"无文字，刻木为信"。汉字正式输入朝鲜半岛的时间很难做出精确的考证，公认的是在公元前二三世纪的战国时期，因为朝鲜半岛曾出土了大量的中国战国时期的钱币，共铸有3000多个不同形体的汉字。

公元 6 世纪，朝鲜半岛不仅输入了汉字，而且已经开始使用汉字标记朝鲜语音了。高句丽时代，统治阶层的汉字汉文水平已经达到相当高的程度。与此同时，统治阶层奉行"事大慕华"的基本国策，进一步奠定了汉字汉文在半岛的权威地位。两汉至东晋时期，带有中国传统文化特色的汉传佛教自中国传入高句丽。佛教的传入，使汉字随着佛经进入了朝鲜半岛的千家万户，汉字汉文从"高居庙堂"走入了"寻常百姓家"。自此，大量的汉字词语从书面语进入口头，逐渐融合到韩国语中，一些汉字词甚至取代了韩国语的固有词语，从而形成了汉字词语在韩国语词汇中的强势地位。15 世纪，《训民正音》编制完成，韩国终于有了自己正式的语言文字体系——谚文，但汉字汉文仍然沿用了很长时间。当时半岛内部出现了两种文字和两种文体，一是代表"雅文化"的汉字汉文，二是代表"俗文化"的谚字谚文。二者并行了三四百年，直到 19 世纪末期，韩国才出现了"韩汉混用文体"，至此，汉字的使用渐呈颓势。

二　汉字文体在朝鲜半岛的流变

中韩两国之间的交往自古有之。中国学者认为，最早可追溯至商末周初，也就是说，朝鲜半岛的先民接触汉字不晚于公元前 11 世纪。传说最早进入朝鲜半岛的中土移民是箕子一行。关于"箕子走之朝鲜"的史实，在中国古代文献多有记载。据《尚书大传》载："（周）武王胜殷，继公子禄父，释箕子之囚。箕子不忍其释，走之朝鲜。武王闻之，因以朝鲜封之。"另有《汉书·地理志》载："殷道衰，箕子去之朝鲜，教其民以礼仪、田蚕、织作。"如果这一传说可信的话，那么，西周初年，古代汉语跟古代朝鲜语已经开始了接触。后来，秦朝暴政也导致一部分人东迁，以至于当时韩人所操的口语"有似秦语，故或名之为秦韩"（《后汉书·东夷传》）。随着朝鲜半岛汉人移民数量的增加，汉语与朝鲜语进一步融合的步伐大大加快。公元 5 世纪，儒家经典已传入高句丽，当时流行的经典有"五经三史"，即《易经》《诗经》《尚书》《仪礼》《春秋》《史记》《汉书》《后汉书》。5 世纪中叶，儒家经典已经大量流入新罗，新罗人对儒家经典已经相当熟悉。及至唐代，朝鲜半岛迎来了吸收汉文化的春天。新罗人主动走出国门，派遣留学生到唐代长安留学。台湾学者严耕望指出："中华文化之四播，以朝鲜半岛所感受者为最深。唐时，四邻诸国与中国邦交最睦者莫过于新罗，而接受华化之彻底，倾慕华风之热忱，尤以新罗为最。"公元9世纪时，新罗来华留学生达到高潮，最多时达到216人，应试成功者不少，先后达58人，其中最著名者为崔致远。崔致远汉文汉诗造诣很高，其中国友人顾云就称其"十二乘船渡海来，文章感动中华国"。当时，新罗上流社会也十分崇尚汉文汉诗的创作。从新罗起，朝鲜半岛先民用汉字吟诗作文已经得心应手，汉字汉文已经成为朝鲜半岛民族文化不可分割的组成部分。

但是，汉语和韩国语毕竟是两种迥然不同的语言，汉语是孤立语，韩国语是黏着语，这两种迥然相异的语言如何融通共存，对于半岛先民来说是一个很大的挑战。于是对"雅言"汉字文体的改造就提到了议事日程。历史上，朝鲜半岛先后出现过四种汉字文体，即誓记文体、吏读文体、口诀文体和韩汉混用文体（陈榴，2007）。

（一）誓记文体

汉语语法和韩国语语法的语序明显不同，汉语是SVO式，韩国语是SOV式，这一点使朝鲜半岛先民感到尤为不便，于是，为了调和这一矛盾，在使用汉字记录韩国语时，便有意迁就韩国语的语序，这样，"誓记文体"便应运而生。其实，这一文体得名于韩国庆州出土的壬申誓记石。1940年，庆州出土了一方碑石，其上"誓文"就是将汉文语序按照韩国语的语法特点进行重构而形成的。比如：

汉文：誓得大罪于天，……
誓记：天大罪得誓，……

"誓记文体"的出现充分说明，朝鲜半岛先民对韩汉语序差异有着清醒的认识。当时，朝鲜人民在口语交际中使用朝鲜语，而在书面交际中使用汉字汉文。而朝鲜时代国王在处理国政时用朝鲜语，而旁边堂上的记录官在笔录时用的则是地道的汉语文言。也就是说，在当时的朝鲜半岛，两套语言符号经常发生转换，这种"言文分离"的尴尬使半岛先民始终没有放弃糅合两种语言的努力，而"誓记文体"正是最初的一种尝试。

（二）吏读文体

"吏读文体"相传为三国时期新罗人薛聪所创。"吏读"是指用汉字标记朝鲜语中的"语助词"，是下层官吏和普通百姓喜闻乐见的一种汉字文体。"吏读文体"虽然全用汉字，但是如果按照字面意思来看，会很难理解。这是因为，一部分汉字是朝鲜语的助词和语尾，也就是说，汉文表义，吏读表音。比如：

汉文：凡知同伴人欲行谋害他人，不即阻挡救护，及被害之后不首告者，杖百一。
吏读：凡同伴人<u>亦</u>，他人<u>乙</u>，谋害为去<u>乙</u>，知想只遣，即时遮挡禁止救护不<u>冬为弥</u>；他人亦，被害后<u>良中置</u>，现告不<u>冬为在乙良</u>，杖一百<u>为乎事</u>。

在这段话中，"亦"是主格助词，"乙"是宾格助词，"良中"是表示时间助词，"冬为弥""冬为在乙良""只遣""为乎事"都是朝鲜语中的动词词尾。

"吏读文体"比"誓记文体"高明在于：不仅按照朝鲜语的语序对汉文原文进行了调整，而且用汉文补写出了"朝语有"而"汉文无"的格助词和动词的词尾变化。

"吏读"的创立是朝鲜半岛语言文字史上的一件大事，它开辟了用朝鲜语读解中国古代典籍的道路，大大提高了汉文化传播的效率。随着吏读的广泛使用，人们还创造了一些朝鲜独有的汉字，他们称为"吏读字"或"固有汉字"，用来表现汉字无法表记的朝鲜语助词，以及一些难以转写的朝鲜语词，这部分吏读字，据学者考证，有 500 余个（金钟埙，1983）。

（三）口诀文体

"口诀文体"又称"口诀体汉文"，是指不改动汉文原文的语序，只是在汉文词语后或句读处添加特定的汉字符号，以提示朝鲜语的语序及语法构造，从而使朝鲜人能够顺利阅读和理解汉文文章。比如：

汉文：凡奴奸良人妇女者，加犯奸罪一等。
吏读：凡奴子<u>亦</u>　良人矣妇女<u>乙</u>　犯奸为在<u>乙良</u>　　犯奸罪量中　加一等齐
口诀：凡奴奸良人妇女者（<u>面</u>）　　加犯奸罪一等（<u>为告</u>）

口诀体汉字是"借音不借义"，括号中的汉字都是音训汉字，用来表示朝鲜语的助词及语尾变化。比如，"面"是表示假设的接续语尾，"为告"是表示动词或者形容词的语尾。"口诀文体"的性质跟"誓记文体""吏读文体"不同，只用于解读汉文，而不是为了记录韩文。"誓记文体""吏读文体"都可以用于表述和创作，但"誓记文体"需变更汉文语序，"吏读文体"将音训汉字穿插其中，他们都不是原汁原味的汉文了。"口诀文体"在保持原文的基础上，利用附注的形式表明句读关系及语法意义，显然是一种更加科学更加方便的标记文体。到高丽王朝末期，儒家经典"四书五经"就已经出现了"口诀文体"，朝鲜王朝奉行"事大慕华"的基本国策，儒家经典基本上都被改造为"口诀文体"。

（四）韩汉混用文体

所谓"韩汉混用文体"是指汉字和谚文混用的一种文体。1444 年，《训民正音》问世，朝鲜民族终于有了自己的文字。但在推行过程中，却遭到了抵制，一度被鄙称为"谚文"，即"乡村文字"，沦为底层的文化工具，成为俗文化的载体，而上层社会仍然坚守汉文不放。直到 19 世纪末，这一现象才发生了变化。在声势浩大的"开化运动"中，谚文作为民族文化和民族精神的象征，开始冲击汉字文化的一统天下，运动的发起者要求"法令、敕令总以国文为本，汉文附译，或混用国汉文"，小学教科书开始使用韩汉混用文体。1895 年，俞吉浚撰写的《西游见闻》出版，轰动全国，其韩汉混用文体一时被奉为行文的范本。随后几年，在民族主义大旗下，韩汉混用文体的地位被迅速确立，成为朝鲜半岛规范化的通用文体。二战结束后，特别是 1970 年后，汉字被取消，"纯汉文体"逐渐让位于"纯韩文体"。

第二节　韩国语汉字词的来源

朝鲜语对汉字的吸收历时两千余年。在这段时间里，汉语词语经历了上古、中古和近代三个发展阶段，新词不断产生、旧词不断消亡，文言词和口语词的差距越来越大。但是这样的汉语生态进入韩国语中却形成了"古今兼容、文白并蓄"的词汇现象。也就是说，在朝鲜语的汉字词语中，既有中国古代的文言词语，也有通过口语交际传入的白话词语，还有

通过佛经传入的汉译借词。韩国檀国大学编写的《韩国汉字语辞典》是
目前韩国出版的规模最大、收录最全、阐释最精的有关汉字词语的工具
书，全书共收汉字词语 15 万条。韩国学者朴英燮（1995）曾对韩国语中
的汉字词做过谱系分类，认为大致可分为五大类，即中国古代典籍汉字
词、中国汉译佛经词、中国古代白话词、日语汉字词、韩国自造汉字词。
下面我们就大致按照这一脉络进行简单的介绍。

一　来自中国古代典籍的汉字词

（一）人际称谓类

主人（주인）、妻子（처자）、兄弟（형제）、长男（장남）、姊妹
（자매）、子弟（자제）、童子（동자）、公主（공주）、夫人（부인）、乳
母（유모）、圣人（성인）、老人（노인）、百姓（백성）、监督（감독）、
寡人（과인）、大夫（대부）、侍郎（신랑）、天子（천자）、左右（좌
우）、知事（지사）、父母（부모）、夫妇（부부）、继母（계모）、继父
（계부）、男儿（남아）、妇女（부녀）、大丈夫（대장부）、未亡人（미
망인）、寡妇（과부）、处女（처녀）、少女（소녀）

（二）时令处所类

今年（금년）、来年（내년）、前年（전년）、正月（정월）、太阳
（태양）、阳历（양력）、阴历（음력）、日蚀（일식）、月蚀（월식）、午
后（오후）、时节（시절）、每月（매월）、平日（평일）、当时（당시）、
吉日（기일）、白露（백로）、惊蛰（경칩）、天下（천하）、丘陵（구
릉）、洞窟（동굴）、农家（농가）、田园（전원）、人家（인가）、食堂
（식당）、店铺（점포）、仓库（창고）、陵园（능원）、路上（노상）

（三）政治经济类

政治（정치）、国家（국가）、朝廷（조정）、政府（정부）、国政
（국정）、中国（중국）、内政（내정）、法律（법률）、诉讼（소송）、
拷问（고문）、告发（고발）、死刑（사형）、拘留（구류）、释放（해
방）、无罪（무죄）、行政（행정）、宪章（헌장）、会议（회의）、辅佐
（보좌）、亡命（망명）、外交（외교）、归化（귀화）、生产（생산）、农
事（농사）、贸易（무역）、交易（교역）、买卖（매매）、本钱（본전）、
铜钱（동전）、收入（수입）、损益（손익）、失业（실업）、经费（경

비）、市井（시정）

（四）文化教育类

教育（교육）、学校（학교）、入学（입학）、教授（교수）、博士（박사）、学问（학문）、音乐（음악）、艺术（예술）、合格（합격）、才能（재능）、读书（독서）

（五）日常生活类

茶（차）、豆腐（두부）、酱（장）、沐浴（목욕）、内衣（내의）、帽子（모자）、结婚（결혼）、婚姻（혼인）、婚礼（혼례）、未婚（미혼）、离婚（이혼）、同居（동거）、白纸（백지）、钥匙（열쇠）、印章（인장）、图章（도장）

（六）军事战术类

将军（장군）、元帅（원사）、兵力（병력）、步兵（보병）、陆军（육군）、海军（해군）、空军（공군）、交战（교전）、攻击（공격）、防御（방어）、突击（돌격）、速战（속전）、野战（야전）、侵犯（침범）、守备（수비）、固守（고수）、戒严（계엄）、包围（포위）、甲胄（갑주）

（七）动物植物类

昆虫（곤충）、螳螂（당랑）、虎（호）、狮子（사자）、骆驼（낙타）、牛（우）、鸡（계）、驴（려）、熊（웅）、鼠（서）、牡丹（모단）、蔷薇（장미）、松（송）、梅（매）、兰（난）、竹（죽）、菊（국）

（八）其他类

努力（노력）、性命（생명）、安宁（안정）、从容（종용）、精神（정신）、天使（천사）、性质（성질）、不安（불안）、感动（감동）、感激（감사）、成功（성공）、机会（기회）、操心（조심）、娱乐（오락）、瞬间（순간）、失望（실망）、无聊（무료）、访问（방무）、盟誓（맹세）、吉祥（길상）、使用（사용）、握手（악수）、不幸（불행）、记忆（기억）、质问（질문）、晚年（만년）、自然（자연）、殷勤（은근）、寄宿（기숙）、果然（과연）、文物（문물）、遗迹（유적）

　　以上汉字词全部来自中国古代文献，而且在现代韩国语的口语或者书面语中还在使用，已经成为韩国语词汇的重要组成部分。另外，在这部分"一般词语"中，还有一些成语，至今仍然活跃在韩半岛的语言生活中。比如：

九牛一毛（구우일모）、万寿无疆（만수무강）、男尊女卑（남존여비）、大同小异（대동소이）、唇亡齿寒（순망치한）、求鱼缘木（구어연목）、有名无实（유명무실）、自强不息（자강부식、他山之石（타산지석）、醉生梦死（취생몽사）、先见之明（선견지명）、长幼有序（장유유서）、百发百中（백발백중）、同心同德（동심동덕）、子孙万代（자손만대）、五体投地（오체투지）、放声大哭（방성대곡）、温故知新（온고지신）

二　来自中国汉译佛经的汉字词

吕叔湘先生曾经在《语文常谈》中指出："佛经的文字也包含较多的口语成分。……白话的兴起跟佛教大有关系。"佛教早在两汉时期就传入中国，魏晋南北朝和隋唐时期都是佛教传播的重要时期。在佛经传播的过程中，意译或音译的佛经词语得到固化，并广泛地介入社会生活。东晋时期，佛教传入朝鲜半岛，而这些佛经都是汉译佛经，最有名的是《大藏经》的传入。统一新罗和高丽王朝都信奉佛教。高丽王朝曾经两次雕印《大藏经》，第一次是 1011 年，当时的显宗为了借助于佛力击退来侵的辽军而发愿刻印的；第二次是 1237 年，是高宗仿显宗刻藏之例，请求佛祖保佑击退来犯的蒙古军而发愿雕刻的。这两次雕刻分别依照《宋藏》和《辽藏》，最后的成本被称为《丽藏》。（陈榴，2007）其实，除了《大藏经》以外，还有很多汉译佛经传入朝鲜半岛，这就为汉译佛经汉字词的传入提供了有利条件。下面是一些较典型的例子：

微妙（미소）、道理（도리）、学者（학자）、法身（법신）、一切（일절）、如来（여래）、金刚（금강）、释迦（석가）、文字（문자）、本心（본심）、佛性（불성）、清净（청정）、智慧（지혜）、后人（후인）、了然（요연）、梵语（범어）、苦行（고행）、来世（내세）、肉身（육신）、因果（인과）、庄严（장엄）、杂念（잡념）、众生（중생）、苦海（고해）、圆满（원만）、出家（출가）、方丈（방장）、佛塔（불탑）、舍利（사리）、弥勒（미륵）、菩萨（보살）、袈裟（가사）、法师（법사）、有缘（유연）、观音（관

음)、修行（수행）、禅师（선사）、涅槃（열반）、法器（법기）、世界（세계）、实际（실제）、正宗（정종）、出现（출현）、大众（대중）、结果（결과）、光明（광명）、感应（감응）、变化（변화）、意识（의지）、人间（인간）、障碍（장애）、真实（진실）、睡眠（수면）、平等（평등）、譬喻（비유）、未来（미래）、解脱（해탈）、慈悲（자비）、布施（보시）、放生（방생）、说法（설법）、前身（전신）、印象（인상）、因缘（인연）、天堂（천당）

除了上述来自汉译佛经的汉字词以外，还有一些跟佛教有关的成语也进入了朝鲜语的全民词汇，比如：

不可思议（불가사의）、大慈大悲（다자대비）、唯我独尊（유아독존）、因果报应（인과보응）、自作自受（자작자수）、三生有幸（삼생유행）、神通广大（신통광대）、顶礼膜拜（정례막배）、皆大欢喜（개대환희）、借花献佛（차화헌불）、生老病死（생로병사）

当然以上词语在今天的韩国语中，大部分带有浓厚的书面语色彩，进入口语的还比较少。像"佛""释迦牟尼""人间""平等""结果"等一些在口语中非常活跃的汉字词，还是占少数。

三　来自中国古代白话的汉字词

在中国封建社会，白话作品难登大雅之堂，只在民间广为流传。中国古代白话作品多为小说。韩国学者闵宽东在《中国古典小说在韩国之传播》中指出：仅朝鲜时代传入的中国古典小说就有数百部。另有中国学者杨昭全（2004）统计，一共有 375 部之多，其中多为明清小说。这些小说中，最受欢迎的是《世说新语》《太平广记》《剪灯新话》《三国演义》《东周列国志》《东、西汉演义》《西游记》《水浒传》《今古奇观》《红楼梦》十部。随着中国古典小说的广泛流传，汉语古代白话中的一些词语很容易被朝鲜语吸收。下列古代白话词至今仍然活跃在韩国语中：

读书（독서）、人物（인물）、代理（대리）、偶然（우연）、先

辈（선배）、消息（소식）、报告（보고）、训练（훈련）、雨伞（우산）、养老（양로）、烧酒（소주）、工作（공작）、巡警（순경）、愚蠢（우준）、改正（개정）、感激（감사）、立法（입법）、强盗（강도）、商议（상의）

韩国李基文教授在《关于近世中国语的借用》一文中指出，16 世纪至 18 世纪编纂的译学书，一共有七十多个来自中国古白话的汉字词，下面，是其中的八个：

宝贝（보배）、玻璃（파리）、砂糖（사탕）、铺子（포자）、图书（도서）、蜀黍（촉서）、白菜（백채）、蜜蜡（밀랍）、头盔（투구）

其实，吸收汉语白话词语最早要追溯到高丽王朝时期。当时高丽广宗九年，正式实行科举制，以中国儒学经典为考试内容，从而使"读经"活动深入民间。高丽王朝为了开展跟中国的交流，大力推广汉语教学与翻译事业，先设"通文馆"，后设"司译院"。为了民间交往的需要，除了文言以外的白话也成了学习的目标，于是汉语口语教材应运而生，最有名的要数《老乞大》和《朴通事》。这两本书诞生于 14 世纪中叶至 15 世纪初叶，所使用的汉语基本上是元代燕都地方的白话。《老乞大》中的"乞大"是蒙古语"契丹"之意，"老"是蒙古语"熟练"之意，所以"老乞大"的意思就是"中国通"。全书近两万字，以高丽商人来中国经商为线索，以对话的形式表现了一路上的见闻，内容涉及饮食、住宿、行路、买卖、宴饮、医疗等方面，收录了大量的市场交易用语，堪称一部"商务指南"；《朴通事》的"通事"是"翻译"的意思，全书近三万字，以一个姓朴的翻译的口吻，介绍了侨居北京的见闻和经历，内容也十分丰富。

《老乞大》和《朴通事》主要展现的是元代白话，后来的韩国人李边所著的《训世评话》又真实反映了明代北方白话的面貌。该书收录了六十五则白话故事，其中六十则取自中国古代的正史、野史和笔记，五则取自半岛内的古籍和传说，涉及的中国古籍有《礼记》《史记》《后汉书》《三国志》《搜神记》《笑林》《太平广记》《剪灯新话》等 20 余部。该书既是研究近代白话的重要资料，也有助于了解近代朝鲜半岛汉语教学的情况。书中记录了大量汉语口语词语，许多至今在韩国语中使用，现部分摘录如下：

　　一心（일심）、忽然（홀연）、东西（동서）、准备（준비）、姓名（성명）、丈母（장모）、丈人（장인）、仔细（자세）、数目（수목）、使用（사용）、模样（모양）、原来（원래）、独自（독자）、亲戚（친척）、功劳（공로）、果然（과연）、过去（과거）、商议（상의）、身材（신체）、灾难（재난）、报答（보답）、宝贝（보배）、外人（외인）、黄昏（황혼）、故意（고의）、买卖（매매）、箱子（상자）、安排（안배）、聪明（총명）、平生（평생）、事务（사무）、整理（정리）、修理（수리）、道路（도로）

　　总之，现代韩国语至今仍保留和使用着许多来自近代汉语口语中的白话词语，这在汉字文化圈的国家中是非常突出的。

四　来自近代日本的汉字词

　　鸦片战争以后，西学东渐，一些西方的新概念需要用新词语来表述，而日本在明治维新以后大力学习西方，引进了很多概念。这些概念，日本人是以汉字的形式加以翻译使用的。也就是说，通过"旧瓶装新酒"的方式来对译西学概念。这种对译包括两种方式，一是直接用中国古代文献的现成词语来指代西学概念，如：国家、经济、文学、社会、解放、供给、宿舍、关系；另一种是当无现成的词语时就用汉字语素组合为"和式汉字词语"，如：人格（인격）、人权（인권）、法人（법인）、企业（기업）、景气（경치）、手续（수속）、范畴（범주）、学位（학위）、课程（과정）、义务（의무）、场合（장합）等。在构词法上，也非常类似于汉语的构词法，比如：

　　1. 并列结构：选举（선거）、权利（권리）

　　2. 偏正结构：达人（대인）、宪法（헌법）、人道（인도）、美学（미학）、总理（총리）、独裁（독재）、广告（광고）、实习（실습）、人气（인기）

　　3. 动宾结构：动员（동원）、入党（입당）、出版（출판）

　　4. 主谓结构：民主（민주）、人为（인위）

　　5. 动补结构：说明（설명）、改善（개선）

"和式汉字词"使中国找到了表述西学概念的词语，在文化界人士和留日中国留学生的共同推介翻译下，大量"和式汉字词"被吸收到汉语词汇体系中，形成蔚然壮观的"词侨归国""文词反哺"现象。而与此同时，朝鲜半岛逐渐沦为日本的殖民地，为实现永久占领朝鲜半岛的目的，日本大力推行奴化教育，强迫学生和国民学习日语，大量的"和式汉字词"开始源源不断地进入朝鲜语，尤其是译自西学的一些新词语，朝鲜语几乎是全盘接受，只不过是把发音改为韩国汉字语的发音而已。下面的七个方面都是"和式汉字词"：

（一）一般词语类

现代（현대）、公众（공중）、健康（건강）、构成（구성）、团体（단체）、发展（발전）、普及（보급）、社交（사교）、奉仕（봉사）、到达（도달）、报酬（보수）、腐败（부패）、选择（선택）、说明（설명）、手段（수단）、实力（실력）、热心（열심）、人格（인격）、理由（이유）、接受（접수）、表示（표시）、行为（행위）、确定（결정）、必要（필요）、日常（일상）、生活（생활）、独特（독특）、问题（문제）、突然（돌연）、保留（보류）、谅解（양해）、误解（오해）、手续（수속）、友爱（우애）、担当（담당）、请求（청구）、贯通（관통）、武断（무단）、虚无（허무）、都市（도시）、原动力（원동력）、不透明（불투명）、上水道（상수도）、下水道（하수도）、地方（지방）、交通（교통）、积极（적극）、消极（소극）、幸福（행복）、真理（진리）、忍耐（인내）、方式（방식）、方法（방법）、反映（반영）、反应（반응）、检讨（검토）、营养（영양）、属性（속성）、立场（입장）、事件（사건）

（二）政治经济类

政治（정치）、经济（경제）、共和（공화）、国民（국민）、国会（국회）、中央（중앙）、政府（정부）、政党（정당）、组织（조직）、野党（야당）、私有制（사유제）、自主权（자주권）、缔结（체결）、投票（투표）、制度（제도）、公共（공통）、秩序（질서）、法律（법률）、诉讼（소송）、判决（판결）、警察署（경찰서）、监狱（감옥）、统治（통치）、外交（외교）、会谈（회담）、中立（중립）、工商业（공상업）、事业（사업）、通商（통상）、企业（기업）、法人（법인）、价格（가격）、贸易（무역）、会议（회의）、不动产（부동산）、利益（이익）、

劳动力（노동력）、价值（가치）、说明书（설명서）、委任状（위임장）、市场（시장）、景气（경치）、信任（신임）、破产（파산）、证券（정권）、金融（금융）、银行（은행）、赤字（적자）、附加税（（부가세）、消费（소비）、高级（고급）、实用主义（실용주의）、免税（면세）、义务（의무）、宗教（종교）、保证金（보증금）、照会（조회）、最后通牒（최후통첩）、债权（채권）、债务（채무）、权威（권위）、广告（광고）、独占（독점）、收入（수입）

（三）教育文化类

教育（교육）、文化（문화）、文明（문명）、科学（과학）、思想（사상）、学校（학교）、教师（교사）、学期（학기）、课程（과정）、物理（물리）、化学（화학）、生物（생물）、植物学（식물학）、动物学（동물학）、美术（미술）、体育（체육）、哲学（철학）、文学（문학）、考古学（고고학）、社会学（사회학）、伦理学（물리학）、心理学（심리학）、分类学（분류학）、微分子（미분자）、方程式（방적식）、细胞（세포）、细菌（세균）、染色体（염색체）、淋巴腺（임파선）、生殖器（생식기）、无机物（무기물）、膀胱（방광）、麻醉（마취）、蛋白质（단백질）、元素（원소）、原子（원자）、防腐剂（방부제）、色素（색소）、固体（고체）、液体（액체）、海拔（해발）、光线（광선）、竞技（경기）、实习（실력）、演出（연출）、映画（영화）、邮便（우편）、邮票（우표）、摄氏（섭씨）、学术（학술）、论文（논문）、概要（개요）、神经（신경）、精神（정신）、消化（소화）、过敏（과민）、未知数（미지수）、留学（유학）、学士（학사）、硕士（석사）、学位（학위）、博士（박사）、研究生（연구생）、教科书（교과서）、理科（이과）、工科（공과）、医科（의과）、农科（농과）、人生观（인생관）、世界观（세계관）、辩证法（변정법）、讲座（강좌）、百科（백과）、比重（비중）、直径（직경）、血清（혈청）

（四）职业称谓类

教育家（교육학）、议员（의원）、书记官（서기관）、辩护士（변호사）、实业家（실업가）、政治家（정치가）、发明家（발명가）、事务官（사무관）、记者（기자）、主笔（주필）、裁判官（재판관）、警官（경관）、教员（교원）、绅士（신사）、看护士（간호사）、审判官（심

判官）、陪审官（배심관）、飞行士（비행사）、先觉者（선각자）、会社员（회사원）、长官（장관）、次官（차관）、左翼（좌익）、右翼（우익）、家长（가장）、职员（직원）、干部（간부）

（五）物品名称类

汽车（기차）、自动车（자동차）、电车（전차）、汽船（기선）、电灯（전등）、电话（전화）、电报（전보）、铅笔（연필）、绷带（붕대）、时计（시계）、避雷针（피뢰침）、发电机（발전기）、显微镜（현미경）、望远镜（망원경）、陶瓷器（도자기）、飞行机（비행기）、扇风机（선풍기）、扩声器（확성기）、椅子（의자）、杂志（잡지）、刊行物（간행물）

（六）机构团体类

博物馆（박물관）、图书馆（도서관）、美术馆（미술관）、体育馆（체육관）、竞技场（경기장）、市场（시장）、教会（교회）、感化院（감화원）、议事堂（의사당）、托儿所（탁아소）、养老院（양로원）、幼稚园（유치원）、动物园（동물원）、公园（공원）、剧场（극장）、礼拜堂（예배당）、食堂（식당）、仪式场（의식장）、同好会（동호회）、派出所（파출소）、会议所（회의소）

（七）历法计时类

世纪（세기）、公元（공원）、时间（시간）（小时）、午前（오전）、午后（오후）、日曜日（일요일）、月曜日（월요일）、水曜日（수요일）、火曜日（화요일）、木曜日（목요일）、金曜日（금요일）、土曜日（토요일）

除此之外，还有一些汉字词只流行于日本和韩国，而中国没有吸收接纳。若探究其原因，主要是因为，在日本殖民者统治的背景下，韩国语受日语的影响更为直接和深刻，日语长驱直入，韩国已经无力设防。例如以下词语：

汉语	日韩语
面具	假面（가면）
妇产科	产妇人科（산부인과）
保险柜	金库（금고）
机场	空港（공항）
火车	汽车（기차）

摊儿	露店（노점）
楼梯	阶段（계단）
相片	写真（사진）
上课	授业（수업）
晚报	夕刊（석간）
去年	昨年（작년）
明天	来日（내일）
象棋	将棋（장기）
楼	建物（건물）
股份	株式（주식）
别墅	别庄（별장）
牙科	齿科（치과）
东西	物件（물건）
钢笔	万年笔（만년필）
冰箱	冷藏库（냉장고）
气氛	氛围气（분위기）
玩偶	人形（인형）
总统	大统领（대통령）
介绍信	绍介状（소개장）
海关	税关（세관）
免费	无料（무료）
饭菜	料理（요리）
吃饭	食事（식사）
公司	会社（회사）
医院	病院（병원）
电影	映画（영화）
医生	医师（의사）
方便面	拉面（라면）
住宿	宿泊（숙박）
信息	情报（정보）
文件	书类（서류）

五　来自韩国自创的汉字词

汉字是语素文字，具有强大的表词功能和构词能力。韩国人在吸收汉民族词汇和日本民族"和式汉字词"的基础上，将汉语词经过重新组合，翻出新义，开创性地自造仿造了很多汉字词，这些词被称为"固有性汉字词语"，比如：

韩语	汉语
册（책）	书
休假（휴가）	假期
试验（시험）	考试
输出（수출）	出口
子息（자식）	孩子
掌甲（장갑）	手套
洋袜（양말）	袜子
弄谈（농담）	开玩笑
亲旧（친구）	朋友
麦酒（맥주）	啤酒
放学（방학）	放假
始作（시작）	开始
未安（미안）	抱歉
工夫（공부）	学习
后进（후진）	倒车
感气（감기）	感冒
性戏弄（성희롱）	性骚扰
身土不二（신토불이）	正宗国内产
筋肉劳动（근육노동）	体力劳动
八方美人（팔방미인）	全能人才

其实，韩国自创的汉字词，以标记姓氏、人名、地名等专有名词为主，占固有汉字的43.3%；其次是语法类标记，占13.1%（陈榴，2007）。可见，所谓韩国的"固有汉字词"是为了记录最有韩国语特色的词语而创制的，它反映了韩民族的思维方式和语言观念，是对汉字词的一种补充。

当然，随着时代的发展，新事物新概念层出不穷，"固有汉字词"仍不能弥补语言的需求，创制属于自己民族的文字就成为势所必然的选择，于是，《训民正音》诞生，韩民族终于有了自己的文字。

第三节　韩国语汉字词的语义变迁

韩国语中的汉字词，就其形式而言，大致可分为两大类：一类是同形词语，一类是异形词语。其中，同形词语占绝大多数。有学者（全香兰，2004）认为，韩汉同形词占全部汉字词的62%。这部分词语的研究价值最大。因为，这部分词语，跟汉语比起来，有的义项相同，有的义项不同，还有一些互有交叉。因此，不难看出，梳理汉语和韩国语中同形词语的语义关系，有助于我们了解汉字词语在不同语言环境中的生存状态。

韩国学者李得春（1998）在《韩文与中国音韵》一书中指出，汉语和韩国语中的同形词语，在语义关系上可以区分为三类：一是同形同义，二是同形异义，三是部分异义。如果对这部分汉韩同形词进行微观考察，就会发现，这些词语有近半数的词发生了语义变迁，也就是说，这些词语虽然仍然保持着原形，但语义却早已经发生了或大或小的变化，因此这些词被韩国外国语大学的孟柱亿教授称为"蝙蝠词"。当然，也有学者极端地认为，汉字词中，"除了名词之外，几乎找不到同形同义对等词"（朴相领，2005），如果联系韩中的历史和社会文化变迁，这种观点未必没有道理。

一　同形同义

所谓"同形同义"，是指词形相同，词义也相同。这类词语就其来源言，一是来源于中国古代文献，二是来自近代日本。前者与汉语构成同形同义，后者与汉语、日语构成同形同义。这部分词语，在韩国较常见的有一万多个，现部分摘录如下：

民俗（민속）、感谢（감사）、可怜（가련）、价格（가격）、各自（각자）、家电（가전）、家具（가구）、肝脏（간장）、内脏（내장）、心脏（심장）、肾脏（신장）、五脏六腑（오장육부）、间接（간접）、直接（직접）、纲领（망령）、强迫（강박）、阁下（각하）、简单（간단）、强化（강화）、概要（개요）、开幕（개막）、开发（개발）、改革（개혁）、

开放（개방）、健忘（건망）、检查（검사）、调查（조사）、攻击（공격）、格斗（격투）、见解（견해）、观点（관점）、观念（관념）、结核（결핵）、结婚（결혼）、离婚（이혼）、决斗（결투）、决心（결심）、自闭症（자폐증）、忧郁症（우울증）、白雪公主（백설공주）、离别（이별）、狂犬病（광견병）、君子（군자）、小人（소인）、过敏（과민）、北极（북극）、南极（남극）、乐观（낙관）、努力（노력）、白痴（백치）、生老病死（생로병사）、新陈代谢（신진대사）、不得已（부득이）、不得不（부득불）、甚至于（심지어）、渔夫（어부）、农夫（농부）、豆腐（두부）、大部分（대부분）、一部分（일부분）、大丈夫（대장부）、女丈夫（여장부）、不幸（불행）、挑战（도전）、待遇（대우）、同情（동정）、同意（동의）、大型（대형）、登山（등산）、模拟考试（모의고사）、魔术（마술）、万岁（만세）、麻醉（마취）、目击（목격）、发射（발사）、发行（발행）、白手（백수）、犯罪（범죄）、患者（환자）、保身汤（보신탕）、否决（부결）、否定（부정）、腐败（부패）、变化（변화）、便所（변소）、副作用（부작용）、非卖品（비매품）、大使馆（대사관）、公元（공원）、博物馆（박물관）、三部曲（삼부곡）、野蛮（야만）、阴阳五行（음양오행）、太极（태극）、玉碎（옥쇄）、胃溃疡（위궤양）、口腔溃疡（구강궤양）、脂肪肝（지방간）、移民（이민）、一流（일류）、子宫（자궁）、妊娠（임신）、吝啬（인색）、以内（이내）、以外（이외）、以上（이상）、以下（이하）、自满（자만）、宰相（재상）、裁缝（재봉）、再三（재삼）、美国（미국）、财团（재단）、传染病（전염병）、高压（고압）、血压（혈압）、注射（주사）、中风（중풍）、中毒（중독）、防腐剂（방부제）、镇静剂（진정제）、发明（발명）、发现（발현）、刹那（찰나）、瞬间（순간）、期间（기간）、次官（차관）、长官（장관）、青少年（청소년）、体面（체면）、招聘（초빙）、总动员（총동원）、派遣（파견）、性买卖（성매매）、青春（청춘）、出席（출석）、寝室（치실）、太平洋（태평양）、大西洋（대서양）、透明（투명）、葡萄（포도）、饱和（포화）、波动（파동）、败血症（패혈증）、解雇（해고）、行星（행성）、太阳系（태양계）、呼吸（호흡）、拜托（부탁）、参鸡汤（삼계탕）、若干（약간）、一旦（일단）、万一（만일）、绅士（신사）、设备（설비）

除此之外，还有一些是逆序词，其语义相同，只不过是语素排列位置相反，是逆序词，我们也勉强将这部分词作为"同形同义"词。比如：

　　　绍介、器机、言语、慰安、荣光、平和、呼称、层阶
　　　许容、运搬、窃盗、锐敏、食粮、相互、施设、切迫
　　　暗黑、菜蔬、运命、讲演、显明、心安、牧畜、铁钢

需要指出的是，这些同形同义词，目前在韩国语里主要用在书面语中，口语中大部分词还是使用韩国语词。韩国学者朴相领（2005）在《现代汉语词汇与韩国语汉字词的特征比较》一文指出，韩国语的一个明显特点是：生活用语广泛使用韩国语，概念用语广泛使用汉字词。韩国的基本词汇是韩国语固有词，但专业词汇以汉字词占多数。汉字词在韩国语中的使用频率1—900个中仅占7%，901—1000个中占51%，2401—2500个中占63%。可见，在使用频率高的基本词汇中，韩国语词占多数。词汇量越大，书面语词越多，汉字词的出现频率越高。

另外，在同形同义的汉字词中，也有相当一部分是四字成语，如：

　　　三三五五（삼삼오오）、连战连胜（연전연승）、千方百计（천방백계）、不义之财（불의지재）、无人之境（무인지경）、一望无际（일망무제）、不问曲直（불문곡직）、赤手空拳（적수공권）、送旧迎新（송구영신）、温故知新（온고지신）、郁郁苍苍（울울창창）、吟风弄月（음풍농월）、仁者乐山（인자요산）、智者乐水（지자요수）、人之常情（인지상정）、一败涂地（일패도지）、立身扬名（입신양명）、长生不死（장생불사）、自暴自弃（자포자기）、长幼有序（장유유서）、切磋琢磨（절차탁마）、昼耕夜读（주경야독）、千差万别（천차만별）、晴天霹雳（청천벽력）、彻头彻尾（철두철미）、秋风落叶（추풍낙엽）、喜怒哀乐（희로애락）、人山人海（인산인해）、意气洋洋（의기양양）、百发百中（백발백중）、醉生梦死（취생몽사）、改过迁善（개과천선）、一目了然（일목요연）、似梦非梦（사몽비몽）、变化无常（변화무상）、富贵荣华（부귀영화）、富国强兵（부국강병）、不共戴天（불공대천）

二　同形异义

所谓"同形异义",是指词形相同,词义却完全不同。这部分词在韩国语中所占比例不大。其产生的原因主要是汉字语素义的"民族选择"不同造成的。也就是说,语素义取向不同造成了"同形异义"。比如,"过年"这个词,汉语的"过"是取其"度过"义,"年"是取其"年节"义,而韩国语的"过"是取其"超过"义,"年"是取其"年龄"义,于是韩国语的意思就变成"超过婚龄",韩国语中就有"过年的处女"的说法;再比如"病故"一词,汉语的意思是"病亡","故"是取其"故去"义,而韩国语的"故"是取其"原因、缘故"义,于是韩国语的意思变成了"因为生病"或者"因为生病的原因"。

除此之外,词义的本土化发展也是造成同形异义现象的一个主要原因。比如,"总角"是汉语古代词,意思是"孩童、少年",现在已成死词,但韩国语一直保留着这个词,语义也发生了变化,是"小伙子、青年人"的意思;"白丁",汉语是"无功名的人",韩国语是指"屠夫","人间白丁"是指"刽子手";"馒头"在汉语中是指一种不带馅儿的圆形面粉食品,而韩国语却带馅,形状也改变了,类似于"饺子"或"馄饨"状;"先辈""后辈",现代汉语仍然沿用古义,而韩国语则指年龄不同或者资历不同的人,比如学校中的高年级生和低年级生。再比如,"工夫"在韩国语中表示"学习","学院"指"补习班","有权者"表示"有选举权的人","高等学校"指的是"高中","校长"仅指中小学校长,专科学校的校长称"学长",综合型大学的校长称"总长";"背心"是"背叛之心";"操心"是"小心";"清楚"是"容貌清秀";"调剂"是"调制(药品)";"欢乐"是"沾花惹草、寻欢作乐";"自负"是"有信心,感到荣耀";"工作"含贬义,常指"谍报工作";"情报"指"信息";"性格"在韩国语中还可以指"事物或现象的性质",等等。以下是一些较典型的同形异义汉字词:

韩语汉字词	汉语语义	韩语汉字词	汉语语义
拉面（라면）	方便面	本家（본가）	娘家
文章（문장）	句子	召唤（소환）	传讯
点心（점심）	午饭	人间（인간）	人类/人际

续表

韩语汉字词	汉语语义	韩语汉字词	汉语语义
新闻（신문）	报纸	乘马（승마）	马术
安心（안심）	放心	大学院（대학원）	研究生院
约束（약속）	约会	拘束（구속）	拘留
人事（인사）	打招呼	道具（도구）	工具/用具
演出（연출）	导演	复写（복사）	复印
老婆（노파）	老年妇女	告诉（고소）	诉讼
程度（정도）	左右	野菜（야채）	蔬菜
白手（백수）	无工作的人	发福（발복）	幸运到来

三　部分异义

所谓"部分异义"，是指某些汉字词在中韩两国语言中，有的语义相同，有的不同。也就是说，在不同的语境中，或者表达的意义有同有异，或者使用的范围有广有狭，或者感情色彩有褒有贬。造成汉字词"部分异义"的原因主要在于两国语言中某些相同的词的"语义演变的不同步"造成的。有的语义扩大了，有的缩小了，有的转移了，还有的发生了语用的差异。请看下表：

汉字词	共同义项	汉语特有义项	韩语特有义项	演变走向
独身（독신）	没有配偶		没有兄弟姐妹（的人）	语义扩大
作业（작업）	有计划的劳动和工作	老师布置的课外练习		语义缩小
翻译（번역）	书面翻译或者文字翻译	口语翻译	（通译）	语义缩小
故事（고사）	很早以前发生的事情	文艺作品的情节		语义转移
阶段（계단）	事物发展中的段落		楼梯、台阶	语义转移
经济（경제）	社会物质生产和再生产的活动	用较少的时间、人力、物力获得较大的成果（形容词）	（没有形容词性）	语用差异
食堂（식당）	吃饭的地方	食堂≠饭店	食堂＝饭店	泛化
东西（동서）	东边和西边	物体、物件		语义缩小

续表

汉字词	共同义项	汉语特有义项	韩语特有义项	演变走向
礼拜（예배）	宗教仪式	星期		语义缩小
工具（공구）	生产劳动的器具	被利用的人或物		语义缩小
帮助（방조）	施以援手	帮助(中性)	帮坏人坏事效力（贬义）	语用差异
冷藏库（냉장고）	冷保存的大规模场所		冰箱	语义扩大
窗户（창호）	窗		窗和门	语义扩大
文字（문자）	语言记录符号		短信	语义扩大
对象（대상）	行动思考的对象	恋人或者配偶		语义缩小
爱人（애인）	所爱的人	婚后的配偶	恋人	语义分化
时间（시간）	时间		小时	语义扩大
讨论（토론）	交换意见		发言	语义扩大
黄色（황색）	黄颜色	色情的		语义缩小
品质（품질）	物品的质量	人的道德修养和素质		语义缩小
生气（생기）	有生命力或活力	愤怒、不高兴		语义缩小
成立（성립）	理论观点站得住	机构组织筹备成功开始运作		语义缩小
告诉（고소）	提起诉讼（书、专）	告知		语义缩小
大家（대가）	某领域的有建树的专家学者	一定范围内所有的人		语义缩小
特务（특무）	特殊的任务	间谍		语义缩小
下流（하류）	河水下游	卑鄙龌龊		语义缩小
世代（세대）	（很多）年代		住户、家庭人口	语义扩大
技巧（기교）	巧妙的机能	（无贬色彩）	骗术	语义转移
过分（과분）	超过限度	（贬斥色彩）	受宠或超出想象（敬辞）	语义转移语用差异
保险（보험）	社会保障形式之一	保证；绝对；安全可靠		语义缩小
热心（열심）	有热情，有兴趣，肯尽力		努力、用功、勤奋	语义转移

　　以上探讨了韩国语汉字词的语义跟汉语语义的异同。跟全香兰的观点类似，陈榴（2007）认为，在韩汉同形的汉字词中，"同形同义"占70%左

右，"同形异义"占10%左右，"部分相同"占20%左右。这都说明，研究透这些词与对应汉语词的语义、语法搭配以及语用规律和特点，将会为对韩汉语词汇教学打下非常好的基础。

第四节　中韩汉字词研究与对韩汉语教学

自中韩建交以来，两国的经济文化交流日益密切。近几年，"汉语热"正席卷韩国，每年来华的韩国人达到600万人次，常住中国的韩国人高达200万，在来华的留学生中数量最多的是韩国学生。一些韩国家长在谈到让孩子学习汉语的原因时说的话很有前瞻性，认为"中国就是未来"，一些商务人士的观点则更直接，认为"离开中国，谈国际化是没有意义的"。因为中国的高速发展本身就是国际化、世界化的有机组成部分，韩国必须未雨绸缪，及早融入，否则就会失去这一千载难逢的发展良机。于是，学习汉语就成为很多韩国人势所必然的选择。

针对韩国的"汉语热"，中国国内也正在大力加强对韩国学生的汉语教学及研究。这些研究主要集中在韩汉词汇对比，而词汇对比又主要集中在汉字词的语音、语义、语法等的对比研究及母语的正负迁移上。下面我们先看几则偏误句：

（1）＊我昨天看了3个时间书，很累。
（2）＊春天的时候，我们家族常常出去郊游。
（3）＊现在韩国的年轻人对政治没有关心。
（4）＊今天，朴成浩的气氛不太好，上课的时候没有精神。
（5）＊听朋友说，我的以前男友的结婚非常热闹。
（6）＊她性格亲切，平易近人。
（7）＊明天我要关于非洲奉仕发表，我很紧张。
（8）＊老师要出差，所以给我们提出了很多作业。
（9）＊女人要漂亮，必要认真化妆打扮。
（10）＊跟妈妈吵架以后，弟弟家出了。
（11）＊稍一放心，我的钱包就被偷了。

(12) ＊去年我爸爸<u>失职</u>了，我和哥哥只好开始打工了。

(13) ＊你的这个语法错误很<u>深刻</u>。

(14) ＊我觉得酒可以使<u>人间</u>亲密。

(15) ＊明天我要去老师家<u>访问</u>。

(16) ＊老师请我们吃饭，太<u>过分</u>了，谢谢你！

(17) ＊我们没有巴西足球队的<u>实力</u>好。

(18) ＊我们的成功都是老师<u>造成</u>的。

(19) ＊我非常反感爸爸<u>关系</u>我的私事。

(20) ＊昨天，我买了一件衣服，<u>品质</u>真好。

以上 20 个句子，画线的单词都是"汉字词"，其出现偏误基本上都是由于韩国语的母语负迁移造成的。具体来说，例句(1) 中，韩国语单词"时间"与汉语对应的有两个义项，一是"时间"，另一个是"小时"，而学生误将"时间"当作了"小时"，于是就造成了偏误；例句(2) 中，韩国语的"家族"往往指"家庭、家人"，比如，汉语的"全家福"，韩国语是"家族写真"，这是母语的负迁移造成的；例句(3) 中，韩国语的"关心"是名词，韩国人常说"有关心、没有关心"，而汉语的"关心"主要做动词、形容词，较少做名词；例句(4) 中，汉语的"心情"，韩国语的对应词是"气氛"；例句(5) 中，汉语的"结婚"不能做名词，韩国语却可以；例句(6) 涉及搭配问题，在韩国语中，"性格"完全可以跟"亲切"搭配，但是汉语不可以；例句(7) 中，韩国学生的"发表"常常表示类似"读书汇报"或者"活动总结报告"，这跟汉语"发表看法/观点/见解/想法/意见"不同；例句(8) 跟例句(7) 类似，都是有的搭配在韩国语中可以成立，但汉语不成立，想当然地迁移过来，很可能就会造成偏误；例句(9) 中，韩国语的"必要"可以做动词，而汉语不可以，这是词性偏误造成的；例句(10) 中，韩国语的"家出"，对应的汉语是"离家出走"；例句(11) 中，韩国语的"放心"是"放松警惕之心"的意思，跟汉语完全不一样，汉语的对应词应该是"不留神、不小心"；例句(12) 的偏误是由于韩国学生将韩国语的"失职"误认为是汉语的"失业"造成的；例句(13) 也关涉搭配问题，韩国语可以说"错误很深刻"，但是汉语却是"错误很严重""教训很深刻"；例句(14) 中，韩国语的"人间"，汉语对应的是"人类、人、人与人之间"的意思，汉语的"人际关系"，对应的韩国语却是"人间关系"；例句(15) 中，韩国语的"访问"语义范围很大，可以是私人关系，也可以团体关系，还可以国家关系，而汉语的"访问"是不可以用于家庭和个人的；例句(16) 中，韩国语的"过分"常指"超规格、盛情款待"的意思，跟汉语的贬义色彩差别很大；例句(17) 中，韩国语"实力"可以跟"好"搭配，而汉语却跟"强"搭配；例句(18) 中，韩国语的"造成"没有贬义，但是汉语恰好相反；例句(19) 中，韩国语作为动词的"关系"有"干预、参与"的意思，而汉语没有这一义项；例句(20) 中，汉语的"质量"在韩国语中是"品质"，想当然地拿来就用，于是就会出现偏误。

以上偏误句基本上都是词义、词性或语体词彩不对应造成的。其实，中韩汉字词对比不仅仅限于这些，语法、语音、汉字、语用、语篇等方面都容易引起偏误。但不管从哪个方面看，有一点是确定的，那就是：开展中韩汉字词的错误分析和对比研究，可以实现知己知彼，增强教学的针对性和前瞻性，有效地抑制韩国学生的母语负迁移，加快汉语的习得进程，更好地服务于对韩汉语教学。

中韩两国地缘相近，人缘相亲，文缘相通。汉字词是中韩语言文化交流的一座桥梁。韩国语汉字词在鼎盛时期，曾占韩国语全部词汇的80%，即使在韩国"国语醇化"运动之后，仍占60%左右。目前，在报纸的政经类文章中，汉字词所占比例甚至高达63%(陈榴，2007；何九盈，1995)。韩国语的借词比例之大，在其他语言中是十分罕见的。据柳智恩(2007)统计，韩国语常用同形汉字词有3811 个，其中意义基本相同的就有3107 个，占到81.5%，其中名词、动词、形容词最多。可见，虽然韩国创立了属于自己的文字，但是仍然有一部分汉字词以"形异、音近、义同"的方式存在着，处理好汉字词问题是对韩汉语教学的关键。大力开展韩国语汉字词研究，对推进对韩国学生的汉语教学，加深中韩两国人民之间的了解，增进两国的传统友谊，具有重要而深远的意义。

与此同时，对韩汉语教学的实践表明，韩国的汉字词与中国的汉语词在运用上存在着意义与形式上的"差异性"，这种现象使韩国学生在学习汉语时，容易受到母语的负迁移而产生各种偏误。这些负迁移和偏误现象，全方位地表现在语音、词性、语义、语法、语体色彩、感情色彩等方面。所以，对韩汉语教学，应该充分利用汉字词的"同"来促进正迁移，同时要明确区分汉字词的"异"来抑制韩国语汉字词对汉语词汇习得的负迁移。只有双管齐下，才能进一步加快韩国留学生的汉语习得进程，为他们更好地融入中国文化打下坚实的基础。

第四章

对韩汉语甲级词偏误语料库的构建框架

第一节　汉语中介语语料库建设的不足

自 20 世纪 90 年代以来的 20 多年间，对外汉语教学界创建了很多汉语中介语语料库。目前，这些语料库在主体框架设计、语料规模、信息标注、运转可靠性等方面都取得了程度不同的进展。但有两大不足需要引起重视：一是中介语语料库反哺课堂教学的自主应用平台建设滞后，二是汉语中介语语料库建设的"国别化"仍需加强。

一　"精细化"问题

长期以来，汉语中介语语料库与课堂教学一直存在着一种"看似紧密的疏离倾向"。很多教师感觉，建设汉语中介语语料库似乎更多是为了科研的需要，与课堂教学关系不大。而与此同时，一些关于汉语中介语的研究成果却由于种种原因无法及时反馈并充实到课堂教学信息中去。这说明，汉语中介语语料库建设与课堂教学的对接和融合有待加强。

众所周知，相较于传统的语言学研究，语料库语言学的优势在于：它在很大程度上避免了传统语言研究"重例解，轻覆盖""重直觉内省，轻数据量化"的不足，引领着语言研究向"实证化、精细化"的方向发展。

对于"实证化"这一概念，学界基本上没有异议。但对于"精细化"这一概念，学界的理解却未必一致。有人从语言研究精细化的角度认为，"语料库研究在本质上是描写性的"（何安平，2004：127），因此，语料库建设的目的是"培养精细化和实证性的科研能力";另外,从语料标注的精细化角度看,语料库建设者一般会要求语料库的信息标注应该尽可能地详尽全面。比如,汉语中介语语料库会从标点、字、词、句、篇等多个层面进行偏误标注,每个层面都需要一系列复杂的标注代码。除此之外,还有一种"精细化"却常被学界忽略,那就是从服务于课堂教学的应用角度,给汉语大纲词提供一些来自偏误反馈的教学提示信息,这些提示信息可以组织成一个词汇教学的自主应用平台,为教师课前备课和课堂教学发挥重要的参考作用。这一信息平台,其内容起码应该包括:每个大纲词的语音、汉字、语法、语义等认知难度的提示信息,偏误的展示及常见偏误类型的归纳信息,词汇认知难度的预测和评价信息等。目前来看,这种来自偏误反馈的、服务于教学的中介语预测和评价信息尚未纳入汉语语料库建设的视野。这一空白,亟待填补。

二 "国别化"问题

建设国别化汉语中介语语料库是对外汉语教学科研事业发展到一定阶段的必然选择。它是国别化教学活动的硬件基础,也是国别化科研活动的检索平台。

20 世纪 90 年代至今,国内对外汉语教学界已经建立起了 20 多个大大小小的汉语中介语语料库。但这些语料库,除个别以外,似乎不太关注国别分类,中介语语料的生成者大都是笼统的"留学生"或"外国人"。即使有国别分类标示,不少教师在搜集语料进行研究的时候也常常对国别不加区分。这样的语料库,较适于综合性或综论性的中介语研究,却不太有利于针对性的国别化教学和科研。

建立国别化汉语中介语语料库是加强 CSL 教学"针对性",提升 CSL 教学"精细化"的必然选择,也是服务于 CSL 习得研究"实证性"的必然要求。目前,国别化汉语中介语语料库的建设已经引起了学界的高度重视,相信在不久的将来,这一问题会有所改观。

"基于语料库的语言描述的应用是语料库进化中最具有创新性的一项活动。"(黄昌宁、李涓子,2007:20)现在我们将尝试从国别化的视角来谈谈"对韩汉语甲级词偏误语料库"的构建框架。

第二节　基于偏误反馈的对韩汉语词汇教学信息库的建设设想

一　对韩汉语词汇教学信息库的建库原则

(一) 服务教学

不同的语料库，其主要功能也不尽相同。有的偏重于"研究导向"（Research guidance），有的偏重于"教学导向"（Teaching guidance）。总体来讲，国内已知的汉语中介语语料库大部分偏重于"研究导向"。"对韩汉语甲级词偏误语料库"则是一种偏重于"教学导向"的信息库。它主要服务于从事对韩汉语教学的国内外广大教师，向他们提供词汇教学上的参考。我们的设想是通过这个开放型的信息库，让每个教师都能够对韩国学生习得汉语词汇的总体习得难度、常见迁移情况以及典型的偏误形式有一个比较全面和充分的了解，可以随查随用。

(二) 聚焦偏误

本偏误语料库的关注焦点是中介语中的偏误因素。偏误语料主要是以汉语甲级词为搜索项，从国别化的"韩国留学生汉语中介语语料库"中提取偏误句，建成子库，为信息库的建设提供数据支持和信息支持。"韩国留学生汉语中介语语料库"有 300 多万字的附码语料，基本可以满足 HSK 初中级词汇偏误语料的搜集。如果有些词的偏误语料不足，我们将通过人工干预，也即人工诱导的方式获取一部分语料，然后从中提取出目标词的偏误用例。

(三) 语料真实

对韩汉语甲级词偏误语料库所搜集的语料必须是真实自然的，所有偏误形式都必须是在学生的书面或口头话语中出现的真实句子。这一点无须赘言。

(四) 开放共享

对韩汉语甲级词偏误语料库的"开放"，包含两个层面的内容：一是语料库的建设是一个长期的开放过程，二是语料库会不断吸收学界最新的研究成果，随时修正和完善相关内容；信息库的"共享"，是指所有从事对韩汉语教学的国内外教师，均可通过固定网址凭密码登录这个信息库免费查询所需要的信息和语料。语料库的"开放"和"共享"是未来的大趋势，崔希亮和张宝林先生（2011）所倡导的"全球汉语学习者语料库"就预示着这一趋势即将到来。

二　对韩汉语甲级词偏误语料库的内容和框架

（一）对韩汉语词汇教学信息库的内容构成

对韩汉语词汇教学信息库的内容分五大部分，即基础附码、认知编码度标注、认知难度评价、迁移情况描写、典型偏误展示。这五大部分中，"典型偏误展示"是核心内容，因为其他内容的撰写大多来源于对偏误的分析和归纳。

具体来说，"基础附码"分"词性附码""词法附码"和"词调附码"三种。比如"半天"一词的词性附码是"n"（名词），词法附码是"pz"（偏正结构），词调附码是"41"（四声+一声）。基础附码最主要的功能是服务于科研检索；"认知编码度"标注的是语音、汉字、语法和语义四个维度的认知难度系数；"认知难度评价"是对词汇的"认知难度"做出预测和评价；"迁移情况描写"是在对语料综合分析的基础上对词的正负迁移情况做出解释和说明；"典型偏误展示"主要展示搜集到的典型偏误例句。

（二）对韩汉语甲级词偏误语料库的主体框架

对韩汉语甲级词偏误语料库分为"语料处理系统""数据库"和"用户检索系统"三个部分。"语料处理系统"存储的是从"韩国留学生汉语中介语语料库"中提取的及后期采集的所有偏误语料。"数据库"中包括 HSK 甲级词、大纲词基础附码集、大纲词认知编码度集等信息。"用户检索系统"的主页面如下：

在此输入要检索的词	搜索

对韩汉语甲级词偏误语料库

查询者进入此界面，只要勾选词汇的所属级别，然后输入并搜索需要查询的单词，点击"搜索"键，就会进入一个新的用户检索页面查询和检索所需要的信息。信息库的主体框架，如下图：

$$
\text{信息库的主体框架}
\begin{cases}
\text{语料处理系统} \\
\text{数据库} \\
\text{用户检索系统}
\begin{cases}
\text{基础附码} \\
\text{编码度标注} \\
\text{认知难度评价} \\
\text{迁移情况描写} \\
\text{典型偏误展示}
\end{cases}
\end{cases}
$$

通过以上论述，不难发现，基于偏误反馈的对韩汉语词汇教学信息库具有以下三个特点：以汉语大纲词为中心建库，按词查询检索，可以将包括偏误例句在内的各种教学提示信息瞬间呈现；有认知编码度的标注、认知难度评价、迁移情况描写和典型偏误展示，是借鉴了对比分析、偏误分析和中介语理论的具体化应用；具备检索功能，有利于科研工作的开展。

第三节　需要处理的其他问题

一　语料收集的形式

本库语料收集的形式，主要是学生的书面作业，包括造句作业、语段作业和作文。除此之外，还有一部分音频语料。书面语料和音频语料互补可以使语料的收集更加全面。比如，我们在考察"因为"一词的迁移情况时，本来发现"为"字有典型的母语负迁移现象发生，即韩国学生在读汉语"为"的发音时，常发成类似于"雨衣"（"雨衣"二字快速连读）的音，这是可以预测到的。但是我们从学生的音频语料中居然发现了连读音变的情况。"因为"这个词，有的学生读成了"in+［nu+ei］"的音（［nu+ei］快速连读），这完全是由韩国语母语发音的连读习惯造成的。这种现象在常规的语音对比分析中很难被发现。

英国应用语言学家 Corder 曾经将学习者的偏误分为"前系统偏误""系统偏误"和"后系统偏误"三种类型（王建勤，2011：41）。这种分类较粗疏，缺乏操作性，但有其"心理现实性"。在进行语料收集的过程中，我们也确实能感觉到不同阶段语料在质量上的差异。一般来说，初级上半学期的偏误语料基本上是属于"前系统偏误"，有的教师认为这一时期的偏误语料的研究价值不大，所以收录的积极性不高。我们之所以收录，一方面是基于偏误研究的需要，另一方面是基于纵向研究的考虑。比如以下音频语料：

（1）＊老师，字小，我不看。（老师，字太小了，我看不清楚。）

（2）＊他常常帮忙我，他真好人。（他常常帮助我，他真是个好人/他真好。）

（3）＊他很学习努力，所以他很好成绩。（他学习很努力，所以成绩很好。）

（4）＊旅游以后，我太病了。（旅游回来以后，我得了一场大病/我病得很厉害。）

以上的语料就比较有价值，我们可以从中更直观、更细致地观察到韩国留学生汉语习得的某些历时特点，也有利于我们更全面地认识汉语中介语这一特殊的语言系统。

二　偏误句的判定及偏误焦点的确定

偏误句的判定是建设对韩汉语词汇教学信息库过程中不得不面对的一个现实问题。比如以下几个造句偏误语料：

（5）＊我Λ看书。（想、要、常常、喜欢、爱）

（6）＊我Λ和妈妈去商店买东西。（想、要、每天、常常、喜欢）

（7）＊昨天，我去市里买了Λ衣服。（一件）

（8）＊我想听说课的老师很聪明。（觉得）

（9）＊你今天为什么打扮得Λ漂亮？（这么）

以上五个句子，如果有特定的上下文语境，基本上都能成立。但如果只是这样孤立地出现，句子的语义自足性不充分，就很可能被判为偏误句。至于究竟如何处理这一问题，见仁见智。我们的原则是"阶段侧重、从严把握"。

另外，在处理语料的过程中，偏误焦点的确定也是一个比较棘手的问题。比如以下例句：

（10a）＊以前他很坏了，3 年以后，他变成非常好人。

（10b）以前他很坏 Λ，3 年以后，他却变成了一个 非常好 的 人。

（10c）以前他很坏 Λ，3 年以后，他变成 了非常好的人。

严格来讲，例句（10a）起码有五个偏误焦点，分别是："了₁" 误加、"了₁" 缺失、副词"却" 缺失、数量词"一个" 缺失、结构助词"的" 缺失。在具体操作时，一般会将这个句子分别编入"了""却""一""个""的"五个词的偏误语料中。可是这么做，标准似乎过于严格，操作起来也比较烦琐，因此不如根据（10c）句确定为三个偏误焦点，即"了₁" 误加、"了₁" 缺失和"的" 缺失。这样，（10a）句就只需纳入"了"和"的"这两个词的偏误用例就可以了。当然，在具体研究过程中，还需要本着实事求是的态度，具体问题具体分析。

三 如何处理语言形式的回避问题

在信息库的建设过程中，我们也发现，有些语言形式会被学生回避。语言形式的回避问题是第二语言习得过程中普遍存在的现象，也是关涉语料库平衡性的大问题。语言回避现象的产生跟语言形式实用度、词汇的教材复现率、个体表达的语体风格和学习者的心理状态等因素都有直接关系。比如，以下副词：

很 太 真 最 更 极 挺 非常 特别 有点儿
好 够 十分 极其 格外 分外 更加 越发 尤其 多么

语料显示，在这 20 个副词中，前 10 个词的偏误语料比较多，而后 10 个词，不但偏误语料极少，甚至在学生的语篇作业中都很难见到。为解决这一语料失衡的问题，我们通常的做法是人工诱导学生用目标词造一些语义自足的单句，或者设计一些情境让学生用给出的单词或语言结构去进行语段或篇章表达。通过这种方式，语料分布的失衡问题(稀疏问题)可以得到一定程度的缓解。

四　影响认知编码度标注的相关因素

在对韩汉语甲级词偏误语料库中，"认知编码度的标注"是一个比较重要的内容。这里的"认知编码度"是指一种衡量韩国学生认知汉语词汇难易程度的量化指标。对汉语词汇进行认知编码度的标注，有助于对韩汉语教师比较直观地了解韩国学生认知汉语词汇的难点，以便采取针对性的教学方法和教学策略，实现教学效果的最大化。

汉语词汇认知编码度的确定，可以简单概括为"四维五级"。"四维"是指编码度的标注分"语音""汉字""语法"和"语义"四个维度；"五级"是指学生认知汉语词汇的五个难度等级，认知难度最高的词标为5，最低的标为1。需要指出的是，这里的难度等级是指韩国学生学习汉语词汇动态过程中起点时的静态评价难度系数，它既包含预测的信息，比如语音，也包含基于偏误反馈的信息，比如语法。

具体来说，语音认知难度的确定，需要跟韩国语的语音进行对照，找出难音的偏误规律，同时要兼顾声调难点、语流音变、音频资料的反馈信息等。比如，发音方面，"语、鱼、雨、玉、月、风、碰、培、班、非、知、吃、诗、日"等是难音；声调方面，汉语的"三声+二声""三声+三声"和"四声+四声""二声+二声"四类双音节词的声调以及"一""不"的变调等对韩国人来说是最难的，这些难音难调会导致词汇的语音认知难度系数高。相反，"不得不、不得已、新郎、不满"等词的韩语发音跟汉语差不多，有正迁移因素，语音的认知难度系数就相对较低。

汉字认知难度的确定起码要考虑如下几方面的因素：汉字笔画数(一、繁)、汉字结构的复杂度(旧、翻)、与其他汉字的相似度(爱、受)、简繁体因素(韩、韓)、汉韩字体笔画相似度(吕、모)、汉字偏误的数量等。

语法认知难度的确定起码要综合考虑如下几方面的因素：这个词能否纳入"介宾+谓词"框架(对……感兴趣、跟……见面)、是否常带各类补语(比起他来、给大家介绍一下)、是否是语法词(了、的、过、着、得了、随着、还有）、是否属于高难认知的副词（就、才、都、还、再、又）、是否是离合词（见面、聊天）、是否常以高难的特殊句式呈现（把字句、被字句、得字补语句、存现句、主谓谓语句），等等，当然这些最终也要参考语法偏误的数量才能确定。

广义语义认知难度的标注起码要考虑如下几方面的因素：是否是汉字词（不满、新郎）、语义实用度（很、极其）、语义差异（经历、经验）、语义负迁移（朝、对、向、冲）、语体差异（勤奋/勤勉；时间/时光）、词彩差异（造成、快乐）、文化义差异（白手、黄色）以及语义偏误的数量等。

第四节　结束语

目前，"语料库语言学已经成为语言研究的主流"（崔希亮等，2011），"语料库的建设和语料库语言学的崛起，是语言学战略目标转移的一个重要标志"（冯志伟，2011：13）。语料库语言学"研究的目的是描述语言的使用，而不是语言的能力"（黄昌宁，李涓子，2007：17）。"语料库语言学的'学科交叉性'决定了语言理论研究方法的选择，它必然是代表实证主义语言观的描写取向，并且必须以应用价值为先导"（易绵竹等，2000）。"只有在对语言现象进行精细和穷尽描写的基础上，才有可能就某些语言现象做出形式化的解释"（郑定欧，1999：3—4）。

学者崔健（2008：37-38）也曾指出："面向韩国学习者的汉语偏误研究，起步较早，但是也存在一些问题，概而言之：始于举例，止于分类的研究多，缺乏系统的考察和梳理。"为此，他呼吁要从语音、基本词汇、基本句式、常用功能词、篇章连接手段、范畴表达、语用规则、跨文化交际、双语对齐语料库等方面对汉语和韩语进行全面的对比、微观的考察和细致的描写，以便更好地服务于汉语作为第二语言的课堂教学。

由此，我们认为，汉语中介语语料库的后续开发和应用，若想跟课堂教学实现更紧密的对接与融合，除了继续进行语料扩展、论文撰写、教材编写和词典编纂等工作以外，基于汉语中介语偏误反馈的国别化汉语词汇偏误语料库的建设很可能是未来汉语语料库建设的方向之一。

附录：信息库词汇基础附码一览表

1. 词性附码

n(名词)、v(动词)、vu(助动词)、a(形容词)、d(副词)、c(连词)、p(介词)、m(数词)、q(量词)、u(助词)、r(代词)、e(叹词)、o(拟声词)、lhc(离合词)

2. 词法附码

pz(偏正结构)、bl(并列结构)、bc(补充结构)、qz(前缀结构)、hz(后缀结构)、zw(主谓结构)、db(动宾结构)、jb(介宾结构)、cd(重叠结构)

3. 词调附码

1(一声)、2(二声)、3(三声)、4(四声)、0(轻声)、10(一声+轻声)、11(一声+一声)、12(一声+二声)、13(一声+三声)、14(一声+四声)，以此类推。

第五章

汉语中介语语料库偏误标注的层次及类型

国内对汉语中介语语料库偏误标注规范的研究，始于北语 1995 年首建的"汉语中介语语料库"。在随后的 20 年间，北京语言大学、南京师范大学、中山大学、暨南大学、鲁东大学等一些高校纷纷建立了各自的汉语中介语语料库。特别是 2006 年北京语言大学"HSK 动态作文语料库"的建成，标志着汉语中介语语料库相对科学的偏误标注规范得以形成。

确定偏误标注的规范是建设汉语中介语语料库最核心的顶层设计内容之一。偏误标注规范直接影响偏误标注的精细度，而偏误标注的精细度又直接决定着汉语中介语语料库的功能和使用价值。不少教师都有这样的体会，不论是"HSK 动态作文语料库"还是其他一些汉语中介语语料库，都不同程度存在着某些语料查不到的情况，然而如果我们仔细分析一下相关原始语料就会发现，造成这种状况的原因其实不是偏误语料少，而是因为我们对偏误标注的层次性研究得还不深，对偏误标注的精细度处理得还不细，使得偏误标注与查询者的要求存在着一定的差距所致。为此，我们需要对汉语中介语语料库偏误标注的层次以及与之相关的微观偏误类型进行重新审视，以便为大规模汉语中介语语料库的建设确立更加科学合理的偏误标注规范。

第一节　汉语中介语语料库偏误标注的层次与偏误类型

一　过往的研究

汉语中介语偏误标注规范的逐步确立，不但受到了国外对比分析、偏误分析和中介语理论的影响，同时也得益于汉语作为第二语言的偏误分析实践。换言之，汉语中介语语料库偏误标注规范的形成和确立是国外二语习得理论和国内汉语中介语偏误标注实践有机结合的产物。

最早将国外偏误分析和中介语理论引入国内的是鲁健骥先生（1984）。鲁先生在《外国人学汉语的语法偏误分析》（1994）一文中将语法偏误分为"缺失""误加""误代"和"错序"四种类型，奠定了国内汉语中介语偏误类型研究的总体框架。后又有学者（周小兵，1996：161）增加了"杂糅"这一新的偏误类型。几乎与此同时，有学者（田善继1995）探讨了汉语中介语中的非对比性偏误，将此类偏误分为"替代""类推""简化""回避""诱发"五种偏误类型，但细究这五种非对比性偏误，探讨的其实是引起偏误的原因，而非具体的偏误类型。随着对偏误研究的逐步深入，朱其智、周小兵（2007）从五个方面对中介语中的语法偏误进行了分类考察，这五个方面包括：真偏误和假偏误；偏误与失误；显性偏误与隐性偏误；语义、语篇和语用偏误；整体性偏误与局部性偏误。这一研究对我们深入认识偏误具有重要的启发意义。但也应该看到，其探讨总体偏于宏观分类，与微观的偏误分类尚有一定距离。比如若对"真偏误""假偏误"等形式做出标注似无必要，价值也不大。2006 年，"HSK 动态作文语料库"的面世，确立了汉语中介语语料库相对规范的偏误标注规范，为国内汉语中介语语料库建设和偏误标注做出了巨大贡献。近年来，还有一些学者从语篇偏误的角度提出了诸如"连贯偏误""衔接偏误""指称偏误""插入语偏误"等一些偏误类型。凡此种种，不一而足，令广大教师无所适从，进而产生了"偏误类型到底有多少种"的疑问。之所以会产生这样的疑问，主要是因为我们对偏误层次性的认识还不十分清晰和明了，认识上的不到位对标注规范的顶层设计产生了一定的影响，进而导致汉语中介语语料库在"可用性"上打了一定的折扣。

张宝林（2013）在谈到语料库标注的"全面性"时指出："语料标注的内容全面，目的是保证语料库功能的全面，避免某些语言现象因未做标注而无法查询的尴尬情况。作为通用型汉语中介语语料库，语料标注的内容必须全面，应该在字、词、短语、句、篇、语体、语义、语用、标点符号等各个层面上对相关的语言现象进行标注，这样才能保证语料库功能的全面，从而更好地为汉语的教学与研究服务。"这一观点对我们确定汉语中介语语料库全面、科学的偏误标注规范具有极其重要的指导意义。

通过分析北语"HSK 动态作文语料库"语料标注及代码说明和鲁东大学"韩国留学生汉语中介语语料库"标注规范（胡晓清，2011：44—45）的优长与不足，同时结合汉语中介语语料库偏误标注的实践，我们提出，汉语中介语语料库的偏误标注起码应该分为"形式层标注"和"语言层标注"两个大的层次。每一层都包含一系列的偏误类型及标注代码。为行文方便，我们在探讨时暂不涉及标注代码，只讨论偏误标注的层次和类型。

二　形式层标注

偏误的形式层标注是从最浅层的形式角度对偏误标注进行的分类。形式层标注基本不需要专业知识，市井瓦肆稍有语感的人基本都可以归纳出来。基于标注精细化的考虑，形式层标注除了要对"缺失/缺失""多余/误加""误代"和"错序"四类偏误进行标注以外，建议增加三种新的形式层偏误类型，即"重复""重叠"与"杂糅。"

（一）"重复"偏误是指除了动词、形容词、量词重叠以外的语言形式或者语言意义的连用而造成的冗余

（1）＊当然我不学习，也不努力，可是我的心里上很颓丧了。
（2）＊跟他见面的时候，那时，我突然想起来一件事。
（3）＊我爸爸今年 46 岁，我爸爸是一个公务员。
（4）＊这个月，我花了很多钱，以后一定再也不随便花钱。

以上四个句子，例句（1）是方位词的重复，例句（2）是时间状语的重复，例句（3）既是零形回指偏误，同时也是主语名词的重复，例句（4）是副词的重复。按照以前的标注规范，这四个句子都属于"误加"，但显然它们跟"了""着""过"等词误加的性质是不同的。因此，为偏误标注精细化考虑，我们建议增加"重复"这一偏误类型。这样就可以使查询者不但可以查到"误加"的语料，还可以查到"重复"的语料。

（二）"重叠"偏误主要是指跟同一动词、形容词、量词的形式"叠加"有关的冗余、缺失或错误

（5）A：*以前在一家服装店<u>看了看</u>一件很漂亮的衬衫。今天一起去买吧。

B：好啊，说去就去，一起走吧！

（6）*妈妈对小娃娃说："儿子，你尽管<u>走一走</u>好了，别担心，妈妈一直看你。"

（7）*那是一个朋友的派对，我进去酒吧的时候，很多陌生人在<u>聊聊天</u>，……

（8）*我们班有几个俄罗斯学生，有的每天迟到，原因不是睡懒觉，而是在大厅喝咖啡<u>聊天聊天</u>。

（9）*听说女孩儿很漂亮，从<u>个个地方</u>为了求婚来了很多年轻人。

（10）*兔子说："我的房间里<u>暖和暖和</u>的，你快进来吧！"

观察以上例句可以发现，重叠偏误主要包括"该重叠而未重叠""不该重叠而重叠"和"重叠形式错误"三种。在词类上，动词、形容词和量词的重叠偏误比较多见。北语规范和鲁大规范都是将"重叠"归于"句处理层"。我们建议将其纳入"形式层标注"中去。

（三）"杂糅"不但包括"句式杂糅"，还包括词语杂糅

关于"杂糅"，北语规范和鲁大规范都将其界定为"句式杂糅"，但研究发现（朱其智，2007），"杂糅"并不专指"句式杂糅"。学生语料中的"杂糅"其实是呈现出极为复杂的状态。有些偏误形式跟"杂糅"相近，但却无法归入"句式杂糅"的范畴中去。例如：

（11）*我们<u>坐打车</u>去，不行的话，坐公共汽车。

（12）*我正在减肥，<u>连一天也不休息地</u>运动。

（13）*有一天，一只老鼠在<u>家洞里往外看一个老人打开包裹</u>。

例句（11）究竟应该归入"重复"还是"杂糅"，如果归入"杂糅"，它

却不是"句式杂糅"，而是"词"的杂糅。另外，例句（12）和例句（13）又该如何标注？该标注为"杂糅"还是"凝缩"？如果不得已用"凝缩"取代"杂糅"，那需不需要添加一种新的偏误类型——"离散"与之对应？这些都没有定论。

目前，将"杂糅"确定为新的偏误类型已是学界共识。但如何界定"杂糅"的概念，如何确定其下位类型，"杂糅"跟"重复""重叠"等偏误类型如何区分？这些问题，学界的看法并不一致，尚需进一步探讨。

综上所述，"形式层标注"的偏误类型可以概括为七种："缺失""误加""误代""错序""重复""重叠""杂糅"。这7种偏误类型主要分布在词、句和语篇三个层面之中。其中，"误加""缺失""重复"和"杂糅"主要分布在词、句和语篇处理层，"错序"主要分布在词和句处理层，而"误代"和"重叠"主要分布在词处理层。

三　语言层标注

语言层标注就是从语言本体的角度对偏误进行的标注，是汉语中介语语料库偏误标注的核心和重点。"HSK 动态作文语料库"的标注规范主要是语言层标注。以下就是北语的标注规范，只不过当时在确定规范时将"标点处理层"放到了"字处理层"。

1. 字处理层：错字、别字、漏字、多字、繁体字、异体字、拼音字、无法识别的字、标点错误、标点空缺、标点多余

2. 词处理层：错词（词中字颠倒＋词误用误代＋生造词＋搭配错误）、离合词错误、外文词、缺词、多词

3. 句处理层：病句、句子成分残缺、句子成分多余、语序错误、句式杂糅、重叠错误、固定格式错误、未完句、句处理存疑

4. 语篇处理层：语篇错误标记

在北语偏误标注规范的基础上，一些院校进行了修正或补充。其中，鲁大规范将"标点偏误"从"字处理层"分离出来，形成了较为清晰的五层标注规范。

这五层偏误标注规范，"字处理层"和"标点处理层"已经比较全面，"词处理层""句处理层"和"语篇处理层"尚有进一步完善的空间。其中，"句处理层"的问题，处理起来相对比较容易，而"词处理层"和"语

篇处理层"则存在很多问题和难点。

（一）词处理层

北语规范中，"词处理层"的内容包括错词（词中字颠倒+词误用误代+生造词+搭配错误）、离合词错误、外文词、缺词、多词五种。其中，词中字颠倒、生造词、离合词错误、外文词，这些内容都没有问题，"缺词"和"多词"属于"形式层标注"的内容，也无须赘述。剩下的焦点问题就集中到了"错词"中的"词误用误代"。

偏误标注实践显示，"词处理层"缺少了语义、词性、词彩、语体和语用等重要内容的标注。为此，我们需要对错词中的"误用误代"进行进一步分类。为说明这一问题，我们看几则例句：

（14）＊俞伯牙问那个人<u>他</u>弹的是什么曲子。（语义不明）（指代不明）（歧义）

（15）＊昨天晚上他喝了很多酒，很<u>醉</u>了。（词性）

（16）＊大部分恐怖电影都有雪白的<u>脸庞</u>和长到腰弄乱头发的女人。（词彩）

（17）＊<u>我的妈</u>是47岁，<u>我的妈</u>是一个家庭主妇。（语体）

（18）＊成年人的<u>票价钱</u>，是孩子的两倍。（音节）

（19）＊老师，你<u>老婆</u>在哪里工作？　　（语用）

（20）＊我听说张老师的爷爷去年<u>死</u>了。（语用）

以上七个例句，都可以笼统归入"错词"这一大类中去。但这样做的后遗症是有些下位偏误形式查不出来。比如，例句（14）同时包括语义不明、指代不明和歧义三种偏误类型；例句（15）不但包括"情态补语句"句型偏误，同时还包括词性偏误；例句（16）是语义中的词彩偏误；例句（17）是语体偏误；例句（18）是韵律节奏偏误；例句（19）（20）是语用偏误。以上例句，如果只笼统地标注为"错词"，会忽略掉许多有价值的偏误信息。所以，即使错词偏误有时跟词性偏误、词彩偏误、语体偏误、韵律节奏偏误（音节不和谐）、语用偏误等产生交叉，为偏误标注精细化考虑，我们建议进行"一错多标"。比如例句（16）可以标注为"错词"（词误代）和"词彩"偏误。

由此，我们可以将词层面的偏误类型概括为十四种，即错词偏误、语义不明、指代不明、歧义、词性偏误、词彩偏误、语体偏误、韵律节奏偏误（音节不和谐）、语用偏误、离合词偏误、外文词、词中字颠倒、生造词、词搭配错误。

（二）句处理层

首先，北语规范中的"句子成分残缺、句子成分多余、语序错误、句式杂糅、重叠错误"属于"形式层标注"的内容，不再赘述。

其次，在北语规范中，"句处理层"的病句偏误（句式偏误），列出了"把字句错误""被字句错误"等十三种。鲁大规范对此进行了梳理，增加了否定句、像字句、名词性谓语句、疑问句四种偏误类型。但这样做也容易引发争议。比如，增加了"否定句偏误"，那"肯定句偏误"是不是也要考虑？增加了"疑问句偏误"，那"祈使句偏误""陈述句偏误"等是不是也要考虑？再者，在语料库中偏误率较高的"在字句""主谓谓语句""是……的"强调句和"情态补语句"，北语规范和鲁大规范都未提及，似乎欠妥。因此，基于偏误标注实践，我们建议将"句式偏误"归纳为以下十六类。请看下表：

北京语言大学的句式偏误类型	鲁东大学的句式偏误类型	我们建议的句式偏误类型
把字句	把字句	把字句
被字句	被字句	被字句
比字句	比字句	比字句
连字句	连字句	连字句
有字句	有字句	有字句
是字句	是字句	是字句
"是……的"句	"是……的"句	"是……的"句（判断句）
存现句	存现句	存现句
兼语句	兼语句	兼语句
连动句	连动句	连动句
双宾句	双宾句	双宾句
形容词谓语句	形容词谓语句	"是……的"句（强调句）
	否定句	在字句（介词用法）
	像字句	主谓谓语句（话题句）

续表

北京语言大学的句式偏误类型	鲁东大学的句式偏误类型	我们建议的句式偏误类型
	名词性谓语句	情态补语句
	疑问句	反问句

之所以将"反问句"作为重点标注对象，是因为一方面这一类句型学生用得少，出错率较高，研究价值也更高；另一方面，"反问句"是学生汉语水平达到较高程度时的常用表达句型，对初级学生来说，偏误率较高。至于"肯定句""否定句""陈述句""祈使句"等因为基数太大，可以暂不考虑。另外，我们不建议针对错误的"形容词谓语句""名词谓语句""动词谓语句"进行标注，一方面是为了避免标注的过于繁乱芜杂，另一方面我们觉得用"词性偏误"一种代码就可以解决问题。至于如何细分，可以交由查询者自己处理。对于"在字句"，建议主要标注介词用法偏误即可，因为我们的前期研究表明，介词用法"在字句"的偏误率占所有"在字句"偏误的 80% 以上。至于其动词和副词用法，可以纳入词处理层。

在语法偏误上，北语规范列出了"主语残缺或多余""谓语残缺或多余""述语残缺或多余"等七种残缺或多余偏误形式。而按照本文的分类，这些都应纳入"形式标注层"。另外，相对于北语规范，鲁大规范增加了"语法搭配偏误"的标注（定中搭配不当等八种），在整个标注体系中将"语法偏误标注"置于更加重要的位置，使语料库偏误标注的精细度得到了较大幅度的提升。

北语规范"句处理层"中的"固定格式错误"，按照笔者的理解，应该包括各种关联词结构和各种固定结构。前者如"一…就……""宁可…也不……""与其…不如……"等。后者如"时间段+没+动词+名词+了"（我三天没吃泡菜了）、"随着……的+N(/V)"（随着人们生活水平的提高）、"少不了"（文体活动总少不了她）、"连……带……"（连大人带小孩一共十个人）等。其实，这些"固定格式错误"也可称为"构式偏误"。相较于前文的句式偏误，"构式偏误"的语言认知价值和偏误反馈价值毫不逊色。因此，我们建议对一些偏误率较高的典型构式尽可能地进行标注。当然其难点是需要确定哪些语言形式是构式以及这些构式的数量。

(三) 语篇处理层

语篇偏误历来被看作是"偏误研究的烫手山芋"，原因在于语篇偏误过于繁杂，很难理出头绪。但同时，语篇偏误又是偏误研究者最无法回避的中介语现象。下面，笔者将结合偏误标注实践，尝试着对语篇层偏误进行分类。

语篇处理层，北语规范和鲁大规范都比较简单。北语只有一种语篇偏误标记——"语篇错误标记"，下辖"前后句意义上无关""关联错误""缺少过渡成分"和"指称错误"四种类型。鲁大规范包括三种：上下文语义缺乏联系、关联错误、指代错误，但是在偏误标注的过程中，我们发现，以上这些偏误形式在全面性上仍显不够，特别是像北语规范用一种符号来标记语篇偏误显得过于粗放。因此，对于语篇偏误类型，尚需做进一步的探讨。请看例句：

(21) ＊我在家里的时候有点儿无聊，所以孩子睡觉后，我去外边，在酒吧，朋友们一起喝酒，聊天儿，这样的生活感觉很有意思。

(22) ＊我跟朋友联系，对他说："明天是世界末日，你认识吗？今天你干什么？"还有我看看网上的情况，观察情况以后，我去外面，见朋友们，一起聊天儿。

(23) ＊丈夫杀鸡熬汤为妻子喝，但是妻子的病不见好转，（于是），农夫和妻子的朋友看妻子，农夫杀了猪招待他们。

(24) ＊本来我不想参加朗读比赛，我觉得我的汉语水平低，而自己没有信心，但是老师给我鼓励，而且每天晚上自己努力练习，越来越有信心。终于获得了第二名。

(25) ＊总结，紫菜包饭和炒年糕是谁都喜欢吃的饮食。……，我希望紫菜包饭和炒年糕成了全世界的饮食。

(26) ＊放假期间，为了锻炼身体，我打算去一趟泰山，所以，你帮我照顾一下我的小狗吧。可是真遗憾，那天，我突然生病了，没去成。

(27) ＊到家门口，按门铃，没想到出来一个陌生人，他说妈妈为了登寻人启事，卖了房子去了南方。

(28) ＊在青岛，女儿看到妈妈的生日贺卡，女儿就泪流满面。

女儿想看妈妈，女儿就给妈妈打了个电话。

（29）＊"妈妈，妈妈，给我们讲个故事吧。""好的。"母亲边做针线活，边讲有趣的故事给他们听。三个人都陶醉在故事里。//有一天，母亲翻过山头去富人家，帮工去了。干完活后母亲带着得到的年糕翻过山头回家，但伴路遇到了老虎。

（30）＊我的另一半应该要性格开朗，身材苗条，但有一天，我有不好事的时候，一个平常女人关心我的事，还安慰我，当时不管我的条件，她留下了好印象，那平常的女人是我的妻子。

（31）＊黄金周引发了人们旅游的爱好。出行的人很多，可有的人因为人太多却喜欢留在家里。爬山的人很多，我觉得每登上一层，我就会看得更远，台阶总是在我的脚下，我想，只要一步一个台阶，没有到达不了的高峰。

（32）＊世界末日那天，我肯定会选择最漂亮的地方，住很高级的宾馆，……

（33）＊一个女孩子很郁闷，因为妈妈对女孩最大的偏爱就是苛求她。所以，女孩在留下一张信"妈，别找我，……"然后，她离开出去了。

（34）＊我爷爷在 1957 年在首尔出生了。

（35）＊我来介绍一下韩国的菜。最近人们对韩国菜的关心越来越多了。其中我想给你们介绍的就是拌饭和泡菜。第一，拌饭的做法很简单。……。第二，泡菜是韩国最代表的菜。……。第二，泡菜有抗癌的效果，第三，泡菜里的一个成分帮助燃烧脂肪的效能，所以吃泡菜有利于减肥。（｜）我觉得韩国菜真的没有坏处。我希望韩国菜很受人们的欢迎。

（36）＊我感觉华山是世界上第一山，看着华山时，让我如痴如醉。

（37）＊〈济州岛之游〉；这是上海旅游的内容；先哥哥先弟弟

可以发现，例句（21）（22）属于上下文连贯偏误；例句（23）（24）和例句（25）属于语篇联接标记偏误。这些语篇联接标记，从事语篇写作研究的罗青松教授的概括最全面（2002：116）；例句（26）（27）是叙述视角偏误；例句(28)(29)(30) 属于语篇指称偏误。语篇指称偏误包括指称前指错误、指称后指错误、零形指称错误、指称不明四种形式；例句(30)(31) 属于语篇逻辑偏误，同时还包括叙述视角偏误；例句(32) 属于语篇照应偏误；例句(33)(34) 是固定表达偏误。其中，例句(33) 的固定表达形式是"离家出走"，例句(34) 是"我爷爷1957 年出生于首尔"；例句(35) 既包括段落结构偏误(全文不分段)，同时还包括语篇联接标记偏误；例句(36) 是上下文语体风格不搭。这个句子，前半部分是叙述语体，后半部分是抒情语体，语体风格不搭；例句(37) 是作文题目错误。外国学生的作文题目常常会出现问题，最明显的问题包括四点：一是作文题目不居中；二是给作文题目加上书名号，特别是韩国学生，以单书名号居多；三是题目本身起得错误或者不像题目；四是空白题目。

综上所述，语篇层的偏误类型可以概括为10 种：上下文连贯偏误、语篇联接标记偏误、叙述视角偏误、语篇指称偏误、语篇逻辑偏误、语篇照应偏误、固定表达偏误、段落结构偏误、上下文语体风格不搭和作文题目错误。

第二节　其他相关问题

一　语料库偏误标注的原则

通过上文的探讨，结合汉语中介语语料库的偏误标注实践，我们认为，语料库的偏误标注需要遵循以下四个原则：

（一）顺序原则：由小到大，即：字→词→句→篇。

（二）涵盖原则：一错多标，可以跨层跨类标注，追求涵盖最大化。

（三）凸显原则：对词、句、篇重点标注，对字与标点简易标注。

（四）灵活原则：该详细处一定要详细，该模糊处一定要模糊。

以上四条原则，前三条比较好理解，第四条"灵活原则"似乎与第二条有冲突，需要做一些说明。偏误标注需要灵活处理，该详细处一定要详细，该模糊处一定要模糊。比如，词处理层、句处理层和语篇处理层就需要进行详细标注，因为这三部分内容是语料库偏误标注的核心内容。相反，有些内容则需要模糊处理。比如，词处理层的"错词"偏误(鲁大规范用"用词不当"概括），这一偏误类型如果细分，可能会很复杂，比如它可分为词的误代、误用、错用或混淆，但这四者本来就很难区分，所以为避免繁乱芜杂，就需要模糊处理。语篇层的上下文连贯偏误、语篇联接标记偏误和语篇指称偏误等也是如此。

二　形式层标注和语言层标注的关系

偏误标注分为形式层标注和语言层标注。二者具有单向映射的关系，即形式层会向语言层辐射，对语言层的偏误现象做出反应。比如"缺失"或"误加"会出现在标点处理层、字处理层、词处理层、句处理层和语篇处理层。不管涉及哪个层次，都需要有相应的附加代码加以标示。我们以"多余/误加"为例加以说明：

（38）＊我认为他不喜欢我，他对我很少打个招呼。（词层）

（39）＊跟他见面的时候，那时，我突然想起来一件事。（句层）

（40）＊黄金周引发了人们旅游的爱好。出行的人很多，可有的人因为人太多却喜欢留在家里。爬山的人很多，我觉得每登上一层，我就会看得更远，台阶总是在我的脚下，我想，只要一步一个台阶，没有到达不了的高峰。可不一样的钓鱼是安静的。（语篇层）

从以上例句可以看出，"多余/误加"其实是分布在语言层的不同层次中的，词的误加可标注为【DC】，D 表示"多余/误加"，C 表示"词层"。以此类推，句层、语篇层的误加可以分别标注为【DJ】、【DP】，这样就可以避免语篇层出现一些诸如"语篇误加""语篇缺失"等偏误类型。总之，形式层的标注代码其实是处于"潜伏"状态，随时对不同语言层的偏误做出反应。这种形式层标注和语言层标注的区分，可以解决标注上的很多麻烦。

三　需要进一步研究的问题

上文的偏误分类力图尽可能地提升汉语中介语语料库偏误标注的全面性(涵盖性)，但也有一些问题需要进一步研究。

（一）鲁大规范的句处理层列出了诸如"主语残缺或多余"等八种类

型，这些应该归入词处理层还是句处理层？建议如果是单纯的词的问题，可以归入词处理层，如果是超过词层的复杂成分，就应该考虑纳入句处理层甚至语篇处理层。

（二）对于词层偏误，是否需要标注词性和句子成分？比如句子：

（41）＊既然这样，那就<u>我们</u>分手吧！

这个句子是"就"的"错序"偏误，"就"是副词，充当句子的状语，那除了标注"就"的"错序"偏误以外，"副词"和"状语"用不用进行属性标注？如果标注，如何避免跟基础标注互相混淆。我们觉得应该标注，因为这样有利于规模数据的统计和收集。

（三）词处理层将"离合词偏误"单独列出，可还有一些重要的词类偏误，比如方位词偏误、介词偏误、副词偏误、语气词偏误等是不是也需要单独列出并加以标注？这也需要研究。

（四）形式层标注将"误代"作为重要的偏误类型，那么，词处理层"错词"中的"词误用误代"如何处理？对此，我们建议用"词误代"专指"错词"中的"词误用误代"，同时建议解除北语规范"错词"的高涵盖性。

第三节　结束语

本章对汉语中介语语料库偏误标注的层次及偏误类型进行了探讨。我们认为，汉语中介语语料库的偏误标注应该分为两个大的层次：形式层标注和语言层标注。形式层标注更宏观更概括，语言层标注更微观更细致。形式层的偏误类型会向语言层辐射，并对语言层的偏误现象做出反应。语言层中的标点层和汉字层，可以进行相对简易的标注，而词层、句层和语篇层，应该进行详细标注。以下是本文最终确定的偏误标注类型：

一形式层标注：缺失、误加、误代、错序、重复、重叠、杂糅(7种)

二语言层标注：

（一）标点处理层

标点多余、标点缺失、标点错误(3种)

（二）字处理层

错字、别字、繁体字、异体字、拼音字、漏字、多字、无法识别的字（8 种）

（三）词处理层

词误代、语义不明、指代不明、歧义、词性偏误、词彩偏误、语体偏误、韵律节奏偏误（音节不和谐）、语用偏误、离合词偏误、外文词、词中字颠倒、生造词、词搭配错误（14 种）

（四）句处理层

1. 句式层：把字句、被字句、比字句、连字句、有字句、是字句、"是……的"判断句、存现句、兼语句、连动句、双宾句、"是……的"强调句、在字句（介词用法）、主谓谓语句、得字补语句（情态补语句）、反问句（16 种）

2. 语法结构层：定中搭配不当、状中搭配不当、主谓搭配不当、动宾搭配不当、述补搭配不当、主宾搭配不当、介宾搭配不当、成分标记词不当（8 种）

3. 其他类：未完句、存疑句（2 种）

（五）语篇处理层

上下文连贯偏误、语篇联接标记偏误、叙述视角偏误、语篇指称偏误、语篇逻辑偏误、语篇照应偏误、固定表达偏误、段落结构偏误、上下文语体风格不搭和作文题目错误（10 种）

需要说明的是：虽然此处词处理层、句处理层和语篇处理层都没有出现"误加""缺失"等形式层偏误标注类型，但具体标注的时候，不同层面一定会出现相关成分的形式层标记。这里的形式层标记其实是隐含着的，具体标注的时候才会出现。如果出现，其标注需要根据不同层级添加相应的附加代码即可。

第六章

基于对韩汉语甲级词偏误语料库的
介词偏误分析

第一节　韩国学生习得汉语介词"把"偏误分析

一　引言

在汉语的介词系列中，"把"是韩国留学生介词学习中偏误率最高、最难习得的一个。介词"把"跟"把字句"密切相关。在汉语本体研究领域，很多学者（王力，1943；王还，1985；马真，1981；张伯江，1991；崔希亮，1995；蒋绍愚，1997；房玉清，2001；沈家煊，2002；孙朝奋，2008；冯胜利，2013）对"把字句"进行了大量研究，但是从对外汉语教学的角度看，这些研究主要是基于本体研究的视角来展开讨论的，一些研究成果较难应用到具体的对外汉语课堂教学中去。因为"把字句"本身是极为复杂的。正如斯坦福学者孙朝奋（2008）所言：把字句的正确用法涉及的方方面面非常多，在句法上不是一个简单的构式，是汉语语法理论上具有较大挑战性的句型。

韩国留学生习得介词"把"时，会产生大量偏误。为此，本节试图以搜集到的介词"把"的偏误句为基础，依托前贤的研究成果，从跨语言教学应用的视角对介词"把"的偏误进行研究。需要说明的是，由于研究介词"把"必然会涉及"把字句"，所以在研究的过程中，我们将二者放在一起讨论。

二　"把字句"本体研究的现状

（一）"把字句"的定义及特点

汉语介词"把"主要跟名词组合成介宾短语，用在动词前做状语。

"把"后的名词多半是后边动词的宾语。关于"把"字的用法,《现代汉语八百词》一书认为主要包括五种:①表示处置。名词是后面及物动词的受动者。如"把信交了。";②表示致使,后面的动词多为动结式。如"把嗓子喊哑了。";③表示动作的处所或范围。如"把东城西城都跑遍了。";④表示发生的不如意事情,后面的名词指当事者。如"偏偏把老李病了。";⑤拿;对。如"他能把你怎么样?"

关于"把字句"中名词与动词的语义关系,大致可以简单分析为以下三种:

①宾语是后面动词的受事者,整个格式大多有"处置"的意思。如"把衣服洗洗"。②后面的动词是"忙、累、气、急"等加上表示结果的补语,整个格式有致使的意思。如"把他累坏了"。③宾语是后面动词的施事者,整个格式表示不如意的事情。如"把老张气得要命"。

(二)"把"字句的句法结构和语义结构

1."把字句"的句法结构

汉语"把字句"的基本结构形式为:(N1)+把+N2+VP,在这一结构中,VP一般不是简单形式,VP的构造可以归纳为三种情况:

①在动词前加状语;②在动词后加补语或宾语;③改变动词本身形式,如重叠或加上"着、了"等时态成分(肖奚强,2008)。

2."把字句"语义结构的各派观点

• 吕叔湘在《中国文法要略》《把字用法研究》中提出"行为动词说、宾语有定说、谓语复杂说"的三说理论(吕叔湘,1942、1948)。

• "把字句"是因为某种动作或某个原因使SO或S(VO)获得某种结果,使动作达到某种状态(邵敬敏,1985)。

• 描述"把字句"基本语义是致使,认为把"把"字句统一语义为致使,几乎概括了所有"把字句"的语义特点(叶向阳,1999)。

• 崔希亮在语义上将"把字句"分为结果类(典型形式)和情态矢量类。通过对比指出两者具有不同的语义中心。如果把汉语的动词看成一个连续统,那么能进入"把字句"的动词是动态动词。从语法功能上看,能进入"把字句"的动词或能带结果补语或趋向补语或动量补语或重叠或与介词共现变化体现在C部分(VP段)。他把"把字句"分为两大类型:典型形式VP=VR或VP包含VR。其他形式还包括:

（1）VP=（AD）+一+V

（2）VP=（AD）+V（一）V

（3）VP=（AD）+VR（R 是动量补语）

（4）VP=O 或 Idiom 或单个 V（崔希亮，1995）

从以上研究资料可以看出，各派观点都从不同的角度去分析"把字句"，每种观点在一定程度上都有其合理性，这更加说明介词"把"是留学生汉语学习中的一个难点。本文的研究，倾向于王力先生（1980：415）在《汉语史稿》中提出的"把字句"的基本语义为"处置义"，即"处置式是指把人怎样安排，怎样指使怎样对付；或把事物怎样处理，或把事物怎样进行"的过程。

开展本研究之前，我们先将"把字句"的主要句式类型归纳如下表：

典型把字句的句式类型：

序号	句子类型		例句
1	S+把+O+V 了/着	S+把+O+V 了	主任把会议取消了。
		S+把+O+V 着	他总是把门关着。
2	S+把+O +V（一/了）V	S +把+O +V +一+V	请你把窗户擦一擦。
		S +把+O +V+了+V	小王把手上的牌数了数。
		S+把+O+V（动词重叠形式）	快把房间打扫打扫。
3	S +把+O+A+VA（A 是状语）		他总是把文件胡乱堆砌。
4	S+把+O+V+ 结果补语	S+把+O+V+结果补语（动）	他把那堵墙推倒了。
		S+把+O +V+结果补语（形）	他把房间打扫干净了。
5	S +把+O+V+趋向补语	S +把+O +V+处所+趋向补语	我把书带教室来了。
		S+把+O+V+趋向补语+宾（处所）	他把客人送上飞机了。
		S +把+O +V+复合趋向补语	他把杯子拿出来。
6	S +把+O+V+介词短语	S +把+O +V+到+ O2	我把课本放到书包里了。
		S +把+O +V+在+ O2	孩子把头靠在床头。
		S +把+O +V+给+ O2	我把礼物送给了妈妈。
		S +把+O +V+向+ O2	孩子把手伸向我。

续表

序号	句子类型		例句
7	S+把+O+V+作/成/为+ O2	S +把+O +V+作+ O2	我把他看作亲姐。
		S +把+O +V+成+ O2	他把钱都换成硬币了。
		S +把+O +V+为+ O2	人们把老师称为辛勤的园丁。
8	S+把+O+V+ 时量补语/动量补语	S +把+O +V+ 时量补语	他把期限推迟了两天。
		S +把+O +V+动量补语	经理把文件读了三遍。
9	S+把+O+V+得+状态补语	S +把+O+V +得+状态补语 （形容词）	他把衣服洗得干干净净。
		S +把+O+V+得+状态补语 （动词）	大风把窗帘吹得摇摇晃晃。
		S +把+O+V +得+状态补语 （主谓结构）	我把他打得脑袋流血。
10	S +把+O+ 一+ V		裁判员把手一挥："开始!"
11	S +把+O+V		人们建议把新提案取消。
12	S +把+O+V+程度补语		这事把爷爷高兴坏了。
13	S +把+O+给+V+其他成分		他把汽车模型给踩坏了。
14	S +把+O+其他句式	S +把+O+连动句	小李把窗帘卸下来洗了。
		S +把+O+兼语句	你把账单拿给我看看。

由表格可以看出，"把字句"的句式类型多种多样，给留学生的学习增加了很多困难。高校平（1999）在《留学生"把"字句习得过程分析及其对教学的启示》一文中运用问卷调查法，通过比较留学生客观习得顺序、主观习得顺序、本族儿童习得顺序、本族成人使用频率高低顺序、语法大纲要求的等级顺序之间的异同，发现了影响留学生"把字句"习得顺序的因素有"把字句"本身的复杂程度，留学生在日常交际中的使用频率以及教材和教学的影响。作者通过研究认为，留学生"把字句"的习得顺序，排在前三位的句式为：

1. 主+把+O+动+介宾补语(在/到) +……
2. 主+把+O1+动+O2(O1，O2 是宾语)
3. 主+把+O+动+数量补语

本文从对韩汉语甲级词偏误分析语料库和北京语言大学 HSK 动态作文语料库检索到 405 例与介词"把"有关的偏误句。通过分析，将其偏误类型分为多余、缺失、误代、错序、其他五大类。具体统计结果如下：

偏误类型	多余	缺失	误代	错序	其他
偏误数量	121	91	41	81	71
所占比例	30%	22.5%	10%	20%	17.5%

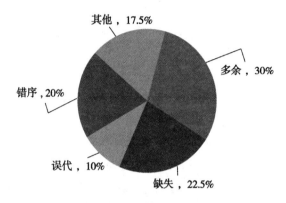

介词"把"偏误类型占比图示

从以上图表分析结果可以看出，韩国留学生习得汉语介词"把"的偏误比例中，多余所占比例最大（有可能是教师作业要求使用"把字句"造句，学生由于对"把字句"的使用特点不理解而出现大量不该用"把字句"却用了的情况），缺失、错序、其他偏误比例相近，误代比例最少。

下面，我们将对汉语介词"把"的偏误进行具体分析。

三　介词"把"偏误分析

（一）"把"的多余

在可供分析的语料中，"把"的多余句有121句，所占偏误比重最大。在这一偏误类型中，数量最多的是谓语动词偏误。学习者不知道"把字句"的语义关系及使用条件，小清楚一些动词不能用在"把"的后面做谓语，从而形成了偏误。肖奚强（2000）、林载浩（2001）认为这是韩国语母语语法负迁移作用的体现。在"把字句"结构中，宾语名词往往会被提前。而在韩语中，常见语序也是宾语在前的格式，因此，韩国留学生误以为只要在宾语前加上"把"字就可以造出"把字句"，这就导致韩国学生在不需要"把"字的情况下过度使用"把字句"，出现介词"把"的多余以及"把字句"的泛化现象。

1. 谓语动词偏误

在汉语的"把字句"中，谓语动词一般都具有"处置性"，兼具较强的"动作性"。因此不及物动词、能愿动词、判断动词、趋向动词等不能用来做谓语动词（冯胜利，2013）。房玉清（2008：218）在《实用汉语语法》中提到"同意""喜欢""看见""听见"等表示心理、感受的动词以及助动词也不能做"把字句"的谓语动词。在我们的语料中，不同情况的大致占比如下图：

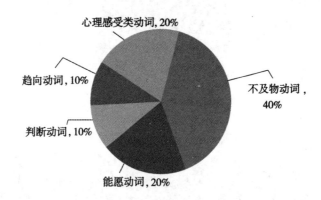

不能进入"把字句"的动词占比图示

2. 不及物动词偏误

（1）＊他把那些东西都<u>掉</u>了。

（2）＊我叫×××，今年把大学<u>毕业</u>了。

（3）＊他把粉笔<u>断</u>了。

（4）＊因为你们在世界上最了解我，我心里所想的一切也都知道。我这么大了，应该把自己<u>作主</u>了。

不及物动词，常常用来表示某种结果，一般不能直接作用于某个名词性成分上，所以不能用于"把字句"。因为不及物动词都是前边主语发出的动作行为，表示的是主语"怎么了"，所以一般不能进入"把字句"。究其原因，是因为汉语没有真正意义的形态，没有区分及物动词和不及物动词的形式标志，而且一般汉语书籍里也不做详细说明，这就给韩国汉语学习者区分及物动词和不及物动词造成了困难。而准确地判断一个动词的词性和可及性，是正确运用"把字句"的一个重要前提条件。没有这个前提条件，就必然出现混乱，形成偏误（朱虹，2015）。

3. 非行为动词偏误

（5）＊我把他的意见同意了。（"同意"为感受动词）

（6）＊把20年以来一直住的地方离开，您们感觉舍不得。（"离开"为趋向动词）

（7）＊希望你们把这个地方喜欢。（"喜欢"为心理动词）

这一类动词主要包括联系动词（判断动词），如"是"；感受动词，如"觉得""同意"；趋向动词，如"离开"；心理动词，如"喜欢"。这些动词的动作性都比较弱，因此，一般很难用于"把字句"中。邵敬敏（2016：37）在《现代汉语通论》中强调构成"把字句"的往往是动作动词，而且能够带表示结果的补语或宾语。联系动词、感受动词、趋向动词和心理动词不能带结果补语或宾语，又缺乏动作性，因此不能用于"把字句"。

4. 语义指向偏误

（8）＊我把考卷检查得很仔细。

（9）＊他把英文学得很努力。

"很仔细""很努力"都是状态补语，语义指向均为主语，不能说考卷很仔细，英文很努力（朱虹，2015）。在"把"字句结构中，宾语往往会被提前，而在汉语中，常见语序也是宾语在前的格式，因此韩国留学生误以为只要在宾语前加上"把"字就可以造出"把字句"，这很容易导致韩国学生在不需要"把"字的情况下过度使用"把字句"，出现"把字句"的泛化现象（肖奚强，2000）。

其实，这一类的"把字句"偏误在教学中比较常见，对于这类偏误句，教师们往往无从下手，不知道如何去分析和解释。因为，介词"把"后的名词跟动词在语义的逻辑上必须适配。中国人有语感，能判断出哪些形式适配，哪些形式不适配。但留学生由于没有语感，就很容易造出一些语义逻辑极度不合常规的所谓"把字句"。

（二）"把"的缺失

1. 未用"把字句"导致"把"的缺失

在现代汉语中，如果某主语采取某种行动对宾语进行处置，并使得宾语处于某种处所时，应当使用"把字句"。例如：

（10）＊他＊行李外面放。

（11）＊母亲藏了＊孩子在裙子里。

例句（10）（11）表达的是"位置转移"之义（吕文华，1994），应该使用"把字句"。因此可以改为：

（10′）他把行李放在外面。

（11′）母亲把孩子藏在了裙子里。

2. 含有"V 成、V 为、V 作"词语时应当使用"把字句"

一个动词有两个名词宾语，谓语是"V 成、V 为、V 作"等形式，一般应当使用"把字句"。例如：

（12）＊人们都看作＊他老师。

（13）＊他常常＊我当成妹妹。

（14）＊流行歌曲是一种产品，不要盲目地喜欢，＊听流行歌曲当作一种休闲方式，享用它就行了。

"看作""当成""当作"等词语均含有处置意味，因此要使用"把字句"，表达主语把宾语怎么样了。

3. 在动词前含有"都、全"等副词时应当使用"把字句"

（15）＊不到一天，我＊作业都写完了。

（16）＊用了两个月，我＊这件事全完成了。

这两个例句中有"都、全"等副词，一般情况下谓语动词具有处置意义，需要用"把字句"来表达。

总之，通过对以上偏误句的分析，可以看出，"把"字句难以把握，容易出错，学习者倾向于对"把字句"采取回避策略，从而形成偏误。

（三）"把"的误代

在"把字句"里，误代是指没有区分"把"与其他意义相近的介词的区别，用"把"字替代其他意义相近的词。

1."把"误代"让""使"

（17）＊同样，个人也通过这种人生的困难，更多地训炼自己，把自己成为坚强的一个人。（"把"应替换为"使"）

在这个例句中，留学生混淆了使动用法和"把字句"，使动用法是使宾语怎么样，"把字句"是处置宾语。区分的方法是看名词宾语是否能做句子的兼语。能做兼语的应该用"让""使"或者"令"，不能用"把字句"表达。另外，"成为"这个词不能充当"把字句"中的谓语动词，只可以做"把字句"中的动词补语，而且常跟其前面的动词结合后简化为"V 成"或者"V 为"。比如："父母要把女儿培养成一名歌星。"，"同学们把他选为班长。"

（18）＊他把我进了房间。（"把"应替换为"让"）

趋向动词不能用来作为"把字句"的谓语动词，因此例句（18）可以改为：

（18′a）他让我进了房间。
（18′b）他把我领/请/拉/踹/迎进了房间。

2."被字句"被用成"把字句"

（19）＊我把汽车的声音吓了一跳。

（20）＊我把雨淋了一身。

从以上偏误可以看出学生混淆了"把字句"和"被字句"。房玉清（2008：216）在《实用汉语语法》一书中用表格区分了"把字句"和"被字句"在语序和主语宾语在施受关系上的差异。如下表：

"把字句"的语序	主语（施事）+把+名（受事）+动……
"被字句"的语序	主语（受事）+被+名（施事）+动……

可以发现，"把"的功能是把受事移位到动词前边，"被"的功能是把受事移位到"被"的前边；前者形成主动句，后者形成被动句。"把字句"和"被字句"的混淆可能是学生造"把字句"时不了解"把字句"中动词和名词之间的语义关系造成的。而且也能看出，这类句子大多数属于"前系统偏误"。

（四）"把"的错序

1."把字句"中能愿动词错序导致"把"的错序

（21）＊我把作业应该做完再玩儿。

（22）＊我们把这个问题应该重视起来。

（23a）＊你把衣服应该洗净。

（23b）네가반드시옷을깨끗이빨아야한다.

韩国留学生在使用带有能愿动词的"把字句"时，常常出现语序错误。这是因为按照韩语的习惯，能愿动词一般要放在动词的前面（汉语的"非把字句"也是如此）。比如，例句（23a）正常的语序应为：能愿动词+把字结构+动词+其他成分。也就是说，在"把字句"中，一般情况下，能愿动词应该放在介词"把"的前面。这类偏误的形成与学生将"把字句"和一般句子的语法形式混为一谈有关。

2."把字句"中否定词错序导致"把"的错序

"把字句"中常用的否定副词包括"不、没（没有）、别"等，应放在介词"把"字之前。例如：

（24）＊他把每天的工作<u>没有</u>安排好。

（25）＊舍友把我的 MP3 <u>没</u>弄坏。

（26）＊他把我的话<u>不</u>放在心上。

（27a）그는 책을 집에 가져가지<u>않았어요</u>.

（27b）＊他把书<u>不</u>带回家。

（28）＊你千万把这件事<u>别</u>告诉他。

以上例句中的偏误，都是将否定副词放在了介词"把"字之后，谓语动词之前。造成这一偏误的原因有两个，一是母语负迁移的影响。汉语属于"主谓宾型"语言，韩语属于"主宾谓型"语言。韩语中否定词可以放在谓语前，留学生在使用"把字句"时，常常忽视了当"把字句"中有否定词时，必须将否定词放在"把"字前这一规则。例句（27b）就是在韩国语（27a）语法形式的影响下形成的。二是目的语规则的过度泛化。在学习汉语时，学习者先习得否定句的基本句式"否定副词+谓语动词"，由于前摄抑制，韩国留学生会把这个规则泛化到否定形式的"把字句"中去，从而形成否定词的错序偏误。

3. 其他状语成分错序导致"把"的错序

（29）＊那本书太厚，我好不容易把它<u>今天</u>才看完。

（30）＊我们把这个"代沟"问题<u>怎么</u>解决下来呢？

张斌（2001：38）认为，"把"形成的介词结构做状语时，如果还有其他状语同时出现，这样的状语通常要放在"把"的前面。其实，除了上面的两个例句以外，其他副词，比如"已经、总是、一直、经常、常常、老是、竟然、往往"等词基本都应该放在"把"的前面。这类偏误的形成同样与学生将"把字句"和一般句子的语法形式混为一谈有关。

（五）与"把"有关的其他偏误

1. 谓语错用

在汉语的"把字句"中，除了少量光杆动词（如：吃、喝、干、杀等）可以用于"把字句"以外，大部分谓语动词不能是光杆动词。例如：

（31）＊你把窗户关。

（32）＊我把作业完了。

（33）＊老师把例题讲。

光杆动词往往表示无界（unbounded） 行为，无变化性可言；动词后面带上表示结果意义的词语，才能表示事件所带来的状态变化，才能表达"强影响性"的语义。因此，一般来说，"把字句"的谓语动词不能是光杆动词，不能单独出现，其谓语动词后一般有别的成分，通常后面有补语、其他宾语、时态助词或动词的重叠（朱虹，2015）。用"把"的句子，动词后面要有附加成分或补语，或前面有"一" 等特种状语《现代汉语词典》（第7版）。当然例句（32） 中的动词"完"还是自动词，跟"掉"一样，在"把字句"中一般做补语，不做谓语动词。

　　2. 宾语无定导致的"把字句"错误

（34）＊如果我奶奶来韩国，她总是把几本汉语课本给我带来。

（35）＊你把一点糖加上去吧，菜一定更好吃。

（36）＊听说，第一次收到工资，应该把一套内衣买给父母。

吕叔湘（1999：54） 在《现代汉语八百词》中强调"把"后面的名词所指事物必须是有定的、已知的，或见于上文，或可以意会。前面常加"这、那"或其他限制性的修饰语。代表不确定的事物的名词，不能跟"把"组合。因此这几句话应改为：

（34′）如果我奶奶来釜山，她总是把那几本汉语课本给我带来。

（35′）你把这点糖加上去吧，菜一定更好吃。

（36′）听说，第一次发工资，应该给父母买套内衣。

可以发现，例句（36） 不需要用"把字句"表达，应该改成句（36′），因为"一套内衣"是不定指成分，跟"把字句"的使用规则相违背。

　　3. 补语错误

在我们的偏误语料中，第一种补语错误是"把字句"中介宾短语逻辑错误。例如：

  （37）＊同学们把<u>饭吃在留学生食堂里</u>。

  （38）＊他把<u>花浇在院子里</u>。

  "把……V在……"这个句式表达的是在某一行为的影响下，宾语的位置发生了移动。"同学们吃"与"在留学生食堂里"，"他浇"与"在花园里"不存在位移关系，"留学生食堂""院子"也不是"吃""浇"的运动方向或位移终点。所以，这类偏误是由"把字句"中介宾短语逻辑错误导致的。

  第二种是时量补语错误。例如：

  （39）＊他把<u>行李掏了半天</u>。

  （40）＊我们把<u>排球打了半个小时</u>。

  这一句中"半天、半个小时"是时量补语。这种补语不是表示状态，而是表示动作的延续，没有处置意义。

  第三种是动量补语错误。例如：

  （41）＊你把<u>水喝一口</u>吧。

  （42）＊你把<u>饭吃一顿</u>吧。

  "把字句"中的动量补语（动词与数量词之间不加"了"的类型），一般不是具体的（喝一口水、吃一顿饭），而是抽象的（把门关一下、把灯开一下）。动量补语如果是具体的，一般不能用于"把字句"。因此，这两句话应该改为祈使句：

  （41′）你喝口水吧。

  （42′）你吃点饭吧/你吃口饭吧。

  当然，孙朝奋先生（2008：375）认为例句"他把酒喝了一口。"是正确的，但在我们看来，这个句子还是有些问题。我们注意到，在汉语中，有不少"把+N+V+一+量词"的语例，但是这一构式并不能无限扩展泛化，否则就会很容易出现偏误。至于这一构式的语义背景以及使用条件究竟是什么，尚需进一步研究。

四　结束语

"把字句"是汉语中的一种主动式动词谓语句，这种句式又称为"处置式"。"把字句"表示处置意义时，其谓语动词的使用是有条件的。在教学实践过程中，我们发现，留学生不容易掌握"把字句"的使用条件和句法规则，特别是什么情况下该用"把字句"，什么情况下不该用"把字句"，哪些动词可以用"把字句"，哪些动词不可以用"把字句"，留学生头脑中并没有清晰明确的概念，这很容易导致大量偏误的产生。其次，"把字句"的种类很多，但是学生使用的种类却极为有限，如何想办法让他们将这些"把字句"的类型都学会，是一个长期的过程，对教师也是重大的挑战。

第二节　韩国学生习得汉语介词"向"偏误分析

一　引言

在现代汉语介词中，"向"是一个非常重要的介词。《现代汉语词典》（第7版）对介词"向"语法功能的解释为：①引进动作的方向；②引进动作的目标；③引进动作的对象。

《现代汉语八百词》中对介词"向"的解释为：①跟名词组合，表示动作的方向。这时可以分两种情况，一种是"向……"，用在动词前，"向"后可以加"着"，但跟单音节方位词组合不能加；另一种是"向"用在动词后，限于"走、奔、飞、冲"等少数单音节动词，"向"后可加"了"。②引进动作的对象，跟指人的名词、代词组合，只用在动词前。

韩国留学生在习得介词"向"的过程中存在大量的问题。为此，我们在语料库中搜集了关于介词"向"的偏误句87句，通过分析，将其偏误类型分为多余、误代、缺失、错序和其他五大类。具体统计结果如下：

偏误类型	多余	误代	缺失	错序	其他
偏误数量	14	52	4	12	5
所占比例	16.1%	60.8%	4.6%	13.8%	5.7%

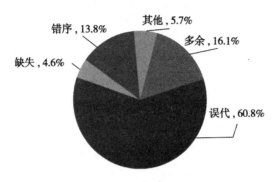

介词"向"偏误类型占比图示

通过图表显示，韩国留学生在习得汉语介词"向"的偏误句中，误代所占的比例最大，超过60%。其次出现偏误较多的是多余，错序偏误和多余偏误相差不大，缺失偏误和其他类偏误所占比重不大。

下面，我们将对介词"向"的偏误进行具体分析。

二　介词"向"偏误分析

（一）"向"的误代

"向"的误代有52句，占所有偏误句的60.8%。研究发现，介词"向"经常被误代为"给、对、跟、像"等其他词，其中"向"被误代为"给"的频率最高，其次是"向"与"对"之间的误代。具体的误代比重如下图所示：

误代介词	给	对	其他介词（如：跟、往、像）
数量	21	20	11
比重	40.4%	38.5%	21.2%

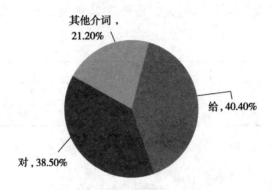

介词"向"的误代词占比图示

1."给"与"向"的误代

　　介词"向"的误代共 52 句，其中"给"和"向"的误代偏误共 21 句，在介词"向"的偏误中也是占比最大的一类。在汉语里，"给"既是动词、助词，又是介词，它跟"向"的共同点是都可以引进动作的对象，但是"给"还可以引进交付、传递的接受者，引进动作的受益者或受害者。违反这一点，就容易形成偏误。例如：

　　（1）＊我<u>向</u>您添麻烦了。
　　（2）＊也许音乐会<u>向</u>人们带来快乐。
　　（3）＊我做的第一件事是一起<u>给</u>上帝祷告。

　　以上例句都是介词"给"和"向"的误代偏误。其中例句（1）（2）应该把"向"换为"给"。例句（1）引进的是动作的受害者，例句（2）引进的是动作的受益者，介词"给"后边的"您""人们"分别是"麻烦"和"快乐"的受害者与受益者。例句（3）中的"给"应该改为"向"，"向"后的名词性成分"上帝"是动作"祷告"的对象，"上帝"既不是交付传递的接受者，也不是"祷告"的受益者或受害者。由于所引进的东西不同，所以这两者是不可以相互替换的。当"向"组成的介词短语修饰的动词有明显的"给予"义时，"向"才可以和"给"互换。这类动词有"捐献、汇报、交、送、寄、派"等。

2."对"和"向"的误代

"对"和"向"的误代偏误共有 20 句，是仅次于"给"和"向"的误代比重。介词"对"有四个义项：①表示动作的对象或方向；②表示对待；③表示针对；④表示引进判断或看法针对的人或事物。请看例句：

(4) ＊父亲和母亲，我<u>向</u>您很感谢。

(5) ＊现在趁这个机会，我<u>对</u>您道歉，那时候，我不好。

(6) ＊他<u>对</u>我打招呼我没有理他。

以上例句是"向"和"对"的误代偏误。例句(4) 应把"向"改为"对"，例句(5)(6) 的"对"应该改为"向"。例句(4) 中"对"表示对待，其谓语是"感谢"，"父母"是谓语的受事。例句(5)(6) 中的"向"都是引进动作的对象。韩国留学生比较容易将"向"表示"引进动作对象"的义项与"对"表示"动作的对象或方向"以及表示"对待"的义项混淆。

"向"和"对"的误代偏误抛开学习者母语负迁移的因素，是因为介词"向"和"对"在与表示人的词语组成介词短语做状语，引出动作行为的对象时，可以互换，这时介词后面的动词可以有两种：

一种是具体动作动词，表示 A 对 B 做什么动作，相当于"朝"（A、B＝人）。例如：

(7) 安德在<u>向</u>我们招手。

(8) 她<u>对</u>我笑了笑，什么也没说。

上边两个句子中的"向"和"对"可以相互替换，"招手"和"笑"是具体的动作动词。

第二种是某些言语行为动词，表示 A 对 B 有什么行为。如：

(9) 请你<u>对</u>他说明情况，以免造成误会。

(10) 你不要<u>对</u>他发脾气。

这里的"向"和"对"也可以互换。"说明"和"发脾气"都是言语类动词。不过，需要注意的是，"对"没有"向"的"从……那里（得到……）"这一用法。例如：

（11）前天我<u>向</u>老师借了一本书。

这个句子中的"向"表示的是书的来源，也就是"从……那里（得到……）"，而"对"没有这一用法。

另外，"向"没有"对"的"表示对待"的意思。傅小贤、周雨兵（1997）认为，当"对"表示"对待"时，"对待关系一般只存在于有意识的主体与某一对象之间，主体可以把某种性状、行为等加于某一对象之上。"能用于这种情况下的动词和形容词主要有以下两类：

第一类为表示心理活动的动词。如：爱戴、不满、担心、感激、关心、怀疑、警惕、理解、佩服、同情、为难、相信、尊重等。

第二类为情感态度类的形容词。如：失望、友好、好奇、小心、耐心、慎重、严厉、亲切、愤怒等。

3."向"和其他介词的误代

"向"除了和介词"给""对"出现误代，还可能和"为""跟""朝""往"等介词出现误代，但是这种情况不是很严重，所以所占比重不大。

第一，我们看"向"和"为"的误代。

（12）﹡但是如果我们<u>向</u>对方着想、互相了解，常常谈话的话，我想能解决这种问题吧？

例句（12）中的"向"应该改为"为"，此处"为"是引进动作的受益者。

第二，我们看"向"和"往"的误代。

（13）﹡突然，毒蛇咬了她，她的丈夫背起她跑<u>往</u>医院。

此处"往"应该改为"向"。笔者通过对 CCL 语料库和 BCC 语料库中

"跑往"的穷尽式分析，发现"跑往"大部分出现在文学作品中。由于例句（12）是留学生写作时出现的偏误，语体色彩与其全篇语体色彩不搭配才导致这一偏误的出现。当然，这一偏误也可以修改为"她丈夫背起她往医院跑"，此时"往+处所名词+动词"和"向+处所名词+动词"的语义是一样的，而且"往+处所名词+动词"更加口语。

另外，"V向+处所宾语"的格式里，V所表示的移动并不一定要达到宾语所在的处所或事物所在的位置，只是表示V的移动方向，也就是说V的路径是出发点到"医院"之间的连线，这条线就是动词"跑"的方向和路径；而"V往"的宾语不仅表示V的方向，而且一定是V的终点。也就是说，"往"的语义焦点更强调"我要到（某场所）"。所以，笔者认为此处应该改为"往医院跑"，因为这里强调的动作终点是"医院"，而非仅仅是移动方向或路径。而且这里用"往"这一偏口语体形式与作文中偏口语的叙述语体也一致。

当然，"向"和"往"也有相似之处，它们都表示向某个方向、地方移动，都可以和一些单音节动词搭配。有的可以互换，有的不可以互换。如："飞往、通往、驶往、游往、漂往、流往"中的"往"可以与"向"互换。"开往、送往、寄往、运往、派往、售往"中的"往"与"向"不可以互换。"奔向、走向、投向、流向、推向"中的"向"不可以与"往"互换。

第三，"向"和"从"的误代。例如：

（14）＊我想什么，写什么都是从我的后头飞走。

"从"表示的是起点，而此处的"后头"是"我"想的、写的移动的方向，而非行为动作的起点，所以"从"应该改为"向"。如果"后头"改为"身边""身旁"，就可以用介词"从"，因为"从"可以表示"经过"，比如"公交车从市政府门前驶过。"

第四，"向"和"跟"的误代。例如：

（15）＊我从18岁开始吸烟的，向一个朋友学会抽烟了。

　　"跟"和"向"都可以引进动作行为的对象，但是"跟"可以引进动作行为的参加者或比较对象，还可以引进与某人、某事有关系的一方。笔者认为，此处"跟"是引进与某人、某事有关系的一方，"我学会抽烟"这件事情与"一个朋友"有关。当然也可以从语义上找出一些线索，比如这里的"跟"其实是含有"跟从"，有一点英语的"follow"之义，所以汉语中会有"跟我说、跟我学、跟我读"等说法。"学会抽烟"也是"跟"别人学会的。所以从这个意义上来看，例句(15)中的"向"应该改为"跟"。

　　(二)"向"的多余

　　"向"多余偏误的数量仅次于误代的数量，共有22例偏误句。这类偏误，主要表现为"向+NP+VP"结构中的VP出现错误。例如：

　　(16)　＊他们总是向我告诉没事，没有问题小朋友。

　　(17)　＊我直接向老师回答了。

　　(18)　＊决定去中国上学的时候，很多人向我嘲笑，尤其是我的朋友。

　　以上句子中的"向"都应该去掉。例句(16)中的"告诉"这一动词本身是及物动词，"告诉"后的宾语就是这一动作的朝向对象，这说明"告诉"具有明显的方向性，与"向"共现搭配的话，会导致语义冗余；例句(17)(18)中的"回答"和"嘲笑"这两个动词同样是及物动词，同样带有方向性，与"向"共现同样会导致语义冗余。另外，"向"在不能跟"给"或"对"替换的情况下，表示引进动作对象时，其所修饰的动词大部分有"索取"义，如"请假、借"，而此处的"告诉、回答、嘲笑"都没有"索取"义，所以这几个词跟"向"是不兼容的。

　　(三)"向"的缺失

　　"向"的缺失共4句，占比很小，只有4.6%。这类缺失偏误在"向"的偏误中不是十分严重。

　　(19)　＊我会＊你的父母转达问候。

　　(20)　＊开学时，我没去学校，也没说＊学校我的决定。

以上两个句子都是缺失偏误，缺少了引进动作对象的介词"向"。这两个句子应该修改为：

（19′）我会向你的父母转达问候的。
（20′）开学时，我没去学校，也没向/跟学校说我的决定。

（四）"向"的错序

"向"的错序共 12 句，是在误代、多余之后最多的偏误，而且数量和多余偏误数量差不多。这类偏误出现的主要原因是母语负迁移。例如：

（21）＊我保证向你们，我一定要努力学习。
（22）＊对我来说，常常用流行歌曲告白向女朋友。

以上两个句子的状语和谓语位置颠倒，正确的语序应该是"向+名词（表示人或团体组织的名词、代词或地点名词）+谓语动词"。

（五）与"向"有关的其他偏误

（23）＊得了重病就是浑身难受，不向饥饿似的，饥饿在一个月里，肚子天天痛，还天天饿，但病了可以躺着，也不向饥饿那样，那么痛。
（24）＊今天早上我丈夫向上海出差了。

例句（23）是介词"向"和"像"由于语音相同而导致的汉字混淆，因为学生倾向于用简单的同音汉字代替较复杂的汉字。"向"代替"像"，"在"代替"再"都是汉字误写误代的典型例子。例句（24）缺少谓语动词"去"，"去+地点名词"虽然也有"朝某处移动"的意思，但是和"向+地点名词"组成的介词短语充当的语法成分是不同的。前者在句中大部分情况下充当谓语，而后者在句中只可充当状语。当然，这一偏误的形成也跟违背"出差"的用法特点有密切的关系，"出差"这一动词最常见的构式是"去+place+出差"，而不是"向+place+出差"。

三　结束语

本节运用语料库研究法分析了韩国留学生在习得介词"向"的过程中出现的偏误。通过分析发现，韩国留学生在习得介词"向"的过程中最易出现的偏误是误代，其误代对象最多的是对象类介词"给"和"对"。另外还发现，韩国留学生在习得介词"向"过程中发生的偏误大多跟母语负迁移有关。

第三节　韩国学生习得汉语介词"跟"偏误分析

一　引言

"跟"在 HSK 大纲词汇中排第 382 位，56 个介词排位第 16 位。"跟"有三种词性：一为介词，二为连词，三为动词。《现代汉语词典》(第 7 版)对介词"跟"的解释是：①引进动作的对象，义为"同""向"；②引进比较或比拟的对象，义"同"。

《现代汉语八百词》对介词"跟"的解释是：①表示共同、协同，只跟指人的名词组合；其中表否定时有两种情况，a. 否定词"不"用在"跟"前，表是示主观意愿；用在"跟"后，表客观事实；b. 否定词"没"在前在后意思相同；②指示与动作有关的对方，只跟指人的名词组合。也存在两种情况：a. 对；b. 从……那里；③表示与某事物有无联系；④引进用来比较的对象，后面常用"比、相同、不同、一样、差不多、相像"等词。

在韩国学生习得介词"跟"的过程中存在着不少与"跟"有关的偏误。为此我们从对韩汉语甲级大纲词偏误分析语料库和北京语言大学 HSK 动态作文语料库的 55 万字语料中搜集到与介词"跟"有关的偏误句 106 句，通过初步分析，将其偏误类型分为缺失、多余、误代、错序、其他五大类。具体统计结果如下：

偏误类型	缺失	多余	误代	错序	其他
偏误数量	47	21	28	8	2
所占比例	44.34%	19.81%	26.40%	7.54%	1.89%

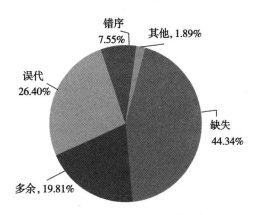

介词"跟"偏误类型占比图示

从上表中可以看出，韩国学生习得汉语虚词"跟"的偏误比例中，占比最大的是缺失，比例为44.34%，将近一半；其次为误代和多余，分别为26.40%和19.81%；第三为错序，占7.55%；其他偏误占比很少，约1.89%。在韩国学生习得"跟"的偏误例句中，缺失、误代和多余偏误最严重。

下面，我们将对介词"跟"的偏误进行具体分析。

二　介词"跟"偏误分析

（一）"跟"的缺失

缺失是指在语言表述过程中丢失了必要的语言成分，进而影响了整个语言意思的完整表达。在我们的语料中，"跟"的缺失句一共有47句，占"跟"的所有偏误句的44.34%。

1."跟……一样"词组中"跟"的缺失

（1）＊韩国的大学的学制＊中国的大学一样。

（2）＊我的汉语发展速度很慢。我觉得我虽然是二年级的学生，但是我的水平＊刚到的学生一样。

（3）＊她＊长她妈妈一模一样。

这三个句子中，都是"跟……一样"结构中"跟"的缺失。三个句子都是比较句，"跟"的语法功能是引进比较的对象。例句（1）是比较"她和

她妈妈的样子"，例句（2）是比较"韩国大学的学制与中国大学的学制"，例句（3）是比较"刚到的学生的汉语水平与我的汉语水平"。汉语介词"跟"用在比较的事的前面，后面除常用"一样（／一模一样）"之外，还经常跟"比、相同、不同、差不多"等词（吕叔湘，2016）。发生这类偏误的主要原因是受到了学生母语的干扰。汉语和韩语的语序不同，在韩语里表示比较的副词格助词"－처럼，－만큼"（"－만큼"主要是程度的比较，"－처럼"主要是样子、特征、能力的比较，后面接表示程度的内容。）位于比较事物的后面。例如：

汉　　语：那个女人跟我一样漂亮

韩国语：그녀는나처럼예쁘다

在汉语的比较句中，两个比较对象要分别放在介词"跟"的前后，"跟"引导的宾语作"一样"的状语；韩国语比较句的语序则不同，两个比较的对象都要放在"跟"的前面。另外，韩国语比较句中可以省略两个比较对象中的任何一个，而汉语比较句则只能省略"跟"后面的比较对象。韩国语中是没有介词的，比较句中的比较词"跟…一样"作为一个整体出现在句中，虽然意义和汉语的介词结构"跟……一样"等同，但是两者的结构特点并不相同。韩国学生用母语比较句的格式套用在汉语比较句上，很容易形成偏误（景洪，2004）。

2."跟+宾语+有关／有关的 N"短语中"跟"的缺失

我们首先来看"跟+N+有关"结构中"跟"的缺失。例如：

A：

（4）＊神仙炉是看起来很美丽的菜，这是因为＊神仙炉的资料有关。

（5）＊可是院子里的鸡、猪、牛感到这是老鼠的事，不觉得＊自己有关系，并不值得大惊小怪。

其次是"跟+N1+有关的+N2"结构 中"跟"的缺失。例如：

B：

（6）＊她尽管心里有矛盾，还是咬咬牙去了青岛。她每天看报纸，但是没有任何 *有关自己的消息。

（7）*有一天，她在新闻上看 *自己有关的文章：女儿，生日快乐！这个文章让女孩失眠了。

（8）*第二天，我们再去海边，可是不是海云台，而是广安里海边。我们期待得多，因为听说过那里有很多美女。但是 *我们的期待相反，那里的人都叔叔和阿姨。我们非常失望，所以回去别的地方。

C：

（9）*大部分人好赶时髦，但我觉得主要 *自己的个性。

　　A 组两个句子表示的都是"跟+N+有关"介词短语中"跟"的缺失；B 组前两个句子表示的均为"跟+N1+有关的+N2"结构中"跟"的缺失；C 组该句是"跟+N1+有关"结构中"跟"和"有关"的缺失。此处的"跟"表引进动作关联的对象，表两者之间的相关，义为"同、与"，宾语可为具体的人和指称代词，也可以是抽象的名词。如 B 组例句（8）中的"期待"。"跟"后一般除加"有关"外，还用"（有、是、成）+名词"的形式或"无关、相关、相反"构成的短语来充当谓语。

　　3."跟+N+V"结构中"跟"的缺失

　　（10）*可是现在年轻人不同啦，他们的思想是不管谁骂我我就喜欢，就喜欢做，于是常 *父母吵架。

　　（11）*但学习汉语是我最喜欢的事，从不知道到知道，还有从学汉语可以得到中国各个方面的知识，而且可以 *中国人交往、交谈。

　　（12）*我小的时候，你每天很忙，你没有 *我和哥哥一起玩儿，所以我觉得你对我不关心。

　　这三个例句中缺失的"跟"都表示引进动作协同对象，由两者或由多人组成的组织团体来充当"跟"的宾语或主语。例句（10）中，父母是两个人，"吵架"需要双方或多方一起共同完成；例句（11）中"中国人"泛指整个中国人群体，"交往、交谈"也是需要两方或多方协同才能完成。

而例句(12)中的"玩儿"也是如此。能与介词"跟"搭配的动词常见的有"交往、参观、照、旅游、跳舞、吃饭、看、学习、打篮球、玩儿"等，这些词都是动作性动词，而且"跟"字短语一般与"一起、一块"一起使用，只跟指人的名词组合(吕叔湘，2016：230)。

(二)"跟"的多余

多余是指在语言表述过程中多加了不必要的语言成分，从而使语言表述错误。由于汉语介词、方位词多且用法也多，所以这方面是留学生学习时的难点。"跟"的多余句有21句，在"在"的偏误句中所占比例为19.81%。

　　(13) ＊我跟服务员问一下，给你换房间。
　　(14) ＊"两个新朋友不如一个旧朋友"，我跟这个谚语同意。
　　(15) ＊我的父亲是一个沉默寡言的人，他对什么事，从来不肯马虎，非常认真，所以他在公司里常常得罪人，我母亲平常跟他劝告，"你应该随和一点儿"。

这里是受母语负迁移与目的语规则泛化的共同影响。韩国留学生在翻译的过程中，"나는 종업원에게 물었다。"普遍会翻译成"我跟服务员问一下。""나는 이 속담에 동의합니다。"会翻译成"我跟这个谚语同意"。"우리 어머니는 평소에 그를 타일렀다。"会翻译成"我母亲平常跟他劝告"。可见这里的"에"与"에게"起了一定的负迁移影响，同时学生在学完"跟"之后大量使用。除受老师强调的影响外，也有目的语泛化的因素在起作用。因此，上文三个例句应该改为：

　　(13′) 我问一下服务员，给你换房间。
　　(14′) "两个新朋友不如一个旧朋友"，我认同这个谚语。
　　(15′) 我的父亲是一个沉默寡言的人，他对什么事，从来不肯马虎，非常认真，所以他在公司里常常得罪人，我母亲经常劝告他，"你应该随和一点儿。"

(三)"跟"的误代

误代是指在语言表述过程中对某关键词进行了不正确的替换。"跟"

的误代有 28 句，占"跟"所有偏误句的 26.40%。研究发现，容易与"跟"形成误代关系的词主要包括"在、和、从、像、对、给、向、让"等，具体数据如下图：

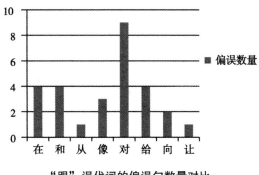

"跟"误代词的偏误句数量对比

从上图可以发现，跟"跟"形成误代关系的词中，数量最多的是跟"对"的误代，其次是"给、在、和"，最少的是"让"和"从"。下面我们就来具体分析。

1."跟"与"对"的误代

首先，我们看"跟"误代为"对"的情况。在"跟"的易混淆词中，"跟"误代为"对"的偏误语例最多。例如：

（16）＊我对这件事有直接关系。

（17）＊老鼠马上跑院子里大喊："层子里有一个抓住老鼠夹子"。院子里的鸡、猪、还有牛替老鼠感到难过。可是它们想："这是当然对老鼠关系，自己没有关系，所以不值得大惊。

（18）＊后来，她在青岛的报纸上找到了一篇对自己有关的文字，不是寻人启事，而是一则生日祝福。

这些例子都是"跟"与"对"的误代。这类句子跟关联概念有关。关联概念表示主语和宾语之间的某种关联性。在表示与某事物有无联系时一般用"跟"，其具体表现形式是"跟+宾语+有关"和"跟+宾语+有关的+N2"两种结构。"对"表示介词的第一种用法是"指示动作的对象"，而上文三个例句都是"表示指示动作对象"的介词"对"与"表示关联"的介词"跟"的误代。这些偏误例句提醒教师，不少韩国留学生经常会以错误的"对……有关"结构代替正确的"跟……有关"结构。对此，教师们需要心中有数，及早采取"偏误预治"策略（焉德才，2005）纠正这类偏误。

　　（19）＊他<u>对</u>我打招呼，我没有理他。

　　此处为"对"误代"跟"，表介引动作的指向对象，"对"后加单向动词，而"打招呼"为体态类动词，是双向的，须与"跟"搭配。
　　介词"跟"表示"共同"的时候，谓语动词的主语和宾语必须共同进行才可以。这样的动词可分为三类：言语类动词、体态类动词、人际关系类动词。一般韩国学生引出动作单向的对象的时候忘记介词"跟"的共同用法，因此用单向的动词的时候也用介词"跟"来引进对象而出现偏误（金贤娥，2011）。
　　其次，我们看"对"误代为"跟"的情况。例如：

　　（20）＊这件衣服<u>跟</u>你不太合适，送给别人得了。
　　（21）＊消费者呢，如果让谁选择的话，大家都会选择<u>跟</u>自己健康有益的"绿色食品"。
　　（22）＊他们还没成熟，所以<u>跟</u>他们喜欢的人入迷很容易。

　　付雨贤、周小兵（1997）将介词"对"的意义分为四类。①表示方向；②表示目标对象；③表示对待关系；④表示涉及关系。例句（20）表引进关涉对象，引进主观评价、看法所限定的范围或主体（金贤娥，2011）。"合适"是对所涉及的对象"你"的主观评价，是单向的，所以应为"对"。例句（21）的"对"表示引进动作行为所关涉或产生作用的对象，是单向的，"对"后面多加"有益处、有坏处、起作用、有影响"等，"绿色食品对自己的健康有益"，所以应为"对"。例句（22）的"对"表示介引动作对待对象，关于对待对象的定义，傅雨贤、周小兵（1997）认为："对待关系一般只存在于意识的主体与某一对象之间，主体可以把某种性状、行为等加于某一对象之上。"这时候的"对"就明显有"对待"的意思。同时也集中表现在人的某种性情或品性，表示人的情感和态度等（周洋，

2013）。

2. "跟"与"给"的误代

综合吕叔湘、周小兵等学者的观点，"给"的意义如下：①"给"引进转移或传递的对象，即接受者。②"给"引进动作行为的表达对象。这里的"给"是引进行为对象，因此具有方向性。③"给"引进动作行为的服务对象，即受益者。这里的"给"后所接的宾语可以是人也可以是物。④"给"引进动作的受损的对象，即受害者。"给"后的宾语因动作而受损。⑤"给"引进动作的发出者。这里的结构中"给"表示被动，大多用于口语。"给"字的宾语多指物，如果指人只能用代词不能用名词（周洋，2013）。

首先，我们看"跟"误代为"给"的情况。例如：

（23）＊他给我说借钱，我很为难

（24）＊平时，我经常向妈妈表达我的爱、感情，比如：给妈妈抱一抱、给她吻一吻、什么的。

"给"与"跟"在表示动作对象的时候意思一样，但不能任何情况都可以替换。"跟"强调的是双方一起参加的，是一种对象关系，而且介词"跟"的核心范畴是"协同"，但"给"强调的是给予关系，是单向动作的，引进的对象一般是动作行为的接受者（金贤娥，2011）。

这两个例句中，例句（23）（24）中的"说"与"抱"均是双向的，都表示协同对象，需用"跟"而非"给"。

其次，我们再看"给"误代为"跟"的情况。例如：

（25）＊我真爱您，比我爱人更爱您。您把我儿子成功的样子跟我看吧！

（26）＊她跟我辅导时，除了学习问题以外，别的什么都不说。

例句（25）中，此处"给"表示引进动作给予对象，"我"是被给予动作行为的"接受者"，需用"给"引进传递转移对象"我"。但是"跟"没有这个义项，例句（26）中，"给"表示引进受益对象，"我"被辅导，是动作行为的服务对象，"跟"也没有这个义项，因此应该用介词"给"。

3."跟"与"和"的误代

（27）＊我决心，以后<u>和</u>妈妈发短信时，一定说没担心的说话发爱情的短信。

介词"和"在《现代汉语词典》（第7版）中有四个义项：①表示共同，协同；跟。②指示动作的对象；向；对；跟。③表示与某事物有联系。④引进用来比较的对象；跟。吕叔湘和朱德熙1952年在《语法修辞讲话》中认为，"'和''同''跟'都是现代口语里的词，用法相同：'跟'字在北京话里用得比'和'更多。'和'字最普通，文章里最常见"（转引自陈芳，2013）。

在北方口语中，"跟"的频率要更高一些，例句（27）此处表引进协同对象，偏口语，"跟"更合适一些。此时，"跟"相当于"给"。这个例句若用"和"，可能会被理解为"我和妈妈两个人一起发短信"。

4."跟"与"在"的误代

（28）＊还有可以打电话，但是我很想<u>跟</u>你们面前说：我的父母，谢谢，而对不起。

（29）＊我真愿意<u>跟</u>贵公司工作。

（30）＊"绿色食品"是健康啦、新鲜啦，对人们好是好，但是<u>跟</u>现在的社会很难保存下去。

"在"后加处所名词，"跟"一般不可以。"跟"指示与动作有关的对方时，后面只能接人。例句（29）中的"贵公司"和例句（30）中的"现代的社会"都不是"人"，所以用"跟"不合适，例句（28）的"面前"为方位名词，不能与"跟"搭配。

5."跟"与"像"的误代

首先，我们看"跟"误代"像"的情况。例如：

（31）＊我的爸爸很爱说："我小的时候，不<u>跟</u>你那样弱。"

（32）＊现在的年轻人不<u>跟</u>以前那样听老人家的话。

此处为动词"像"与介词"跟"的误代，"像+名词+一样（这样、那样）+形/动"为动词"像"的动词短语结构，表示两者具某些相同特点（吕叔湘，2016），例句（32）中"现在的年轻人"与"以前的年轻人"类比，谓语动词为"像"，若为"跟"则句子结构不完整。

其次，我们再来看"像"误代"跟"的情况。例如：

（33）＊我们在上海第一次吃的东西是火锅。韩国也有<u>像</u>火锅差不多一样的，所以，我们津津有味地吃中国的火锅。

此处为介词短语"跟……差不多"与"跟……一样"的加合杂糅形式，汉语中存在"跟……差不多一样"的形式，但没有"像……差不多一样"的形式。这一偏误类型很可能是受到了"像……一样"结构的影响而形成的。

6."跟"与"向"的误代

参考侯学超（1998）、吕叔湘（2006）、刘月华（2001）等学者的意见，我们把对象类介词"向"的意义总结为以下两类：①表示面向，引进动作的指向对象，一般是由人或者某些机构组织组成。②表示引进事物的来源，表示动作的方向或目标，有"从"之义，宾语是由人或者某些机构组织组成，不可以是事物（周洋，2013）。

下面我们就来看"向"与"跟"的误代。例如：

（34）＊<u>跟</u>别人问这个问题确实很为难。

此处"向"表示面向，引进动作的指向对象，这时不能用"跟"。"跟"表示引进动作的关涉对象，所以易弄混。

（35）＊他真骗子，所以<u>向</u>他没什么好打招呼的。

此处为"向"与"跟"的误代，此处语义指向表示动作协同对象，义为"同"，"向"是单向的，"打招呼"需要两者共同完成，所以应为"跟"。

7. "跟"与"从"的误代

（36）＊所以，很多中学生会跟他们身上学会吸烟，造成人体危害。

此处介词"从"后常跟场所，"跟"后面不加方位名词"身上"，其功能是引进动作的关涉对象，一般不跟方位词搭配。所以这个句子应该为

（36′）所以，很多中学生跟他们学会了吸烟，健康受到影响。

8. "跟"与"让"的误代

（37）＊你别＊跟我为难。

动词"让"与介词"跟"误代。"让"有"致使义"，此处应为"你别让我为难"，在使用"跟＋宾语＋……"结构时，多用"玩、聊天"等多方协同动作词。这里也可能存在目的语规则泛化的情况，因为汉语有"跟……为敌""跟……作对""跟……对着干"等语言形式，学生可能受到了这些语言形式的影响，才造出了以上的句子。当然，也有人认为这个句子是正确的，但是不管怎么样，这种说法不具普遍性。

（四）"跟"的错序

"跟"的错序句有8句，所占比例为7.54%。

（38）＊我的第一次旅游跟中国人很开心。

（39）＊我想汉语水平流利，我想中国人跟聊天儿说得流利。

（40）＊我的性格很像跟我的妈妈。

这里是受母语负迁移影响，韩语语序为"名词＋介词＋动词"，而汉语则为"介词＋名词＋动词"。例句（39）（40）的正确形式应该是"跟＋名词＋

动词"。

（五）与"跟"有关的其他偏误

"跟"的多余句有两句，在"跟"的偏误句中所占比例为1.89%。

（41）＊人们都希望（除了抽烟者和烟公司的职员）在地球上消除烟，不要看见更多<u>跟</u>上抽烟的人。

（42）＊但一些不是喜欢"东方神起"的歌，只是喜欢"东方神起"的人呢，不去学校，不做自己应该做的事只为<u>跟</u>他们生活，别人都睡觉了很晚时也在他们的家外边等着他们，看他们时大声叫很大声音。

这里是受动词"跟"的影响，有"跟随、紧接着行动"之意。可以将"跟他们生活"改为"追随/跟随他们"即可。当然这已经不是介词的用法了。

三　结束语

本节采用语料库研究法分析了韩国留学生在学习汉语介词"跟"的过程中所出现的偏误及其表现，并对其致偏误原因进行了探讨。我们发现，韩国留学生在汉语介词"跟"的学习中产生的偏误比较多，尤其是缺失占比例最大，主要集中在"跟……一样"和"跟……有关（的东西）"以及"跟+宾语+动词（多为双向动词）"结构中；误代偏误中最容易犯错的是"跟"在表"对象关联、比较、协同、关涉"等义项时，学生由于认识不清而形成的偏误；另外我们还认为，韩国留学生的"跟"偏误大部分跟母语负迁移有关，少部分跟目的语规则泛化相关，"多余"与"错序"最为明显；同时述与学生对"跟"的动词、介词与连词词性分辨不清有关。

第四节　韩国学生习得汉语介词"为"偏误分析

一　引言

在现代汉语介词序列中，"为"是一个重要的介词。《现代汉语词典》

（第7版）对介词"为"的解释主要有两个：①表示行为的对象；替；②表示原因、目的。《现代汉语八百词》对介词"为"的解释是：①引进动作的受益者；给；②表示原因、目的。可加"了、着"。"为了……""为着……"可在主语前，有停顿。

在韩国留学生习得汉语介词"为"时存在大量偏误。为此，我们在400万字的韩国留学生汉语中介语语料库中选取了40万字语料进行统计和分析，并着重分析"为"误代的偏误情况。共搜集到与介词"为"有关的偏误例句136句，将其分为误代、缺失、多余、错序四大类，具体统计结果如下：

偏误类型	误代	缺失	多余	错序
所占比例	52.21%	25.74%	13.97%	8.08%

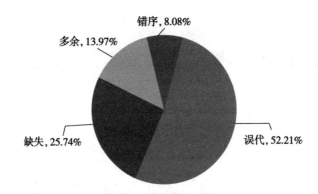

介词"为"偏误类型占比图示

从上表中可以看出，韩国学生习得汉语介词"为"的偏误比例中，误代所占比例最大，偏误情况十分严重。多余和缺失所占比例相对持平，错序所占比例最小。

下面，我们将对介词"为"的偏误进行具体分析。

二　介词"为"偏误分析

（一）介词"为"的误代

误代是指在语言表述过程中对某关键词进行了不正确的替换。介词"为"和"为了"的误代，就是在其使用过程中对两者进行了错误的替换。

"为"的误代句有 71 句，占"为"总偏误例句的 52.21%，偏误情况严重。通过分析，结果显示，介词"为"主要会跟"为了""给""因为"这三个词发生误代。如下图所示：

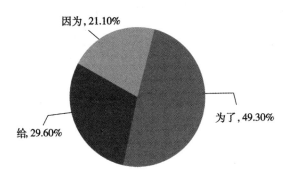

介词"为"误代词占比图示

1. "为"与"为了"的误代

在"为"的误代类型中，"为"和"为了"的误代偏误最为严重，共有 35 句，占"为"误代总偏误的 49.30%。例如：

（1）＊我<u>为了</u>你买了五花肉，咱们一起吃吧。

（2）＊我终于明白：老奶奶看车是<u>为了</u>大家做好事，并不只是<u>为了</u>挣钱。

（3）＊妻子越来越严重，农夫<u>为了</u>妻子杀了鸡，给她鸡汤。

（4）＊学了三年以后，我来中国<u>为</u>留学，以而提高我的汉语水平。

（5）＊我在"南和"工作时期，<u>为</u>工作上的需要，也修读日语。

（6）<u>为了</u>通过 HSK 六级考试，我努力学习汉语。

（7）＊父母<u>为了</u>将来怎样活下去担心极了。

（8）＊大家<u>为了</u>这件事感到高兴。

"为+名词/代词"表示引进动作的受益者，相当于"给"，而"为了"没有这一用法。郭伏良、杨柳（2009）提到，在表示动作的关涉对象，意思相当于"替"或"给"时，这项语法意义是"为"所独有的。如例句（1）（2）（3）所示，受益者分别是"你""大家""妻子"，所以应该用"为"。

"为"和"为了"都能表达目的，从汉语发展的角度来说，汉语是逐渐从单音节向双音节发展的，"为了"就是为了顺应这一发展而出现的，所以在某些情况下，"为"可以用"为了"进行替换。但按照现代汉语的习惯，"为"作为单音节一般会搭配单音节使用，相反，"留学""需要"这些都不是单音节词，并不符合现代汉语的习惯。并且"为了"后面有停顿时，带有更强的目的性，如例句(6)"努力学习汉语"的目的就是"通过HSK 六级考试"，并且在分句与分句之间存在停顿。

"为"和"为了"都可以表原因，意思近似于"因为"，如例句(7)(8)。但是"为了"在现代汉语规范化进程中，表原因的功能越来越少见，逐渐被"为"或"因为"所取代。而且很多工具书，如《现代汉语词典》(第 7 版)、《现代汉语八百词》中所举例句中，"为了"都是表目的的。并且《现代汉语词典》(第 7 版)的"为了"释义还特别指出：注意表示原因，一般用"因为"，不用"为了"(吕叔湘，1980)。这其实说明，"为了"表原因的用法或许会消隐。

关于"为"和"为了"的使用情况，请看下面的表格：

为			为了	
表目的	表原因	引出动作受益者	表目的	表原因（一般不能）

"为"和"为了"表目的时，往往渗透着当事人的主观意图，句义一般是向着理想的方向发展的；而表原因时，往往是客观陈述，无谓好坏(郭伏良、杨柳，2009)。

2. "为"与"给"的误代

在"为"的所有误代偏误类型中，"为"和"给"误代例句 21 句，占"为"误代总偏误的 29.60%。

(9) *这个病为病人带来了巨大的痛苦。

(10) *戒烟为他带来了很多折磨。

(11) *发达国家的资源也应该为那些饥饿的国家分享。

(12) *老师为每个同学发了课本。

"给"在表示"为"的引进服务对象和受益对象时，可以替换，但二者还是有区别的。当"给"做介词用时，介词结构"给+宾语"位于动词前作状语。这时候如果引进受益对象，那么"给"可以和"为""替"替换；如果是动作结果的受损者，就不可以替换（李丹，2014）。比如例句（9）（10），"痛苦""折磨"带给病人的是不好的结果，所以不能用"为"。

"给"在表示动作行为的承受者，相当于"朝""向""对"，不可以用"为"替换。如例句（11）（12），"分享""发"的承受对象分别是"饥饿的国家"和"同学"，因此不能用"为"，应该用"给"。

关于"为"和"给"的使用情况，请看下面的表格：

为	给
引出动作行为受益者	引出动作行为受损者、引出动作行为接受者

3. "为"和"因为"的误代

在"为"和"为了"的所有误代偏误类型中，"为"和"因为"误代例句15句，所占比例为21.10%。

（13）＊在报告上写着最近为农药食品得病的人越来越多。

（14）＊本人为擅长设计平面广告，获得全国最佳设计奖。

（15）我们的朋友为我们的胜利而高兴。

（16）＊因为现在世界人口增加非常快，所以农民们都是为这种情况而用化肥增加产量的。

（17）＊先想为挨饿而死的人，我们要想什么是其次什么是最急的。

"为"和"因为"都可以引进原因，在同样作为引进原因的用法上，"因为"更强调原因。"为"引进原因时，介词宾语后面的谓语动词必须是非自主动词，而且大多是表示心理活动或感受义的动词，如"高兴""难过""自豪""骄傲"等（李临定，1985）。如例句（15）。例句（13）（14）中的"得病""擅长"都不是心理动词，所以应该用"因为"。

固定结构"为……而"兼表原因和目的。当它表示原因时，同上，如例句(15)。如果介词宾语后面的谓语动词是自主动词，那么"为……而"就是表目的意义的。如例句(16)(17) 的两个分句间是因果关系，且谓语动词都不是表心理活动或感受义的动词，因此宜用"因……而……"结构，不能用"为……而……"(李临定，1985)。

关于"为"和"因为"的使用情况，请看下面的表格：

为	因为
介词宾语后面的谓语动词为心理活动或感受义的非自主动词	介词宾语后面的动词主要为自主动词

(二)"为"的缺失

缺失是指在语言表述过程中丢失了必要的语言成分，进而影响了整个语言意思的完整表达。韩国留学生"为"的缺失偏误例句有 35 句，占"为"总偏误的 25.74%。这类偏误在韩国留学生介词表达中经常出现。

(18) ＊我自己＊有这样的来中国学习的机会感到非常幸运。

(19) ＊这几天我感冒得厉害，他们俩都＊我担心得睡不着觉。

(20) ＊我＊有这么好的父母而感到骄傲！

(21) ＊我不考虑别人，＊只保重自己的利益而内疚。

(22) ＊今后的工作中＊发扬中华文化而献身。

汉语句子最普遍的结构是"主语+谓语+宾语"，其他的修饰成分如定语、状语、补语就靠介词、副词、助词等虚词连接起来(李临定，1985)。如例句(18)，主干部分是"我感到非常幸运"，而中间的小句就要用介词连接起来。经分析，应该加上一个表原因的介词"为"。再如例句(19)，缺少了引出动作行为对象的介词"为"造成句式杂糅不清。

另外，固定格式中介词"为"的缺失在韩国留学生习得汉语介词时也很常见。关于"为"的固定格式偏误严重的主要是"为……而"。如例句(20)(21)，"有这么好的父母""不考虑别人，只保重自己的利益" 分别和"感到骄傲""内疚"是因果关系，所以应该加上一个表原因的介词"为"；再比如例句(22)，"发扬中华文化"和"献身"是目的关系，所以应该加上一个表示目的的介词"为"。

（三）"为"的多余

多余是指在语言表述过程中多加了不必要的语言成分，从而使语言表述错误。韩国留学生"为"的多余偏误例句有 19 句，占"为"总偏误的 13.97%。例如：

(23)　*我可以为负责一切的大小型设计。

(24)　*本人今年三十岁，是为一名男生。

(25)　*每个人应该用自己的办法为解决问题。

(26)　*我来中国为留学。

"为"的多余导致语义重复、句式杂糅，不合乎语法规范。如例句(23) 中，"为……负责"和"负责……"杂糅在一起，导致语义不明；例句(24)，"是……"和"为……"杂糅在一起，造成语义重复。当然，此处的"为"是动词，而非介词；例句(25)，"用自己的办法解决问题"和"为解决问题用自己的办法"杂糅在一起，不合乎语法规范。实际上，此处"为"的用法，欧美学生用得非常多，错的也非常多，主要是因为欧美语言常常用"…to do sth"来表达目的。韩国学生也偶尔会出现这类偏误。

"为"组成的介词短语一般做状语，放在谓语动词之前，只能做句子的修饰成分。例句(26) 中，误加了"为"，组成"为留学"放于谓语动词之后，不符合语法规范。而"为留学"放在"来中国"之前也说不通，因此这个句子应该是一个连动句，去掉"为"变成"我来中国留学"。或者我们还可以改为"是字句"：

(27)　我来中国是为了留学。

（四）"为"的错序

错序是指在语言表述过程中部分重要成分在句中句法位置的错误。韩国留学生"为"的错序偏误例句有 11 句，占"为"总偏误的 8.08%。例如：

(28)　*她虽然老了，但是她为人们想做事。

（29）＊我想贡献自己的力量<u>为</u>贵公司的发展。

"为"组成的句子成分应该在句中做状语，放在谓语动词之前，心理动词之后。如例句（28）（29）"为人们"和"为贵公司的发展"分别是"做事"和"贡献自己的力量"的状语，应该放在心理动词"想"之后，谓语动词"做"和"贡献"之前。并且现《现代汉语八百词》中也提到"为"和"为了"通常用在主语前后，甚至常用在句首，而学生常用在句子的后半部。

三　结束语

本节运用语料库研究方法、对比分析方法、偏误分析法分析了韩国留学生在学习汉语介词"为"的过程中所出现的偏误，并对其致误机理进行了探讨。我们发现，韩国留学生在汉语介词"为"的学习中产生的偏误比较多，尤其是误代占比最大，误代中"为"和"为了"的误代偏误类型又占很大比重，这就提示对外汉语教师在教授留学生介词"为"时要格外注意"为"的近义词辨析，并从介词"为"的表原因、表目的、引出受益对象三个方面进行区分。

第五节　韩国学生习得汉语介词"在"偏误分析

一　引言

在现代汉语的介词序列中，"在"是一个重要的介词。《现代汉语词典》（第7版）对"在"的解释如下：①表示时间；②表示处所；③表示范围；④表示条件；⑤参加（某团体）属于（某团体）；⑥表示事或人物的位置。

在韩国学生习得介词"在"的过程中存在着大量偏误，为此，我们在40万字的对韩汉语甲级词偏误分析语料库中检索到167个与介词"在"有关的偏误句，经过统计分析，将其分为多余、误代、缺失、错序四大类，具体统计结果如下：

偏误类型	多余	误代	缺失	错序
所占比例	53.3%	18.6%	18%	10.1%

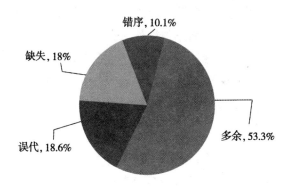

介词"在"偏误类型占比图示

从上表中可以看出，韩国学生习得汉语介词"在"的偏误中，多余最多，占所有偏误句的53.3%；误代和缺失基本持平，各占约18%；错序数量最少，约占10%。

下面，我们将对介词"在"的偏误进行具体分析。

二　介词"在"偏误分析

（一）"在"的多余

多余是指在语言表述过程中多加了不必要的语言成分，从而使语言表述错误。在我们的偏误语料中，"在"的多余有89句，占所有偏误句的53.3%。可见韩国学生习得"在"最大的难点是多余偏误。

1. 存现句中"在"的多余

（1）＊<u>在</u>社会里有很多有趣的新闻。

（2）＊<u>在</u>大门站着一个人。

（3）＊<u>在</u>暖气片搁的一盆文竹。

在汉语"存现句"中，句首的场所名词前面通常不加介词"在"。但是在汉语"存现句"中，伴随介词"在"出现的偏误常常是"在+地点名词"后的方位词缺失。因为外国学生分不清究竟什么时候应该加方位词，什么时候不应该加方位词。研究表明，如果介词"在"后面主要是一些表具体事物名称的普通名词，此时必须加方位词。使用方位词是使表具体事物名称的普通名词具有空间性，而"在"后面接"命名性处所词"时，可加方位词，也可不加方位词（肖奚强，2011）。这类偏误在初级阶段的韩国留学生中非常容易出错，应在教学中格外注意。

2. 对"领属""有界"概念认识不清造成的"在"的多余

我们发现，在"在"的多余句中，有一类的致误原因是韩国学生对"领属""有界"概念认识不清造成的。例如：

（4）＊<u>在</u>中国的教室比韩国的大一点儿。

（5）＊<u>在</u>上海的出租车价格很贵。

（6）＊我期待着<u>在</u>暑假回去韩国。

这类偏误出现的比例比较高，因为韩国学生对"在+处所+方位词"这一结构印象深刻，学习者把他所学的有限的、不充分的目的语知识，用类推和泛化的方法不恰当地运用到目的语新的语言现象上，就很容易形成偏误。比如例句（4）"中国"和"教室"属于领属关系，这里的"教室"属于"中国"，而"在中国"则只强调"空间场所"概念。例句（5）同样如此。而例句（6）表达的是"有界"概念，而非单纯的"时间"概念，是"暑假"回韩国，而非"寒假"回韩国，是对时间的"界"的区隔和定位。这类偏误非常多，也非常普遍，教学中需要格外注意。

（二）"在"的误代

误代是指在语言表述过程中对某个词进行了不正确的替换，介词"在"的误代主要集中在两方面：一方面是该用介词"在"的时候用了其他词，另一方面是不该用介词"在"的时候却使用了。在我们的偏误语料中，"在"的误代有31句，占所有偏误句的18.6%。这类误代主要包括："从"误代为"在"，"来""去"与"在"的误代，以及"在""对"的误代三种。

1."从"误代为"在"

（7）＊<u>在</u>被里变出了一条大虫子。

（8） ＊你是<u>在</u>哪儿来的。

（9） ＊我把手机拿出来<u>在</u>口袋里。

在汉语中，"从"一般表示的是施事或受事的始发点或始发时间，而"在"一般表示的是施事或受事的所在地点或所在时间（肖奚强，2011）。韩国留学生由于搞不清二者之间的用法特点，很容易将其混淆。

从认知语言学的视角来看，"从"常常跟"容器隐喻"（Container Metaphors）密切相关。认知语言学常常将大地、视野、事件、行为、活动、状态、心境等视为一种容器，使其有边界、可量化、能进、可出（王寅，2007：410）。而且"从"一般跟动作位移有关系，有位移性，而表空间的介词"在"的语义重点是静态的，而非动态的。

2."在"误代为"来""去"

（10） ＊我<u>来</u>中国的时候，一只烤鸭也不吃。

（11） ＊到了西北，我<u>去</u>市中心看到了骑骆驼的人，马拉的包车，像古代一样。

例句（10）中的"来中国的时候"，语义非常抽象，既可以指"来中国"的"过程"，也可以用于事前的计划。比如"来中国的时候，别忘了带护照"，这句话表示的不是"来中国"的"过程"，句中暗含的是说话人尚未动身，所以"我来中国的时候"是具有语义的多向性的，但是根据例句（10）上下文的意思，应该用表示空间场所概念的"在"最恰当；另外，在汉语中，"来/去+场所+VP"结构暗含的是施事者事前有计划和打算，比如"我去超市买了一件衣服"，去超市就是购物，目的性很强。再如"我们一般去超市买衣服"，表示去之前都知道去之后要干的事。而例句（2）是偶然性的行为，出现的事情不是固定的，比如"骆驼""马拉的包车"属于事先未知的，应该用"在+N+VP"结构。也就是说"在+N+VP"结构中的"在"只表示场所（或时间）。其后的"VP"成分所表示的行为既可以是事先知道的，也可以是未知的。例句（11）后是未知的信息，因此应该使用"在+N+VP"结构。

3. "在"和"对"的误代

（12）＊对这个方面，我还有一个优点就是会四种语言。

（13）＊我在这么好玩的地方不熟悉。

（14）＊老人在健康方面特别关心。

这类偏误不但包括"对"误代"在"，如例句（12），也包括"在"误代"对"，如例句（13）（14）。其实，对于空间介词来说，"在"和"于"可以归为一类，表示动作发生的处所；"从、自、打、由"可归为一类，表示行为的起点或经由点；"朝、向、往、对着、冲"可归为一类，表示动作的方向；"沿、顺"可归为一类，表示行为经过的路线；"离"自成一类，表示距离点（肖奚强，2011）。例句（12），"在"表示范围，而"对"表示关涉的对象。"对"常跟其后面的 VP 结合为固定搭配，联系的紧密型较强。而"在"跟后面的 VP 结合的紧密度却很不够。比如，例句（13）（14）都属于固定搭配。例句（12）和例句（14）的区别在于，前者的"在"表示范围，后者的"对"表示的是关涉对象。

总之，"对"和"在"的误代，主要是韩国学生对"范围概念"和"对象概念"区分不清造成的。

（三）"在"的缺失

缺失是指在语言表述过程中丢失了必要的语言成分，进而影响了整个语言意思的完整表达。这类偏误在韩国留学生的表述中经常出现，在我们的偏误语料中，"在"的缺失句一共有 30 句，占所有偏误句的 18.0%。请看例句：

（15）＊师傅，我们要＊这里停车吧。

（16）＊你现在＊北京生活怎么样？

（17）＊这个东西是＊中国买的。

（18）＊但是＊妈妈眼里，我还是个还没长大的孩子。

（19）＊网络的不记名的情况下，可能发生语言暴力。

（20）＊我是＊运动和音乐方面，可真够好的。

这类偏误形成的原因主要是跟韩国学生对韩国语中这一语法标记的模糊认知有关。韩国语的에서的汉语对应词有两个，一是"在"，二是空概念。有的学生仅仅将其理解为空概念，片面性地理解就容易导致这类缺失偏误。如例句(17)"这个东西是在中国买的"，翻译成韩国语是이 물건 내가 중국에서 산거야。有的韩国学生将句中的에서仅仅理解为空概念，认为它只具有语法意义，但是这个句子中的에서对应的却是汉语介词"在"，于是偏误便由此形成。

（四）"在"的错序

错序是指在语言表述过程中部分重要成分在句中句法位置的错误。"在"的错序句有17句，占所有偏误句的10.1%。

1. "在"的介宾结构作状语的错序

（21）＊昨天我竟然捡100块钱在路上。

（22）＊我一般打工在咖啡厅或便利店。

（23）＊我决定找工作在中国。

按照认知语言学的时间顺序原则，汉语中先发生的动作或状态表现在语法形式上一般在前(郑攀，2013)。按照这一观点，例句(21)应该是说话人先"在路上"，然后才能"捡到钱"。例句(22)(23)同样如此。这类偏误接近欧美的语法特点，虽然数量较少，但它表明二语语法的特点对三语语法习得可能会产生影响。

当然，当表示发生、产生、出生或居留的时间或处所时，"在"在动词前或其后均可。比如，"我出生在山东"和"我在山东出生"是一样的。但是如果介词短语是修饰位移性动词，便要格外小心。在动词前做状语是修饰动词发生时的状态，在动词后做补语表示此动作产生的结果，比如，"她在我前面走"强调的是刚开始走的状态，而"她走在我前面"则是强调走的结果(靳丽君，2011)。

2. "V+在"结构的错序

（24）＊从那时到现在，我一直和祖父一起住在。

（25）＊我的朋友熟悉我，已经一起住在。

这一类偏误是目的语规则过度泛化和母语负迁移共同作用而形成的。一方面，由于韩国留学生对汉语"某人+住在+某地"结构的过度泛化，可能学生认为"住在"是一个词，因为它们经常同时出现，联系密切（吴仑真，2012）。另一方面，韩语助词…에（…에게、…에서）可以表示空间、时间、方向、目的、对象、原因等意义，可以对应汉语的"在""给""对""被""从""由"6个介词（崔立斌，2006）。例如：바닷가에 살다（住在海边），受母语负迁移的影响就很容易译成"海边住在"。也就是说，韩国留学生是将"住"跟"住在"混为一谈，它属于在母语和目的语负迁移效应共同影响下形成的偏误。

三　结束语

本节运用语料库研究法分析了韩国留学生在学习汉语介词"在"的过程中所出现的偏误，并对其致误机理进行了分析和探讨。我们发现，韩国留学生在汉语介词"在"的学习中产生的偏误比较多，尤其是多余占比最大。多余偏误中最容易犯错的是那些因为对"领属""有界"等认知概念认识不清而形成的偏误。同时我们还认为，韩国留学生的"在"偏误大部分跟母语负迁移有关，少部分跟目的语规则的过度泛化有关。

第六节　韩国学生习得汉语介词"对"偏误分析

一　引言

在现代汉语中，介词占有重要的地位。汉语介词依附在实词或短语面前共同构成"介词短语"，主要用于修饰、补充谓词性词语。介词常常充当语义成分的标记，标明跟动作、性状有关的时间、处所、方式、原因、目的、施事、受事、对象等。而"对"是一个重要的介词，表示关涉对象。《现代汉语八百词》（1994）中对介词"对"的解释有两个：①朝，向。用作虚词，表示动词的对象；②对待，用法大致同"对于"。a. 表示人与人之间的关系；b. 用在助动词、副词的前后，或主语前；c. 对……来说，表示从某人某事的角度来看，也说"对……说来"。另外，吕叔湘先生主编的《现代汉语词典》（2012）认为："对"有两层含义，①是对待，②是指动作的对象：向，朝。侯学超先生（1998）认为"对"①表示目标对象：向，朝；②跟"对于"相同。周小兵和付雨贤（1997）则将其义项划分为四类：①表示对待关系；②代表方向；③代表涉及关系；④表示目标对象。刘月华（2011）认为"对"的介词义项包括两项：①引入和动作相关的事物；②朝，对待，向，对付。

　　韩国留学生在学习介词"对"时，会出现数量可观的偏误。为此，我们在 40 万韩国留学生汉语中介语语料的基础上，搜集到了 207 个与介词"对"有关的偏误句，将其分为多余、误代、缺失、错序、其他五大类。具体统计数据如下：

偏误类型	多余	误代	缺失	错序	其他
所占比例	18.8%	36.2%	17.4%	11.2%	16.4%

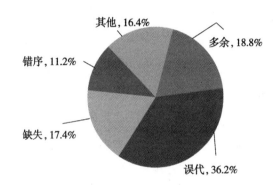

介词"对"偏误类型占比图示

　　从上表可以看出，韩国留学生对习得介词"对"的偏误比例中，误代占的比例最大，占 1/3 强；多余、缺失和其他比例基本持平，而错序所占比例最少，约 10%；在有关"对"所有的偏误中，误代偏误最严重。

　　下面我们将对介词"对"的偏误进行具体分析。

二　介词"对"偏误分析

（一）"对"的误代

误代是指在语言表述过程中对某关键词进行了不正确的替换。在我们的研究中，介词"对"的偏误句有 75 句，占所有偏误的 36.2%。"对"的误代主要表现为：该用"对"时，用了其他的词语。常出现的误用的词有"对于""给""关于""向""和"等。如下图：

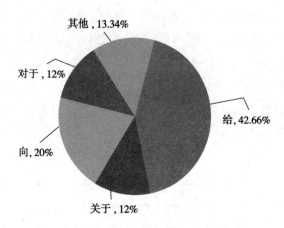

介词"对"的误代词占比图示

下面，我们具体来看介词"对"的偏误情况。

1."对"与"给"的误代

"对"与"给"的误代在误代的偏误中有 32 句，占一半左右。例如：

（1）＊他常常给我说，不要去危险的地方。

（2）＊网络给人们的影响越来越大。

（3）＊网络给孩子有不好的影响。

（4）＊妈妈给我说的话，我都不听。

（5）＊信息时代对我们带来生活方便。

（6）＊我没有钱了，今天晚上，我对父母打电话要钱。

以上例句，例句（1）—（4）是在该用"对"的时候用了"给"，例句（5）（6）是在该用"给"的时候用了"对"；由于在韩国语中，"对"与"给"可以相对应，韩国留学生在学习汉语时，时常混淆，对两个词的用法不了解，所以造成了偏误。另外，介词"对"的其他意义如"针对""对待""涉及"等意义是介词"给"没有的；而"给"的几种意义如"交付""服务""命令""被动"等是"对"没有的。在这类偏误中，韩国语母语负迁移效应的影响是相当明显的。

2. "对"与"关于"的误代

"对"与"关于"的误代在所有的误代中有9句。例如：

(7)　＊昨天上口语课，我们讨论了对家庭的问题。

(8)　＊我小时候，一直有了一个对外国旅游的幻想。

(9)　＊最近我看了很多对中国农村的电影。

(10)　＊关于常常旷课的学生，学校会让他们又注册。

(11)　＊现在当父母关于教育有很多讲究，真头疼。

以上例句，例句(7) -(9)是在该用"关于"的时候用了"对"，应改为"讨论了关于/有关家庭的问题""看了很多关于中国农村的电影"；例句(10)(11)是在该用"对"的时候用了"关于"，应改为"父母对教育有很多讲究"。"对"与"关于"都属于对象类介词，留学生在这一方面的错误很多。其实，在汉语中，句子的核心及物动词后一般可以加"对+N1+V (+N3) +的+N2"(如：获得了对大家有益的经验)，也就是说，"对"是与后面的 V 搭配，然后一起修饰名词。而"关于"后的成分无论怎么复杂，修饰的都是一个名词(如：关于那件给大家带来众多困扰的问题)，"关于"与后面的 V 不属于搭配关系，因为二者不处于同一语法平面。除此以外，还需要注意的是，"关于"不能直接放在句子的主语后面。

3. "对"与"向"的误代

(12)　＊他向我撒谎，说那天他不来了。

(13)　＊我向别人不想说我的缺点。

(14)　＊小孩子们向妈妈坚持说，得到玩具。

(15)　＊那个孩子一直向妈妈说，要求得到那个玩具。

(16)　＊他向我说："对不起"。

以上例句，是把"对"错用成了"向"。"对"与"向"的偏误在留学生的话语中比较多见，五个例句中"向"都应该改成"对"。"对"和"向"这两个介词对谓语动词具有选择性和限制性。"对"后面使用的动词多为言说类动词，比如"妈妈对我说……。""向"后一般为表示态度指向类的动词。当充当谓语的动词为有无类动词时，一般用"对"，比如"我对你有信心。""向"一般和以下两类动词搭配：①表示获取意义类动词：口头获取（请教、讨教、请示、通知……）、物质获取（学习、要求、租、借）；②表示捐赠类动词。从另一个角度看，这类偏误主要跟韩国语母语负迁移有关。

4."对"与"对于"的误代

（17）＊他对于我们很热情。

（18）＊他从来对于我没发过脾气

（19）＊对于去旅行的路线，我们商量一下。

（20）＊我们要对于这个问题进行研究。

（21）＊别看他工作很忙，可是对于运动从不放松。

（22）＊最近，他对于跳舞着了迷。

"对"和"对于"的用法类似，韩国留学生容易混淆。周小兵、傅雨贤的《现代汉语介词研究》（1997：189）中对两者给出了更明确的解释：表示方向和对象目标的"对"不能和"对于"替换；表示人与人的对待关系，介词宾语为单个名词或代词时，只能用"对"；涉及关系的能够有条件的替换：表示人和事物的对待关系可替换；若"对"的宾语结构复杂，且这一介宾结构位于句首，此时，"对"和"对于"可互换。

5."对"与"和"的误代

（23）＊我对那件事没有关系。

（24）＊我常常对朋友们聊天了。

（25）＊我对这件事有直接关系。

（26）＊我对父母两周没联系了。

（27）＊后来，她在青岛的报纸上找到了一篇对自己有关的文字，不是寻人启事，而是一则生日祝福。

这里的"对"都应该改为"和/跟"。"对"表示引进动作的对象和方向，有一种具体的指向，宾语一般由人或物充当，而谓语则由动词或动词性短语充当。

6. "对"与"在"的误代

（28）＊他从小在电器上有兴趣。
（29）＊我在这么好玩的地方不熟悉。
（30）＊最近我在电影方面有兴趣。

7. "对"与"跟"的误代

（31）＊要不是手机，你哪能对我联系呢？
（32）＊他对我打招呼，我没有理他。
（33）＊这件衣服跟你不太合适，送给别人得了。

8. "对"与其他介词或其他语言形式的误代

（34）＊他一直对待我很好，我很感谢。
（35）＊他很不努力，我看他很寒心。
（36）＊你要是钱不够，你就问我说。
（37）＊首先，我跟家族一起过有益的时间后，见面我的朋友，真正的朋友，以后的时间跟真爱的女人一起玩儿，吃非常贵的菜和送她很多礼物，可是这样做也对我不能得到满足感，非常后悔以前我的生活方式，因为我没做过有益的事。

在"对"的误代中，常常是因为对象类介词存在理解偏差，对其出现的语境不是很清楚，容易出现偏误。所以，在二语教学中，应该对这些介词的出现进行更多的辨析，对他们的用法进行针对性的讲解，使留学生深刻理解介词的用法降低偏误的出现频率。

（二）"对"的多余

多余是指在语言表述过程中多加了不必要的语言成分，从而使语言表述错误。"对"的多余句有39句，在所有的偏误中所占比例为18.8%。例如：

（38）＊我对父母两周没联系了。

（39）＊我对中国人的方言不明白。

（40）＊我对中国电视新闻听不懂。

（41）＊你为什么对他批评？

（42）＊他一点儿不在乎对人们的议论。

（43）＊我觉得对她很对不起。

（44）＊我对可口可乐很喜欢。

以上动词可直接带受事宾语，不需要介词"对"。其中，例句（38）也可分析为"对"与"跟"的混淆。例句（42）也可分析"对"的错序。韩国留学生往往容易在这方面产生偏误，造成过度使用介词"对"的情况。这反映了留学生习得汉语的发展特征：似是而非，不明就里，乱用一气。

（三）"对"的缺失

缺失是指在语言表述过程中丢失了必要的语言成分，进而影响了整个语言意思的完整表达。"对"的缺失一共有 36 句，在所有的偏误句中占17.4%。在"对"缺失中不仅仅只是"对"的丢失，还有一类是由于将形容词或名词等错用作动词，从而导致了"对"的缺失。

1. 缺失"对"，直接引出后面对象

（45）＊他回国以后，说＊汉语失去信心。

（46）＊网络＊我们的生活的影响越来越大。

（47）＊需要我帮忙的话，尽管＊我说好了。

（48）＊我常常忘了爸爸＊我说的话。

在这些例句中，缺失了介词"对"，使整个句子的意义表达不完整，即使能理解句子的大概意思，但缺少必要的语法成分使其出现错误。需要注意的是，"对"表对象，经常处于一些固定搭配或固定结构中，如"对……失去信心""对 somebody+说""对……的影响"等。

2. 常带介词的心理动词导致"对"的缺失

（49）＊老师很失望他。

（50）＊爸爸常常<u>发脾气</u>我。

（51）＊妈妈很<u>生气</u>他。

（52）＊你为什么<u>不礼貌</u>那个爷爷？

这种情况，大多是将非纯动词当作动词来用，例如"失望""生气"等是心理动词，常常需要借助介词来表达意义。而且这些心理动词常常是离合词或者半定型的离合词，所以不能直接跟名词宾语。比如不能说"失望他""生气他"，而应该说"对他失望""对他生气/生他的气"。

（四）"对"的错序

错序是指在语言表述过程中部分重要成分在句中句法位置的错误。"对"的错序偏误一共有 23 句，在所有的偏误中占 11.2%。"对"的错序主要是充当状语成分的包含"对"的介宾结构与谓语错序造成的。留学生经常把包含"对"的介宾结构放在谓语之后。例如：

（53）＊我有一些不满<u>对</u>你们公司的服务。

（54）＊爸爸妈妈一直很好<u>对</u>我。

（55）＊上海的夜风景印象<u>对</u>我很深了。

（56）＊汉语很重要<u>对</u>我。

（五）与"对"有关的其他偏误

（57）＊要不是老师电话号码告诉我，我妈妈<u>对</u>我害怕。

（58）＊他<u>对</u>我没信任，我们的关系变化很差了。

（59）＊你应该<u>对</u>他谢谢。

（60）＊我<u>对</u>我的学校骄傲。

（61）＊棒球比赛，<u>对</u>我来说，没有兴趣。

（62）＊她<u>对</u>衣服赶时髦，所以经常看时装杂志。

（63）＊我先说<u>对</u>自由。……然后，我说<u>对</u>责任，……

（64）＊<u>对</u>我短点儿的头发多好啊！

（65）＊这个周末<u>对</u>我很好的日。

（66）＊我们<u>对</u>这个问题关心很大。

（67）　*我们韩国大学生<u>对</u>政治没有关心。

（68）　*<u>对</u>留学生来而言，我们常常觉得语法很难。

汉语没有例句（57）的"对+somebody+害怕"的说法，因为"害怕"是及物动词；例句（58）的介词"对"用得没有错误，但是跟其搭配的动词的否定形式错了，应该是"对+somebody+不信任"，这里的"信任"是动词而非名词；例句（59）属于"在"的多余，这个句子应该改为"你应该谢谢他"。当然，这个句子的形成也可能跟"对……感谢/对……表示感谢"结构的影响有关；例句（60）是介词"对"与"为"的混淆误用，说明学生尚未掌握"为……骄傲/自豪"这一固定结构；例句（61）很特别，这个句子中有正确形式的"对我来说"，但是其他内容跟汉语的表达不一样，应该改为"我对棒球没有兴趣"或者"对我来说，棒球很没意思"。也就是说，"对……有/没有+兴趣"本身就是一种评论性的语言形式，一般不能跟"对 sb 来说"共现；而"对 sb 来说"，后面的内容应该是评价或评论的观点和态度，所以这句话应该改为"对我来说，棒球很没意思"；例句（62）可能是学生没有搞清楚"感兴趣"与"赶时髦"的具体语义，学生可能学过"对……感兴趣"，学了"赶时髦"，就胡乱用了"对……VP"结构；例句（63）属于多余偏误，应该改为"我先说自由……，再说责任……"。可以发现，学生在认知上有"对象"的概念和意识，知道"对"是表示目标对象的，但具体怎么用可能就不甚了了。这类偏误其实是属于"前系统偏误"，也是由目的语规则的过度泛化造成的个案偏误。至于其运作机制究竟是什么样的，是很难明确描述出来的；关于例句（64）（65），学生将"对我"跟"对我来说"混淆了，这一偏误类型也值得注意；例句（66）（67），学生的介词"对"用得没有问题，但是需要注意的是，韩国学生经常受韩国语母语语言形式的影响造出这类句子，应该改为"对……不关心/不感兴趣"或者"对……不关心/不感兴趣"；例句（68）是"对……来说"和"对……而言"的杂糅形式，是由于写作中的自我监控不力形成的偏误。而且，如果句子中有"对……来说"，后面一般少见"觉得"这个词，因为"对……来说"结构的语言功能跟"觉得"的语言功能基本是一致的，二者一般不能共现，所以这个句子应该改为"对我来说，语法很难"。

三　结束语

本节通过对韩国留学生有关介词"对"的预料偏误进行了研究，并对其原因进行了分析。研究发现，韩国留学生在"对"的偏误中，误代的现象比较多。误代中主要和"对于""给""关于""向""和"等词混淆，主要和韩国语母语负迁移有关。建议广大教师重视并关注韩国留学生对于"对象类介词"的使用，精准讲解，及时纠偏，使学生的汉语习得能够更加顺畅。

第七节　韩国学生习得汉语介词"从"偏误分析

一　引言

在现代汉语的介词序列中，"从"是一个十分重要的介词。《现代汉语词典》（第7版）对"从"的介词词性解释如下：①起于，"从……"表示"拿……做起点"。②表示经过，用在表示处所的词语前面。③表示根据（来源、依据）。其中①结合《实用现代汉语语法（增订本）》和《现代汉语八百词》（增订本）又可以分为三小类：a. 表示空间的起点。b. 表示时间的起点。c. 表示事物涉及的范围或发展变化的起点。

在韩国留学生习得介词"从"的过程中存在着大量与"从"有关的偏误。为此，我们通过在"HSK 动态作文语料库"和"对韩汉语甲级词偏误语料库"中采取穷尽式调查方法，统计和分析了与介词"从"有关的偏误句共 80 句，并将其分为误代、多余、缺失、错序、其他五大类。具体统计结果如下图：

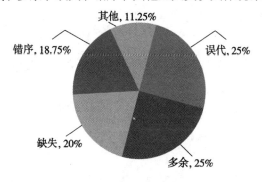

介词"从"偏误类型占比图示

从上图中可以看出，韩国留学生习得汉语介词"从"的偏误比例中，各偏误比例基本持平，其中误代句和多余句最多，都是 20 句，各占 25%，缺失句 16 句，占 20%，错序句 15 句，占 18.75%。而因"从"引起的结构缺失或语音错误等"其他"类偏误最少，有 9 句，占 11.25%。

下面，我们将对介词"从"的偏误进行具体分析。

二　介词"从"偏误分析

（一）"从"的误代

误代是指在语言表述过程中对某关键词进行了不正确的替换。"从"的误代有 20 句，在"从"的偏误句中与多余持平，占 25%。

1. "跟"误代为"从"

（1）＊我们＊从那个老师学习音乐。

（2）＊我们＊从中国老师学口语。

（3）＊他＊从他朋友去大使馆。

在汉语里，"跟"做介词时有四个意思，其中前两个容易跟"从"混用。一是表示"共同，协同"（你去跟老王研究一下）；二是指示与动作有关的对方，表示"对"（把你的想法跟大家谈谈）（参见《现代汉语八百词》（增订本）2016：230、265）。通过分析以上误代偏误，我们可以看出，韩国留学生容易把表示"跟"的动词"跟从"义与"从"的表示"行为动作起点"义加以混淆导致误代。例句（1）（2）分别可以改为"我们跟那个老师学习音乐""我们跟中国老师学口语"。

现代汉语中，介词"跟"可直接与表示人的名词或代词组合，表示动作所涉及的对象或动作的对象。而介词"从"没有引进动作行为对象的功能，只能用"从……那里"（聂羽菲，2013）。例句（3）则是"跟"的"共同、协同"义与"从"误代导致错误，应改为"他跟他朋友去大使馆"。

2. "从"与"在"的误代

（4）＊从古代，很多韩国人会写汉字，甚至会写诗。

（5）＊我妈妈在韩国寄给我钱。

（6）＊<u>在</u>被里变出了一条大虫子。

（7）＊她<u>在</u>箱子上拿起一把锤子。

　　“从”一般表示空间或时间的起点；“在”一般指动作发生的时间、人或事物存在的处所位（《现代汉语八百词》（增订本）（130；645）。例句（4）中，“写汉字、写诗”这些动作发生在古代，跟起点依据等“从”的意思无关，所以用“在”，不用“从”。例句（5）（6）（7）中，“从”表示事物涉及的范围或发展变化的起点；“在”与表方位地点的名词结合只是表示在某一范围内，引出动作地点，无“涉及的范围或发展变化的起点”意义。而且“从”后的动词结构常表示位移，有动态性，而“在”偏静态，只是单纯表示动作的场所。例句（7）可能还会产生歧义，容易被理解成“她站在箱子上，拿起一把锤子”，所以用“从”的话能够使语义更明确。

　　3.“向”误代为“从”

（8）＊到了十字路口，<u>从</u>右拐就可以了。

（9）＊孩子<u>从</u>妈妈要了5毛钱。

　　在汉语里，“从”一般表示空间或时间的起点，“向”表示动作的方向或引进动作的对象。“向右拐”表示动作的方向是“右”，“向妈妈要了5毛钱”表示“要”这一动作的对象是“妈妈”，而“从”没有这类意思，只是表示动作的起点。韩国留学生把“从”和“向”的意义混淆导致了“从”和“向”的误代错误。另外，例句（8）也可以改为“到了十字路口，往右拐就可以了。”例句（9）也可以改为“孩子跟妈妈要了5毛钱。”或者“孩子从妈妈那儿要了5毛钱。”

　　4.“离”误代为“从”

（10）＊北京<u>从</u>天津很近。

（11）＊友谊商店<u>从</u>这儿比较远。

　　通过统计，我们发现，留学生在表示距离义时，常会误用介词“从”。在汉语中，我们通常用“离”来表示距离（张月，2012）。（注：张月认为

"离"是动词）介词"从"表示起点，而"离"表示相距（多远或多久）（聂羽菲，2013）。（注：聂羽菲认为"离"是介词）表两地相距的近或远，只能用"离"而不能用"从"。

我们认为两种观点都有道理，但我们更倾向于"离"是动词的观点。

5."自"误代为"从"

（12） *你来从哪儿？

例句（12）有人还会认为是错序"你从哪儿来"。我们下文也会提及，并且也会将这个句子划为"错序"类偏误。但我们认为归为"误代"偏误也是一种观点。因为在现代汉语中，介词"从"和"自"有一定的分工，介词"从"放在动词前面，介词"自"常常放在动词后面，如"从上海来""来自上海"。其次，在语体色彩上，"自"带有更多的书面色彩，"从"在书面语口语中都适用（胡彩敏，2008）。所以例句（12）可以改为："你从哪儿来。"或者"你来自哪儿？"。

6."来自"误代为"从"

（13） *那个商店卖很多从东南亚的有名的商品。
（14） *节目组的人员把从各地的选手们接到长沙"汉语桥"现场。

对于这类偏误也有不同的看法。有人认为是"从"多余。但是也可以分析为"误代"。

在汉语中，"从……（地点）来＝来自"，因为"来"是一个动词，介词"从"要放在动词前面引出地点，"自"是补语，放在"来"后面，组成动补短语。留学生由于知道了"来自"和"从……来"的关系，在变化句式时漏掉"从"后面的动词而导致错误。比如例句（14）就应该改为：

（14′a）节目组的人员把从各地来的选手接到长沙"汉语桥"现场。
（14′b）节目组的人员把来自各地的选手接到长沙"汉语桥"

现场。

当然，由于这个句子更偏于书面语，所以笔者认为例句（14）更合适。

（二）"从"的多余

多余是指在语言表述过程中多加了不必要的语言成分，从而使语言表述错误。"从"的多余句有 20 句，在"从"的偏误句中与误代持平，占 25%。例如：

（15）＊没想到从父亲提出这个要求。

（16）＊那个商店卖很多从东南亚的有名的商品。

（17）＊节目组的人员把从各地的选手们接到长沙"汉语桥"现场。

（18）＊她很高兴，因为从她男朋友来信了。

（19）＊她从工作一回家，马上就干家务。

（20）＊他的爸爸从出差带回来很多礼物。

（21）＊他父母从五年以前就离婚了。

在汉语里，"从"是介词，一般是用来引出表示空间或时间的起点，用来修饰动词，例如：从上海来。或者"从+地点/容器+动词+的"组成名词性短语做定语用来修饰后面的名词。例如：从东南亚进口的有名的商品。例句（16）（17）中，"东南亚的有名的""各地的"是定语，不需要"从"来修饰，所以应该去掉"从"。或者按照"从+地点/容器+动词+的+名词"的名词性短语形式改为"从东南亚进口的""从各地来的"。例句（15）（18）"没想到"和"因为"后面要加小句，"从"引出的不是句子而是短语，所以需要去掉"从"。例句（19）（20）中，"从"后加的是动词，但"从"后不能直接加动词（即使可以加动词，动词也不可以做句子的核心动词，比如：从打篮球的那天起，"从"修饰的是名词，而非动词，其后应该加场所名词，组成"从+地点+动词+的+名词"这种结构组成名词性短语，所以，这两个例句可以改为"从工作的地方""从出差的地方"，也可以直接去掉"从"字短语，让动词作谓语。例句（21）只是在陈述事情产生的时间，并没有强调时间起点的意味，所以需要去掉"从"。

（三）"从"的缺失

缺失是指在语言表述过程中丢失了必要的语言成分，进而影响了整个语言意思的完整表达。"从"的缺失句有 16 句，占"从"偏误句的 20%。这类偏误在韩国留学生的学习过程中经常出现。

1. "从+地点名词"短语缺失"从"

（22）＊这儿去比那儿去，距离远很多。

（23）＊我 2 月 5 号左右＊北京出发去沈阳。

（24）＊他＊手提包里拿出来一本书。

（25）＊老人说，狼＊小路逃走了。

（26）＊我们可以＊这条小路过去。

（27）＊我＊韩国回来以后，心情一直不好。

介词主要放在名词、代词或名词性短语前，组成介词词组后，用以修饰动词、形容词（卢福波，1996）。这几个例句都需要在前面加上介引地点的介词"从"，表示动作发生的起点。

介词"从"用来介引事物运动或动作行为发生的起点位置，跟处所词语、方位词语组合。并且一般介词短语后的动词为"来""出来""回来"和"走"等表示位移趋向的动词（聂羽菲，2013）。

以上例句发生偏误的重要原因是韩国留学生受到了母语的影响。"从……到"翻译成韩语是"에서……까지"或"부터……까지"，地点名词都是放在"에서"和"부터"前面的，例如："중국에서 한국까지"（从中国到韩国），中文的"从"是放在地点名词的前面的，而韩国语的"에서"只是表示场所的语法标记形式，韩国留学生可能想表达"N1 从+N2 到"形式，但是他们又似乎从没看见"N1 从"这种形式，于是为保险起见，索性什么也不说，只出现地点名词，于是偏误便由此形成。还有一种原因，可能是因为"에서"有时候必须翻译成"从"，有时候不需要翻译有关。学生由于没有语感，分不清何时需要用"从"，何时不需要用，于是就形成了偏误。这其实是韩国留学生形成介词"从"缺失偏误的重要原因。

2."从+时间名词"短语缺失"从"

（28）＊那以后，他的人生完全变化了。

这种情况发生偏误的主要原因与前文 1. 类似，也是受到了韩国语母语的影响。在韩国语中，时间名词是放在"에서"前面的，例如："9 시에서 12 시까지공부해요"，而中文"从"是放在地点名词的前面的，"从 9 点到 12 点学习"，这种介词位置的差异是造成韩国留学生产生介词"从"缺失的重要原因。因为"에서"有时候不需要翻译，有时候必须翻译成"从"，学生没有语感，分不清何时用"从"，何时不用"从"，于是就容易形成偏误。

（四）"从"的错序

错序是指在语言表述过程中部分重要成分在句中句法位置错误。"从"的错序句共 15 句，在"从"的偏误句中所占比例为 18.75%。

1. 地点状语位置错误导致"从"错序

（29）＊7 月 6 日我出发＊从上海。
（30）＊他把那个孩子救上来＊从海里。
（31）＊你来＊从哪儿？
（32）＊他＊从上海没回来。

在汉语中，地点状语应该放在动词的前面，如例句（29）（30）（31），而且一般情况下，否定词要放在介词前面，如例句（32）。

按照认知语言学的时间顺序原则，先发生的动作或状态，表现在语法形式上一般在前。所以，可以这么分析上面的例句：我必须先在上海，然后以上海为起点出发；他必须先在海边，然后才能把那个孩子救上来；我必须是先在一个地方，然后才能来到别的地方。当然例句（31）如果是书面语的话，也可以改成"你来自哪儿？"。

2. 时间状语位置错误导致"从"错序

（33）＊我看电视从早上到晚上。

（34）＊我学韩语<u>从</u>去年。

在汉语中，时间状语要放在动词的前面。例句（33）（34）都违背了这一句法原则。

3. 定语位置错误导致"从"错序

（35）＊我是留学生<u>从</u>三星公司来的。

在汉语中，定语放在中心语的前面，并且没有长度限制，不会因为定语太长而后置。

4. 谓语宾语位置错误导致"从"错序

（36）＊我今天<u>从</u>美国来的一封信收到了。

汉语是"主谓宾"形式，"我收到了从美国来的一封信"；韩语是"主宾谓"形式，"我从美国来的一封信收到了"。可见，这里基于母语负迁移的谓语宾语位置错误是导致这类"从"错序的根本原因。

（五）"从"的其他偏误

"从"的其他偏误共9句，占所有"从"偏误句的11.25%。例如：

（37）＊我＊<u>自从</u>来韩国，所以对中国很陌生。

这个句子的错误属于"从……来"与"来自……"混用杂糅导致的，而且与学生对知识记忆不力有关。

在汉语中，"从……（地点）来"的语义跟"来自"基本一样，因为"来"是一个动词，介词"从"要放在动词前面引出地点，"自"是补语，放在"来"后面，组成动补短语。学生可能是学了两个结构而在运用时混淆导致的偏误。当然，需要说明的是，虽然二者在语义上相同，但是语体风格并不相同，"来自"显然属于书面语体。

下面，我们看几例跟"从"搭配的框式结构由于缺少场所化标记词导致的偏误。这些场所化标记词常见的主要包括"上、那儿、身上、那里"

等。例如：

（38） ＊你看他们从飞机＊下来了。

（39） ＊我从他＊知道你病了，所以来看你。

（40） ＊我从他＊可以学到很多东西。

（41） ＊我从我父母＊享受到了很多恩惠。

（42） ＊我从朋友们＊收到了礼物。

刘丹青（2002）指出，"在方所类前置词加方位后置词所构成的框式介词中，前置词显然比后置词有更大的范域"。而方位后置词总是能跟前面的 NP 组合，而前置词却经常不能与后面的 NP 组合（转引自刘月，2012）。例如：

从桌子（×）　　　　桌子上（✓）

也就是说，这类词的后面如果不加方位名词，范域大，场所不明确，而语言表达一般是在有限的字节中尽量使所表达的信息明确单一，不模糊，无歧义，所以，在后面加上方位词就解决了模糊和歧义的问题。

其实，另一种解释可能更具有操作性，那就是：如果"从"后面是表具体事物名称的普通名词，此时必须加方位词，使用方位词是使表具体事物名称的普通名词具有空间性，而"从"后面接"命名性处所词"时，可加方位词，也可不加方位词。另外，"从"后跟的不能只是名词，而是要通过"从+地点"组成的介词短语来修饰后面的动词。"从飞机""从他""从父母""从朋友们"都是虚化场所，语义不明确，因而应改成"从飞机上""从他那里""从父母那里""从朋友们那里"，这样就可以使这些名词"空间化"。这类偏误属于"从"的组合偏误，很多国家的留学生都很容易产生此类偏误，教学中务必引起重视。

三　结束语

本节运用语料库研究法，通过在"HSK 动态作文语料库"和"对韩汉语甲级词汇偏误分析语料库"中采取穷尽式调查方法统计和分析了与介词"从"有关的偏误句。我们发现，韩国留学生在汉语介词"从"的学习过程中产生的偏误较多，尤其是误代和多余这两类偏误。误代偏误主要表现为"跟、在、向"等与"从"的混淆为主。研究还发现，韩国留学生的"从"偏误有很大一部分跟母语负迁移有关，少部分跟目的语负迁移有关。

第八节　韩国学生习得汉语介词"给"偏误分析

一　引言

介词"给"是国家汉办汉语水平考试部《汉语水平等级标准与语法等级大纲》中的甲级词汇，"给"字介词结构做状语也是该大纲中的甲级语法点。因而介词"给"在对外汉语教学中是一个非常重要的词。

《现代汉语词典》（第 7 版）对"给"的解释如下：①用在动词后面，表示交与，付出；②表示"为"；③引进动作的对象，跟"向"相同；④表示某种遭遇；被；⑤引进动作的受害者；⑥用于祈使句，加强祈使语气。

《现代汉语八百词》对"给"的解释如下：①引进交付、传递的接受者。②引进动作的受益者。③引进动作的受害者。④"给我"加动词，用于命令句，有两种可能的意思，要根据上下文区别：a. 同"为我"，"替我"。如：出去的时候给我把门关好。b. 加强语气，表示说话人的意志。如：你给我小心点。⑤朝；向；对。如：给他道歉。⑥表示被动；被。如：门给风吹开了。

由于介词"给"本身的语法性质以及语义的复杂性，留学生在习得介词"给"的过程中会出现很多偏误。为此我们在 40 万字的对韩汉语甲级词偏误语料库中检索到与介词"给"有关的偏误句 81 例，将其偏误类型分为误代、错序、缺失、多余、其他五大类，具体统计结果如下：

偏误类型	误代	错序	缺失	多余	其他
所占比例	32.1%	25.9%	14.8%	14.8%	12.4%

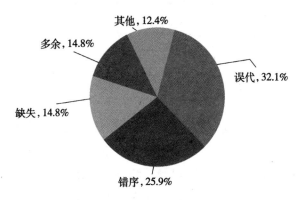

介词"给"偏误类型占比图示

从上表可以看出，韩国学生习得汉语介词"给"的偏误比例中，占比最大的是误代，占所有介词"给"偏误句的1/3；错序的比例占1/4，缺失和多余基本持平，其他类偏误占比很小，约占12%。

下面，我们将对介词"给"的偏误进行具体分析。

二　介词"给"偏误分析

（一）"给"的误代

误代是指在语言表述过程中对某关键词进行了不正确的替换。"给"的误代有26句，在"给"的偏误句中所占比例为32.1%。

1."对"与"给"的误代

（1）＊妈妈<u>给</u>他说："孩子啊，你要好好生活啊"。
（2）＊他的发言，<u>给</u>我有直接影响。
（3）＊他<u>给</u>我说借钱，我很为难。
（4）＊我<u>给</u>他很感激。
（5）＊香烟的消费<u>给</u>国家的经济也有影响。
（6）＊老师一听到这个事情就<u>给</u>她注意了。

关于"给"与"对"的异同，华相（2009）做了很好的总结，如下表：

	引进行为动作的对象					引进施事	引进受损者
	给予对象	服务对象	表达对象	对待对象	关涉对象		
给	✓	✓	✓			✓	✓
对			✓	✓	✓		

　　需要注意的是，二者一般来说只是在引进表达对象时可互换(华相，2009)。"给"更多是强调"给"后面的人或事带来益处或损害，后面的动词常带有动作性或者方向性。而"对"除了"对……有益/有害/有好处/有害处/好"以外，其他的基本不跟受益受损有关，它只是表引进对象，"有"表示存在状态，不具有动作性。而且，"对"的使用跟其语源义"面对"有或多或少、或明或暗的关系。

　　当然，这类偏误也可能跟韩国语母语负迁移有关，因为韩国语的某一种语法形态往往跟汉语的几种语法形态是对应的，是一种"一对多"的关系。所以，韩国学生对汉语介词的习得，混淆误代的情况非常普遍。

　　2."让"与"给"的误代

　　(7)　*爸爸给我在暨南大学华文学院学习。

　　(8)　*如果迟到到五次就有"正"字，老师就给我们去捡拉极。

　　(9)　*而我不好意思走了，那是给我很难忘的事。

　　(10)　*朋友可以给我们感觉到伤心和高兴。

　　(11)　*于是，苹果树给男孩儿砍掉了所有的树枝。

　　(12)　*因为游泳可以给身体舒服。

　　以上例句中的"给"都应该换成"让"。"让字句"是兼语句，"给字句"是主谓句，二者完全不一样。例句(7)(8)中，根据句子的句义可以判断出，原句"给"的位置上需要一个表示"使令"意义的词，在这里合适的词语应该是"让"。虽然这里"让"的宾语"我"也是动作的施事，但是句子的主语"爸爸""老师"不是受事，而是"要求并安排我在华文学院学习""要求去捡垃圾"这种使令意义的主事者。例句(9)—(12)中，句子本意都是要表示致使的意思，同时又是非受事主语句，所以合适的介词应该是"让"。由于例句都是非受事主语句，所以用介词"给"引出施事是错误的。在这两句话里，用介词"让"引出施事比较合适。

3."向"与"给"的误代

（13）＊我要<u>向</u>爸爸打电话。

（14）＊我<u>向</u>您添麻烦了。

（15）＊我已经不是小孩子了，我<u>给</u>您保证我的人生我自己会走好。

（16）＊明天末日来到时，我做的第一件事是和家族一起<u>给</u>上帝祷告。

（17）＊我在韩国<u>给</u>你问候。

介词"向"一般表示所关涉的对象或动作方向，跟指人的名词、代词组合，只用再动词前。如：向上帝祷告；而介词"给"是用在动词前，表示引出受益或受损的与事来，如：给爸爸打电话、给老师添麻烦。"表示引进动作对象"的"向"与"给"相似，但并不表示对象的"向"都能与"给"互换。

"向"可以与"给"互换的情况主要有两种：

一是所修饰的动词具有明显的"给予"意义，如"捐献，交，寄"等。例如：

a1. 全国各地的人民<u>向</u>四川灾区<u>捐献</u>了大量的物资。

a2. 全国各地的人民<u>给</u>四川灾区<u>捐献</u>了大量的物资。

二是所修饰的动词大多含有"表达"义，如"说明，解释，诉说"等，也可以是某些表示具体行为动作的动词，如"打（招呼）、打（手势）"等。例如：

b1. 这篇小说<u>向</u>我们<u>叙述</u>了一对农村青年的爱情故事。

b2. 这篇小说<u>给</u>我们<u>叙述</u>了一对农村青年的爱情故事。

c1. 你<u>向</u>那个姑娘<u>打招呼</u>，可是人家不理你。

c2. 你<u>给</u>那个姑娘<u>打招呼</u>，可是人家不理你。

　　韩语助词和词尾丰富，韩国留学生受到母语思维的影响，在使用表示时间、地点、对象等意思的词语时，往往会多加一个介词，这样做，有时正确，有时却是不合汉语语法规则的。可见，这类偏误存在较明显的偏误潜势。

　　（二）"给"的错序

　　错序是指在语言表述过程中部分重要成分在句中句法位置的错误。"给"的错序句有21句，在"给"的偏误句中所占比例为25.9%。

　　1. 介词结构句法位置不当

　　（18）＊这件事交给我办好了，我给你保准办好。

　　（19）＊他给我们再也没说。

　　（20）＊如果有机会的话我做给你饭。

　　（21）＊我不会忘记买给你好吃的东西。

　　（22）＊所以华文学院就安排给他直接上本科三年级。

　　（23）＊如果你来中国的话，我介绍给你中国朋友。

　　在现代汉语中，介词"给"的语法结构一般是"主语＋给＋人称代词＋V"，如：我给老板打工。上面句子的偏误在于把"给"字介词结构的位置错误移位了，没有放在谓语动词的前面。当然，例句（22）也可分析为"给"的多余。

　　2. 结构错位

　　结构错位一般包括这样一些情况。修饰语与介词结构彼此之间的顺序问题、介词结构与主语的位置问题、宾语和补语的顺序问题、双宾语的问题、否定副词与介词结构的相对位置问题等。下面是其中两种比较典型的偏误：

　　首先是"给"字介词结构与主语的错位。例如：

　　（24）＊爸爸，给您我要寄一件上衣。

　　（25）＊昨天我过生日，给同学我唱了一首歌。

　　其次是否定副词与"给"字介词结构错位。例如：

（26）＊这几天<u>给</u>爸爸<u>没</u>打电话。

（27）＊我<u>给</u>同学<u>不</u>说我<u>不</u>好的事。

从偏误例句可以看出，"给"字介词结构的错位主要有两种。一是与主语错位，二是否定副词与"给"字介词结构的相对位置错位。一般来说，"给"字介词结构应该出现在主语之后、谓语动词之前，这是比较确定的，而且其与谓语的关系紧密，不能分开。而否定副词一般应在介词短语之前表示对整个介词短语及动词谓语的否定。

（三）"给"的缺失

缺失是指在语言表述过程中丢失了必要的语言成分，进而影响了整个语言意思的完整表达。这类偏误在韩国留学生的表述中经常出现。"给"的缺失句一共有 12 句，在"给"的偏误句中所占比例为 14.8%。

1. "给"的缺失

现代汉语中，有些状中结构和述补结构中的动词常常都需要使用相应的介词与之搭配。就介词"给"来说，在状中结构中需要用它来组成介词结构做状语。在述补结构中，给予义的动词后面可以不用介词"给"，但是在非给予义的动词后面则必须使用。如果留学生对于这些认识不足，就会出现偏误。例如：

（28）＊我晚上打电话＊爱人和孩子。

（29）＊父亲经常对我说"千万别＊人家添麻烦。"

（30）＊来中国以后，没立刻写信＊你们，请原谅。

（31）＊今天老师让我写＊你们一封信。

（32）＊你每天说你的爱人真漂亮，那你为什么还没介绍＊我？

（33）＊我没钱，先你的钱捎＊他可以吗？

介词"给"表示引进交付、传递的接受者。上面的句子均需要介词"给"来引出对象。这些句子中，有的可以用"把字句"，如例句（32）；有的可以不用"给+N+VP"结构，用"V+N+给+somebody"也可以，比如例句（33）。而且例句（33）既可以改成把字句，也可以改成"V+N+给+somebody"结构。

2."给"缺失或者"给+N"缺失

（34）＊我要你帮我捎口信＊朋友。

（35）＊对不起，我再添麻烦＊你。

（36）＊到时候，你电话＊我。

（37）＊老师，我的写作水平很低了，所以老师＊介绍学习方式。

（38）＊我想说在中国见面他们留下了＊我深刻的印象。

这类偏物主要是句子中缺失了介词"给"或者"给+N"结构。例句（34）（35）（37）实际上都跟离合词或者离合结构有关，"给+N"介宾结构应该放在动词前面，可是学生经常把离合词都看作及物动词，就会出现缺失动词前面的介词"给"或"给"字介宾结构的情况。例句（36）有点儿特殊，还属于词性偏误，这跟韩国语母语"电话"名动一体的特点有关。

（四）"给"的多余

"给"的多余句有12句，在"给"的偏误句中所占比例为14.8%。多余是指在语言表述过程中多加了不必要的语言成分，从而使语言表述错误。对于汉语学习者来说，过度使用介词是一个突出的问题，很多不需要使用介词的地方都加上了介词，产生介词"给"的冗余。在现代汉语中，无论介词"给"还是动词"给"都是一个使用频率很高的词，留学生由于分不清词性，很容易导致错误。

1. 主语前不加"给"

（39）＊晚饭后喝咖啡，给我别提多幸福。

（40）＊中午给妈妈买的酸奶，给妈妈觉得非常好喝。

现代汉语中，主语前不能加"给"，否则会遗失主语。这类偏误还是比较少见的，基本上属于"前系统偏误"。

2. 动词后的"给"多余

（41）＊我爸的一位香港朋友请给我们吃晚餐。

（42）＊这一本领正是你们教<u>给</u>的。

其实介词"给"跟后面的成分的黏着性较强，只要出现介词"给"，后面一定应该有名词性成分与其搭配。例句（42）就是此类错误。而例句（41）中的"请"是及物动词，可以说"请+某人+VP"，这个偏误句可能是受到了"请给他一本书、请给他一双筷子"等语言形式的影响，应该说可能属于目的语"前摄抑制"效应引起的。

3. 使用"给"字介词结构不当造成介词"给"多余

（43）＊我以为我爸爸<u>给</u>我没有关心。

（44）＊我<u>给</u>你允许进去我的房间。

（45）＊昨天<u>给</u>我的姐姐收到一封信。

（46）＊我爸爸听到这句话，就<u>给</u>我推荐去中国学习。

（47）＊当时，老师<u>给</u>我批评。

这些例句都是运用"介词结构"不当而形成的偏误。特别是一些及物动词，学生还在其前面加上"介词结构"，从而形成偏误。因此，上面的偏误句应该改为：

（43′）我以为我爸爸不关心我。

（44′）我允许你进去我的房间。

（45′）昨天我的姐姐收到一封信。

（46′）我爸爸听到这句话，就推荐我去中国学习。

（47′）当时，老师批评了我。

（五）与"给"有关的其他偏误

1. 介词"给"被误认为是动词

（48）＊我本来想去海水浴场享受日光浴，但是我的朋友<u>给</u>我意见和一直不停地说服（一直不停地给我意见并说服我），我不得不决定了去内陆旅游。

（49）＊网络给孩子不好的影响，孩子们在无防备状态上得到不好的信息。关于犯罪暴力的事情，对社会有反感。

（50）＊听这个事情的很多个人们来农夫的家看她了，农夫太感谢他们，为他们杀猪给他们吃了。

（51）＊那么，儿子也真心爱父母。我是逆子，因为我从不说给父母我爱你。

（52）＊这次作业不是这个主题的话，可能我还不说给她"我爱你"。

（53）＊上星期二，一起来中国的大学哥哥介绍我小赵，小李。在图书馆咖啡厅，我们约定了星期六一起去玩濒海。

在现代汉语中，"给"作为介词不能单独充当句子成分，"给"字介词结构也不能单独成句。因为介词结构在句子中的作用是做状语或者做补语，它们都不是核心成分，状语是动词的状语，补语是动词的补语，核心成分是动词。所以，"给"字介词结构需要与相应的动词搭配在一起来组成状中结构或述补结构。留学生在这方面的偏误句都表现为句中没有相关动词，仅有一个"给"字介词结构。例如：

（54）＊我们给环境很多危害。

（55）＊人类给自然很多灾害。

上面句子的偏误在于缺少了与"给"字介词结构相配合的动词，仅有一个"给"字介词结构，无法形成合乎现代汉语语法的状中结构。把这些有偏误的句子添加上合适的动词，就是正确的表达了。在这些正确的句子里，"给"都是作为一个介词来出现的，而在前文那些偏误句中，"给"则被当作了谓语动词。但是根据句义，这些句子违反了表示给予义的动词"给"的使用规则，这正是形成偏误的原因之所在（杨永，2007）。

2. 其他复合偏误形式

（56）＊特长班给孩子压力很大。

留学生是将"给（动词）+somebody+N""给（介词）+somebody+V+N"和"给（动词）+somebody+的+N"三个结构混淆了。这个句子可以改为：

（56′a）特长班<u>给</u>了孩子很大压力。

（56′b）特长班<u>给</u>孩子带来了很大的压力。

（56′c）特长班<u>给</u>孩子的压力很大。

其中只有例句（56′b）属于"给"的介词用法。

三　结束语

本节运用语料库研究法分析了韩国留学生在学习汉语介词"给"的过程中所出现的偏误，并对其偏误原因进行了探讨。我们发现，韩国留学生在汉语介词"给"的学习中产生的偏误比较多，尤其是误代占比最大。我们认为，误代产生的主要原因是介词"给"的义项繁多，其中大部分义项分别有与其相对应的介词，但是这些介词如"对""让""向"等均为多义词，并非所有义项都能与"给"互换；同时我们还认为，韩国留学生的"给"偏误大部分跟母语负迁移有关，少部分跟目的语负迁移相关。

第九节　韩国学生习得汉语介词"和"偏误分析

一　引言

"和"作为介词，是留学生比较难掌握的虚词之一。《现代汉语八百词》对介词"和"的用法做了以下介绍：①表示共同，协同，跟。如：他和老王见过几面。②指示动作的对象；向；对；跟。如：我和你谈一谈，好不好？③表示与某事物有联系。如：我和这事没关系。④引进用来比较的对象；跟。如：他和我弟弟的年龄相同。《现代汉语词典》（第7版）对介词"和"的解释比较单一：引进相关或比较的对象。如：他和大家讲述他的经历。

当然"和"还有连词的用法，在研究介词"和"的过程中，不可避免会接触到大量"和"的连词用法。在文章最后，我们也会对连词"和"的典型偏误表现进行简单的归纳。

　　韩国学生习得介词"和"时，因为是非母语者，不可避免地会出现偏误。本节基于对韩汉语甲级词偏误分析语料库和 HSK 动态作文语料库对韩国留学生习得汉语介词"和"的偏误进行了研究。通过分析搜集到的 58 条语料，我们将介词"和"的偏误大致分为缺失、多余、误代、错序和其他五大类。其各类偏误占比如下：

偏误类型	缺失	多余	误代	错序	其他
所占比重	44%	3.7%	20.69%	10.34%	21.27%

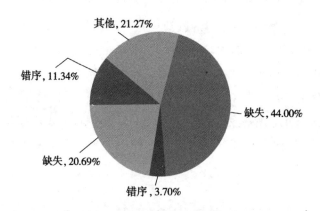

介词"和"偏误类型占比图示

　　根据上表数据我们可以看出，偏误类型中缺失和误代所占比重较高，错序和其他所占比重次之，多余所占比重最小。

　　下面，我们将对介词"和"的偏误进行具体分析。

二　介词"和"偏误分析

（一）"和"的误代

　　在分析的 58 例偏误句中，误代句有 12 句，偏误率为 20.69%。我们发现，介词"和"误代的主要表现在"该用'和'而用其他"以及"该用其他而用'和'"两个方面。

1."比"与"和"的误代

"比""和"都可以用于比较句，但两者用法并不相同。介词"和"表示比较时，是引进用来比较的对象。

（1）＊我的年龄比他差不多。

（2）＊但现在社会比以前相比，歌曲的本质改变了很多。

显然，留学生知道这个句子是表示比较的意思，只是没有准确地掌握"比""和"用法的区别，从而造成偏误。如果要用"比"来造句的话，就可以说"我的年龄比他大"，而不是"我的年龄比他差不多"。在比较两个事物相同或是不同时，用"和"，不用"比"（曹春梅，2007）。而且这类偏误跟"差不多/相比/一样/不一样/不同/相反/接近/相近"这些词的用法有关，这些词常跟"和/跟"共现。

比较结构从内容来看可以分为两大类：一类是比较事物、性状的异同，称其为"平比"；一类是说明事物在性质、程度或数量上的差别，称其为"差比"。"差比"的格式为：A 比 B+P。例如：我比他大。如果 A 和 B 两项都是"定语（+的）+中心语"的形式，并且中心语相同，在不引起误解的前提下，B 里的中心语可以省略，有时"的"也可以省略（吴勇毅等，2016：99）。例如：

（a）小王的孩子比小张的大。

（b）他钱比我多。

值得注意的是，介词"和"并没有这一用法。所以留学生会出现"我的年龄比他差不多。"这样的偏误句。由此可见，夯实基础对留学生来说是至关重要的，只有打下良好的基础，才可以在第二语言的学习道路上走得更远，而正确使用语法是学好汉语的基础。

2."对"与"和"的误代

（3）＊我对这件事有直接关系。

（4）＊后来，她在青岛的报纸上找到了一篇对自己有关的文字，不是寻人启事，而是一则生日祝福。

　　（5）＊特别是，音乐方面是<u>对</u>我们非常接近的。

《现代汉语八百词》中表示，介词"和"有一个用法是：表示和某事物有联系，而"对"没有这一用法。介词"对"的用法有以下几点：①指示动作的对象；朝；向（他对你说了些什么？）②表示对待；表示人与人之间的关系（大家对我都很热情。）；对……来说，表示从某人某事的角度来看（对我们来说，没有克服不了的困难）。

3."离"与"和"的误代

　　（6）＊那时候，我老家<u>和</u>我住的地方很远，我每周星期天从早上四点出去看他。

"离"是动词，有"距离；相距"的意思，介词"和"没有这个意思。如：

　　c. 天津离北京一百二十公里。

在这里用"离"来表达"相距"的意思，介词"和"无此义项。

4."给"与"和"的误代

　　（7）＊我决心，以后<u>和</u>妈妈发短信时，一定说没担心的说话，发爱情的短信。

《现代汉语八百词》（1994：226）认为，介词"给"的一个用法是：引进交付、传递的接受者。用在动词前。如：给我来封信/给他去个电话。而我们不说：

　　＊<u>和</u>我来封信/＊<u>和</u>他去个电话。

介词"给"的用法比较复杂，除了引进交付或传递的对象外，还可以用来引进动作受益或受害的对象，引进动作的施事等成分，相当于"为、替、披、朝、向、对"。在这些用法之外，现在还可以见到"给"引进动作的受事成分的用例（朱景松，1995）。

在上述偏误句中，"妈妈"是一个受事者，用介词"给"引出这一受事者是正确的，而不能用介词"和"。而且从受益接受者的角度看，也应该用"给"。所以在教学中需要让学生深刻记忆常见的固定搭配，比如"给+某人+打电话/发短信/发微信"等。

（二）"和"的缺失

缺失是指在语言表述过程中丢失了必要的语言成分，进而影响了话语意思的正确表达。经过分析偏误语料，我们发现介词"和"缺失的比重最高，偏误率为44%。

1. 框式结构"和……一样/相反/有关系"中"和"的缺失

（8）＊韩国的大学的学制＊中国的大学一样。

（9）＊我的汉语发展速度很慢。我觉得我虽然是二年级的学生，但是我的水平＊刚到的学生一样。

（10）＊流行歌曲的特点也是＊外国的一样。

（11）＊我也是＊那些人一样很喜欢听流行歌曲。

（12）比如父母爱的东西，子女爱的东西完全不一样。

（13）＊我的意见相反＊你的。

（14）＊我追求的目标相反＊父母。

（15）＊A：对常迟到、旷课的学生，你们国家的大学一般怎么办？

　　　　B：有几次迟到是成为旷课，有几次旷课的时候退学。两个方面都是＊考试有关系。

（16）＊我觉得＊这样两个性格有关联我吃惊，想起来悲剧的原因。

例句（8）（9）是单纯的平比比较句中介词"和"的缺失；而例句（10）（11）中，不仅有介词"和"的缺失，还有语序的问题。比如，例句（13）应该是：我的意见<u>和</u>你的相反。有些学者这样解释："N1+和+N2+一样"

句式既可以表示实比，也可以表示虚比(张璇，2013)。"A跟B一样(X)"句式可以表示实比，也可以表示虚比(肖奚强，郑巧斐)。文中所提到的实比是：A和B都具有客观等值性，而虚比中的A和B则在某方面具有相似性，多是比喻性的，常带有夸张的特点。当然例句(12)的情况稍微复杂，有人认为是正确的，也有人认为缺失了"和"。其实，在我们看来，这个句子是正确的。如果没有中间的逗号，则一般需要加上介词"和"。所以，我们并没有将这个句子划入偏误句的范畴中。

2."和……一起"框式结构中"和"的缺失

(17) ＊你是刚刚＊谁一起走路的？

(18) ＊寒假时，我在滑雪场当教练。＊很多见面外国人。其中大部分是香港人。这样经验提高我的汉语水平和我学习汉语的目的。

(19) ＊我好想家族，要是＊他们一起住在一起就好了。

(20) ＊但＊不抽烟的人一起的话，你不能抽烟。

例句(17)中在"谁"前面缺失介词"和"，造成语义不通顺；例句(18)中不仅有"和"的缺失，还有语序的问题。"见面朋友"几乎是韩国留学生最常见的偏误，可以说这一现象已经"石化"了(赵扬，2015)，导致韩国留学生很难习得"和……一起"(和朋友见面)这样的结构。这也可能与语言规则的过度概括有关，由于学生受"V＋N"主框架结构的影响太深，导致无法及时监控自己的话语输出而形成偏误。例句(19)形成的原因可能更多，跟韩国语母语语法负迁移有关，也可能跟汉语中介语的影响有关。学生将"住在一起""一起住在＋place"和"和＋somebody＋一起住"完全搞混了，不知道如何用，索性一起用，于是就形成了例句(19)的偏误形式。

(三)介词"和"的错序

介词"和"的错序句所占的偏误比重为10.34%，经分析发现，留学生经常出现的错序偏误就是把"和"引出的动作对象所发生的动作误放在介词"和"前面。这种偏误很可能跟韩国语母语的语法有关。

(21) ＊我早就想分手和男朋友了。

(22) ＊为了培养创造力，要多跟有我和相反的看法的人交流。

（23）＊最近，除了韩国以外还有很多国家也有"421 家庭"。以前不＊是和现在一样，不是只有一个孩子，最少是两三个人。我要说的是老父母不应该一起住，而且百分之五十的老人们不要在孩子的家。

　　例句（21）中的"和"是指示动作的对象，该动作在句中所处的位置，一定是在介词"和"所引出的对象的后面。例句（22）（23）中的"和"是引进用来比较的对象，常见结构有"和……相反""和……一样/不一样"。例句（23）的"是"多余，应该是"以前和现在不一样"或者"以前不和现在一样"，这两者前者更常见。

　　其实错序的根本原因还是在于基本结构掌握的不扎实，"和+某人/物+V（分手/结婚）"这个结构如果记住了，像"分手和男朋友"这样的错误是完全可以避免的。

　　关于介词"和"的偏误分析大致就是以上几种情况。在分析介词"和"偏误句的同时，关于连词"和"的偏误句也是频频出现。所以本文对连词"和"的偏误也做一简单介绍：

　　（四）连词"和"的误代

　　1."还有（还）"与"和"的误代

　　"还有（还）""和"之间的误代是连词"和"偏误句中出现频率较高的一类。在这一类偏误句中，又分为两小类：

（24）

　　①＊我们的课分为口语＊还有语法。

　　②＊我同学大部分是韩国人，一个乌克兰人＊还有意大利人。

　　③＊天下雨了，我们无可奈何地登了顶。下山途中在一个小村庄暂停。看起来，好像骆驼＊还有马车是那里的主要的交通手段。

（25）

　　①＊这个周末，我会去济南，为了见老师＊和玩儿。

　　②＊我感谢妈妈默默付出的爱和给我们活着的大自然。

　　这两者之间产生误代的主要原因是韩国留学生母语的负迁移。在韩国

语中的"还有"——"그리고"与汉语中的"还有"的用法有同有异，不是一一对应的关系，所以在语言分布上也不一样，韩国人经常说"그리고"，但是汉语的"还有"说得并没有韩国语那么频繁，反而汉语的"然后"的话语功能跟韩国语"그리고"的一部分话语功能更加接近。由于韩国学生搞不明白"还有"的使用场合和话语功能，所以频频出现错误。

另外，连词"和"表示平等的联合关系（吕叔湘，2016）。连接类别或结构相近的并列成分。所以例句①中偏误句的"还有"可以改为"和"；而"见老师"和"玩儿"并不是并列成分，所以在这里用"和"连接并不合适。一般情况下，中间可以用上顿号，或者改为"为了见老师，顺便玩玩"。应该说此处是语篇连词偏误研究的一个重难点，特别是"和""并"在语篇中的区分值得深入研究。

2. "和"与"，"的误代

虽然本节着重探究的是"和"作为介词的偏误，但是在连词"和"的运用上，留学生也是错误百出。其中，值得特别注意的一点是，在汉语中，有时候标点符号"，"可以代替连词"和"（项雯彬，2015）。但是留学生容易把"和"误代为"，"。例如：

（26）＊做泡菜炒饭的主料是米饭，泡菜，盐，香油，辣酱，鸡蛋。

（27）＊国庆节假期我去了上海，杭州，苏州，同里。

（28）＊当然不知道世界末日什么时候到来，通过这遍写文，我知道一个道理，我要珍惜现在的时间，现在我周围的人。

（29）＊她教我们英语，我也想告诉他们韩国文化，韩国语。

例句(26)—(29)中的"，"均为误代，都应该改为"和"。连接三项以上的并列成分时，"和"放在最后两项之间，前边的成分用逗号或者顿号连接（王少莹、杨白云，2000）。例如偏误句(26)(27)中最后的逗号应该改为"和"。

（六）连词"和"的多余

1. 连词"和"在"很"修饰的形容词短语中的多余

（30）＊信息时代带来我们生活方便，可是很多人动脑筋引起恶性犯罪，这个犯罪很智能<u>和</u>狠毒，还有容易流失很多人的个人情报。

（31）＊上网买东西很容易<u>和</u>很方便。

用副词"很"修饰的形容词之间不能用"和"来连接，但是可以用"、"或者"，"来连接。比如例句（31）可以说：上网买东西很容易、很方便。当然也可以用"又……又……"结构或者再复杂一点用"不但……而且……"结构来表达。

2."V+和+V"结构中"和"的多余

V+和+V 结构在句中只能做主语或者宾语。但是一般不能做谓语。例如：

a. 吃<u>和</u>喝是我最喜欢的两件事。（做主语）

b. 我最喜欢的两件事是吃<u>和</u>喝。（做宾语）

c. ＊我每天都吃<u>和</u>喝。　　　（做谓语）

再如：

（32）＊如果明天末日了世界，我去餐厅以后点很贵的菜很贵的酒都吃<u>和</u>喝。

（33）＊在我的大学，我有了好的中国老师，他每次帮助我<u>和</u>扶持我。

对于例句（33），可以发现，"V1+N1""V2+N2"连用，根据语义逻辑的不同，有两种分布形态：一是在排比句或者流水句中，二者需要用逗号或者顿号隔开。所以例句（33）就应该改为："他经常帮助我，扶持我。"二是将"和"改为"并"。如：他帮了我<u>并</u>把我送回了家。

3."，"后的连词"和"的多余

（34）＊她经常提醒我，跟朋友的关系方面，＊<u>和</u>常常帮我的忙。

关于偏误句(34)，连词"和"的前面不用逗号。其实，"和"的词性的区分也是有一定难度的。徐通锵先生在《汉语字本位语法导论》中有提到如何把介词和连词区分开来，"如何将两者区分开来，并列关系字组和上下位概念的关系就是一条重要的语义标准，因为连词所连接的两个同型的结构成分是同一上位概念下的两个下位概念，连接起来之后只能充当一个结构成分参与语句的结构，而介词和介词结构是没有这种特点的，因为它们与其所限定、修辞的动词的关系属限定结构，属于另一种类型的上下位概念的关系。"（徐通锵，2008：192）所以，我们看到例句(34) 中的"跟朋友的关系方面"和"常常帮我的忙"并不是等位的并列关系，所以将"和"改为"并且""而且""有时候还"，句子就比较顺畅了。

三 结束语

本节通过分析韩国留学生关于介词"和"的偏误语料，将其分为缺失、多余、误代、错序四类。并找出造成偏误的主要原因是：母语负迁移（"还有"与"和"的误代）、目的语知识的过度概括（见面朋友）、留学生的学习和交际策略（回避使用造成缺失）等。其中，最棘手的问题就是留学生对于基础知识掌握的程度不熟练，导致大量偏误的产生。

第十节 韩国学生习得汉语介词"离"偏误分析

一 引言

关于介词"离"，《现代汉语词典》（第 7 版）解释为三个义项：①分离，离开；②距离；③缺少。《现代汉语八百词》对"离"的解释为：①距离，相距。可带"着"。必带非受事宾语。②表示处所、目的时带名词宾语。③表时间可带名词、动词作宾语（1994：321—322）。

在汉语里，"离"的意思在很多情况下跟"距离"是可以互换的，所以它跟"距离"有很多共同的地方，而"距离"便可以作为一个说明"离"的具体词汇。首先是在意义空间关系的表达上，"离"一般是通过描述另一个物体的相对位置来表示某个物体的位置、方向或路径。前者一般被看作是背景，它提供一个相对静止的场景，后者一般被看作焦点，是一个移动的或概念上可移动的实体。从一个相对位置，衡量另外一个位置，在现实生活中可以如此，在认知上同样可以如此。

　　笔者查阅了中国知网，发现研究介词"离"的文章极少，针对对外汉语教学的学术研究更是寥寥无几。通过分析搜集到的语料，我们发现，韩国留学生对介词"离"的具体用法，在认识上并不清晰，用起来常常会出错。那么，与介词"离"相关的诸多因素中，哪些因素在困扰韩国学生呢？我们应该在教学中加强哪一方面的说明和训练，有针对性地提高韩国学生学习介词"离"的效果呢？这些要求我们对韩国学生习得汉语介词"离"所产生的偏误做出具体的分析和研究。

　　为此，笔者查阅"对韩汉语甲级词偏误分析语料库"得到关于介词"离"偏误的9个例句，整理出关于"离"的偏误类型为缺失和其他三类。具体统计数据如下：

偏误分类	误代	缺失	其他
偏误数量	4	3	2
所占比例	44.4%	33.3%	22.3%

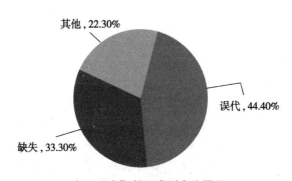

介词"离"偏误类型占比图示

二　介词"离"偏误分析

"离"用于主谓之间，构成的句法结构最直接最基本结构的是：

Np1　离　Np2+C

在这一结构中，Np1 是焦点，Np2 是背景，C 表示长度的量，可以是具体的数字，包括确数和虚数；也可以是对长度属性的说明，如"远""近"；还可以是表示距离的名词性短语。

Np1 在句子中可以承前省略，有时是前面小句的主语，有时是前面小句的宾语。其主格式还有几种变化形式，分别是：

1. 离+Np2+C 有 Np1：例如：离学校 50 米有一家医院。
2. 离+ Np2+C 的 Np1：例如：离学校 50 米的医院。
3. Np1+离+Np2+Vp+C：　例如：学校离医院大约有 50 米。

下面我们从上文中提到的三个方面来对"离"进行偏误分析。

（一）"离"的误代

在分析偏误语料的过程中，我们发现，常跟"离"产生误代的主要集中于三个词："从""和""到"。下面我们就来具体分析。

1."离"与"从"的误代

（1）＊北京从上海很远。

我们注意到，很多国家的学生都会将"离"和"从"混淆，原因在于没有区分清楚"从"与"离"的语义。"从"表示起点，"离"虽然是介词（也有观点认为"离"是动词），但跟动词"距离"联系紧密。韩国学生出现类似错误的语例非常多，显然跟母语负迁移有关。在教学中，我们需要将"A 离 B 很远/近"和"从 A 到 B 很远/近"两种固定表达形式准确无误地传达给学生，避免出现类似例句（1）的错误。

2."离"与"和"的误代

（2）＊那时候，我老家和我住的地方很远，我每周星期天从早上四点出去看他，星期一从早上四点出发再回来工作。

很明显，学生把"离"和"和"混淆了，所以产生了误用。其实这一结构可以固定为语言框架"A 离 B+VP/AP"，学生学起来就比较容易定型化。

　　3."离"与"到"的误代

　　（3）＊我家<u>离</u>那个温泉坐车要 20 分钟。

　　这个句子的语言框架跟"离"的常见语言框架不同。这里是"从 A 到 B+VP"，其中，"从"可以省略。可以发现，学生因为没有分清"A 离 B+VP/AP"和"从 A 到 B+VP"这两个语言框架才导致了混淆误代。

　　（二）"离"的缺失

　　受韩国语的影响，有时候"离"缺失。因为韩国语中没有"离"，所以经常出现韩国留学生对"离"的缺失偏误现象。这类偏误不少跟韩国语母语的影响有关。例如：

　　（4）내 집은 역에서 마일 이다 .

　　"我家离车站一公里"经常被韩国留学生翻译为"我家车站有一公里"。

　　（5）에 참여 하는 응답은 여전히 5 일 거리 .

　　"离参加答辩还有五天"被翻译为"参加答辩还有五天"。

　　（6）＊第二个世界大战以后，俄罗斯的军人被复原了。＊德国很附近一个队的 5 个男生无耐性的等待回家的机会。

　　例句（6）很典型，因为有"附近"这个词，而"附近"的前面是不可以用"离"的，一般的结构是"place+附近+VP/AP"。或者不用"附近"，而用"近"，加上"离"，最终改成"离德国很近的一支队伍……"也勉强可以说得通。

　　（7）＊在韩国电视上有一个广告给我很深刻的印象。广告内容是有一个人＊死亡的日子只有剩下了 3 天，他干什么？

　　例句（7）从字面上理解，似乎是"死亡的日子"是一个时段，但实际上应该是时点，而"离"的后面要么是地点，要么是时点。因此例句(7)应该在"死亡的日子"前加上介词"离"。

　　总之，可以发现，韩国学生之所以常常缺失"离"，主要是因为母语负迁移的影响导致的。因为在韩国语中"离"的对应词有时候是"서"，但是在学生的认知中，"서"只是一个场所标记，没有实在意义，可是对应汉语却常有实在意义，有时候是"在"，有时候是"离"，可是学生不知道这里面的"一对多"的关系，所以就形成了偏误。另外，例句(5)，汉语的"离参加答辩还有五天"翻译成韩国语字面上竟然是"参加答辩还有5天的距离"，学生不知道"거리"是"距离"，因为在汉语中，"距离"一般是具体的，这就造成他们不知道如何去翻译，于是干脆将其缺失。

　　(三) 与"离"有关的其他偏误

1. "离家出走"表达错误

　　表达汉语"离家出走"的意思时，受韩国语母语负迁移的影响，很多学生说成"家出"。这说明，初级阶段留学生之所以在介宾结构位置上的病句较多，主要原因在于跟母语做对译，将母语中相应表达的位置不恰当地用在汉语中(魏庭新，2004)。当然，这里的"离"已经不是介词了。

2. 汉语没有"离远、离近"的说法

　　汉语没有"离远、离近"的说法，但是有"离得远、离得近"的说法。例如：

　　　　(8) ＊我要旅游，不管离远还是离近，我都要去。
　　　　(8′) 我要去旅游，不管离得远还是离得近，我都要去。

　　总的来说，和现代汉语其他介词相比较，"离"显得有些特殊。在表达一种空间关系或者说一种空间意义时，"离"还有着实在的意义，导致学界对"离"的词性还存在争议。有的人认为是动词，有的人认为是介词，它跟介词"给"的词性模糊是一样的。

三　介词"离"的教学建议

　　介词"离"是一个较为特殊的介词，表示"距离""相距"。引出距离的另外一端。它表示三个方面的意义：

1. 表示空间距离。例如：这儿离市中心很近。/我住的地方离学校不太远。/那个游乐场离市区有 20 公里。/他在离我五六米的地方站住了。/北京离广州有多远？

2. 表示时间距离。例如：离新年只有几天了，百货商店到处都是采购的人。/离开学还有一个星期，学生们却大部分都回到了学校。/离飞机起飞不到一个小时了，他还没来，真急死人了。

3. 表示抽象的距离和差距。例如：你的设计很不错，但离我们的要求还有一定的距离。/他的汉语很好，但是离汉学家的标准还是很远的。

韩国留学生在学习介词"离"的时候很容易弄混这三个方面的意义，分不清什么时候该用"离"，什么时候不该用"离"，基于第二章对"离"的偏误分析，我们总结了两条关于介词"离"的教学建议。

第一，在学习介词"离"时，国际汉语教师应注意区分"离"与其他介词如"和""从""到"的区别，尽量规避韩国留学生的母语负迁移效应。

第二，注意介词"离"的缺失现象。教师要给学生讲清楚，什么时候该用"离"，什么时候不该用，并跟进呈现一些效度高的实用练习，多让学生进行交际性表达，有效解决"离"的缺失问题。

四　结束语

本节运用了语料库研究法观察了韩国学生学习介词"离"的常见偏误，并加以细致地描写，概括出了韩国学生在学习汉语介词"离"的过程中经常出现的偏误类型。研究发现，"离"经常与"从、和、到"形成误代关系。"离"的缺失跟韩国语母语负迁移有关。这些是介词"离"教学中需要重点关注的信息。

第七章

基于对韩汉语甲级词偏误语料库的
副词偏误分析

第一节 韩国学生习得汉语副词"很"偏误分析

一 引言

词语在母语中具有生态性，在中介语中同样如此。词语的偏误生态可以划分为语音、文字、语法、语义、语用、语体、语篇等不同层面。对这些不同层面的偏误进行描写，可以最终构拟出该词语偏误生态的总体样貌。如何对汉语中介语中词语的偏误生态进行不同层面的规模描写，为课堂教学、教材编写和词典编纂提供全面、细致、有价值的信息，是对外汉语教师需要关注并思考的重大课题。为此，本文拟选取汉语程度副词"很"作为个案样本，尝试对其语法层偏误进行分析描写。

对程度副词"很"的研究，汉语本体领域（朱德熙，1956、1982；马真，1988、1991；沈家煊，1995；储泽祥，1999；韩容洙，2000）和 CSL 应用领域（徐晶凝，1998；来思平，1999；郑艳群，2006；金琮镐，2006；张君博，2007）都做过一些探讨。前者以静态描写和规则呈现为主，与留学生的偏误信息有交集，但尚存有一定的距离。后者对"很"的偏误研究，往往存在偏误分类不够细致、分析不够深入、研究不分国别的问题。

在汉语中，"很"是一个典型的高频程度副词。其字频在《现代汉语频率词典》中居第 365 位，词频在汉语词频集 LCMC－WORDLIST. ZIP 中，除去标点符号的频率，居第 49 位。郑艳群（2006）的研究显示，在汉语中介语 10957 个程度副词用例中，"很"的用例有 6286 例，占总用量的 57.35%，其在甲级程度副词中的用量也相当高，达到 58.31%。在使用上，"很"没有语体限制，其修饰的成分也基本没有音节上的要求；在程度量的标示上，"很"量级跨度大，可实指也可虚指，能在一定程度上涵盖"挺""非常""特别"等程度副词的意义。正因为"很"的使用频率高，使用范围广，同时留学生又对其使用特点和规律存在片面认识，造成了其在汉语中介语中的偏误数量相对较高的状况。那么，"很"在国别化汉语中介语中的语法偏误表现究竟如何？其偏误成因该如何归纳？研究"很"语法偏误生态能为课堂教学提供哪些有价值的信息？本文将对此展开探讨。

二　副词"很"偏误分析

为开展本研究，我们在"对韩汉语甲级词偏误语料库"中选取了29万8023字的语料进行定量分析。这部分语料包括75296字的初级汉语造句语料和94085字的中级汉语造句语料，还有高级汉语128642字的语篇语料，语料搜集的时间跨度为五年，最终检索到"很"的偏误语料436条。通过分析我们发现，韩国留学生习得程度副词"很"的语法偏误大致可分为误加、缺失、错序、误代四大类型。具体统计数据为：误加209条，占48%；缺失113条，占26%；错序40条，占9%；误代74条，占17%。如下图：

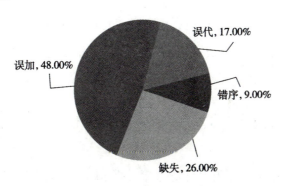

副词"很"偏误类型占比图示

通过分析发现，"很"的"误加"的比重竟然接近1/2，"缺失"接近1/3，这两项语料的数量占总偏误语料的70%多，而"错序"和"误代"加起来才接近30%。下面，我们将对这四类偏误形态进行规模描写。

（一）“很”的误加

最早将汉语形容词划分为"性质形容词"和"状态形容词"的是朱德熙先生（1956、1982）。在随后的研究中，沈家煊先生（1995）提出的"有界无界"理论将形容词的研究向前大大推进了一步。沈先生认为，性质形容词不能单独做谓语，因为这一类词"无界"，如果要单独做谓语，需要加上"很"等表示程度量的副词使之"有界"。而状态形容词（雪白、红通通）本身是"有界"的，不能再受程度副词修饰。也就是说，"很"可以使性质形容词"有界"。而"有界"的形容词跟一些表程度、状态、数量的词或结构连用，很容易形成冗余。通过分析，我们将"很"的误加细分为比较冗余、叠加冗余、区别冗余、动态冗余和句型冗余五种类型。

1. "很"的比较冗余

朱德熙先生认为，"形容词作谓语时，含有比较或对照的意思。"（1982：104）马真先生（1988）也认为"'很'不能进入任何一个比较句式"。也就是说，"很"是绝对程度副词，具有语义自足性，一般不需要再有比较对象。"很"的比较冗余，是指在比较句或暗含比较对照义的句子中，留学生常常在形容词前面加上程度副词"很"而形成的冗余。它可分为"有标记比较冗余"和"无标记比较冗余"两种。

我们先看"很"的有标记比较冗余。"很"的有标记比较冗余是基于比较句而形成的，带有显性的比较标记"比""不如""没有""不比""跟……比起来/比较/相比/相比较""比起……（来）""相比之下"等。如：

（1）＊他比我<u>很</u>勇敢。
（2）＊李政宰的口语没有我<u>很</u>流利。

这类偏误形成的原因主要是受韩语的影响。因为韩语有标记比较句，性质形容词前加程度副词是合法的。

我们再来看"很"的无标记比较冗余。"很"的无标记比较冗余句，不含比较标记，句中有两个形容词成对出现或者其中之一处于隐含状态，暗含比较或对照的意义，这类句子的形容词，通常情况下不受"很"修饰。如：

（3）＊俗话说，说起来<u>很</u>容易做起来<u>很</u>难，学习汉语也一样。

（4）＊网络搜索的答案，有的<u>很</u>正确，有的<u>很</u>错误，这会让人们产生为难感。

可以发现，在汉语中，如果单纯表达比较或对照的区别范畴，而无关程度范畴时，一般不用程度副词"很"。

2."很"的叠加冗余

"很"的叠加冗余是指"很"跟另一种表示程度、状态或者数量的词叠加在一起形成的冗余。是韩国留学生"很"偏误的重灾区之一。它包含"暗叠加冗余"和"明叠加冗余"两种。

我们先看"很"的暗叠加冗余。"很"的暗叠加冗余是指"很"与其前面或后面暗含程度、状态或数量的成分相叠加而形成的冗余。李宇明先生（1999）曾指出，"汉语的程度范畴主要通过程度副词和其他具有程度意义的词语、结构等手段来表现"。在我们的语料中，这类词语、结构主要有"ABB 式状态形容词""AB/ABAB 式状态形容词""AABB 式形容词""难以""大量""经常/常常""就是""就那么回事""A/AB 而 C/CD""既/又……又……""这么/那么/怎么这么/怎么那么+Adj""动词+结果补语""像……一样+Adj"等。以上词语或结构都暗含着某种程度、状态或数量，与表程度的"很"结合，就会产生冗余。"很"的暗叠加冗余大多表现为"双程度叠加"。如：

（5）＊在当时的情况下，我的心情不好，<u>很</u>难以学习。

（6）＊为了多收获粮食，世界都要用<u>很</u>大量的农药。

（7）＊逛街就是<u>很</u>累，现在我很想睡觉。

（8）＊虽然我学了一年，但我的汉语水平<u>很</u>就那么回事。

（9）＊我们水原的西瓜又<u>很</u>大又<u>很</u>甜。

（10）＊你这么<u>很</u>帅，为什么不结婚？

（11）＊我学习汉语时，和中国朋友交流<u>很</u>多了，水平就慢慢提高了。

（12）＊乐天世界有趣的事情很多，我<u>很</u>经常去那儿玩儿。

（13）＊她像少女一样<u>很</u>纯洁，跟我的想法真的不一样。

另外，还有一种暗叠加冗余是"很"跟一部分具有隐含程度或状态的成语相结合而形成的。如：

（14）＊我的假期生活很丰富多彩。

（15）＊对韩国大部分老年人来说，流行歌曲是一种很乱七八糟的声音。

除此之外，语料显示，"V+得+很+Adj"这一结构偶尔出现的冗余偏误表现为："V+得+很"后面有表极端程度义的词或者是暗含状态描摹的成语。如：

＊饿得很要命。　　＊批评得很淋漓尽致。　　＊听得很津津有味

"要命"本身含有程度义，"淋漓尽致""津津有味"有状态描摹义，它们跟"很"结合就会形成冗余。

我们再来看"很"的明叠加冗余。"很"的明叠加冗余是指"很"与其前面或后面显明的程度副词相结合而形成的冗余。因为汉语性质形容词前加程度副词被定量化以后，一般不能再受程度副词的定量。韩国学生此类偏误常常分布在"很+Adj+极了""挺/太/更/最/真/够/可/可真/可真够+很+Adj+（的/了/啊）""多/多么+很+Adj"等偏误结构中。如：

（16）＊我家的花都开了，都很漂亮极了。

（17）＊那个人每天自言自语，孤单生活，性格可真很奇怪。

（18）＊你姐姐穿那件衣服，多很漂亮啊！

3."很"的区别冗余

"很"的区别冗余，是指形容词在认知功能上表"有界"而非"有量"范畴，这样的情况，形容词前通常不加"很"。这类偏误分为"宽式区别冗余"和"严式区别冗余"。

我们先看"很"的宽式区别冗余。"很"的宽式区别冗余是指形容词表示的是单纯的"有界"范畴而非"有量"范畴，但在一定的语境中，由于

表达者主观因素的参与以及受语境、语气的影响，这些句子在口语中有时候勉强合法。如：

（19）＊每天<u>很</u>努力学习的学生是好学生。

（20）＊我一定要努力学习，因为成绩<u>很</u>好可以有奖学金。

以句（19）为例，句中的"努力"只表"有界"范畴，与"不努力"相对，其认知焦点不在"量的多少"而在"界的区分"，因此，应该去掉"很"。当然，我们也承认，由于"主观量"的参与，这些句子有时候在口语中勉强可以成活。但即便如此，其接受度仍然较低。因为偏误的确定，需要参考目的语族群绝大多数人的使用习惯或语感。因此我们仍然倾向于将其划入偏误句的范畴。

我们再来看"很"的严式区别冗余，"很"的严式区别冗余是指"很"冗余句中的形容词表示的是严格的"有界"范畴而非"有量"范畴，即使有表达者主观因素的参与以及受语境、语气的影响，句子也无法成活。这类偏误主要分三类：第一类是形容词和动词、名词存在词性上的"界"，一旦混淆就容易造成"很"的冗余。如：

（21）＊妈妈说，我的毛病就是容易<u>很</u>急，她让我向金善美学习。

（22）＊爸爸妈妈，我会努力学习让你们<u>很</u>高兴。

（23）＊我家<u>很</u>附近有一家有名的比萨店。

第二类偏误是前文谈到的形容词"有界化"，即形容词在认知上表示的不是"词量"范畴而是"词界"范畴，此时"很"就是冗余成分。如：

（24）＊先处理<u>很</u>重要的事情，其他的以后再说吧。

（25）＊我们应该培养<u>很</u>健康的青少年，让自己的国家繁荣。

第三类偏误是上述两种情况的融合，既存在词性混淆，又违反有界原则。如：

> （26）＊你如果每天适量吃饭，又努力运动，能很胖才怪呢。
>
> （27）＊那件衣服不贵，我买的衣服，那才叫很贵呢。

例句（26）的"胖"是动词而非形容词，例句（27）的"贵"不是形容词，而是由形容词活化而成的名词。二者同时也都具有"分界"功能。

应该说，"很"的区别冗余在对外汉语教学中比较普遍，也比较典型，是"很"的教学难点之一。它的形成跟学生词界词量意识缺乏以及语言词性跨域认知能力欠缺密切相关。

4. "很"的动态冗余

"很"所描述的程度是静态、静止的（张君博，2007），它跟表动态的词或结构结合就会因为状态冲突而形成偏误。表动态的词或结构，在我们的语料中有副词，如"日趋、日益、越来越"等，也有被学生误认为形容词的动词，如"提高、发展、进步、上升、下降、前进、后退、增加、变、变化、改变、摇晃、颤抖"等，表示"开始而且继续"的复合趋向补语"起来"以及位于句尾表变化的动态助词"了"也属此类。如：

> （28）＊网络时代，我们跟父母交流的时间越来越很少了。
>
> （29）＊我希望朋友能够很开心起来。
>
> （30）＊他一天天很忙起来了。
>
> （31）＊最近的天气，日益很暖和起来了。
>
> （32）＊近几年，吸烟的问题很严重起来了。
>
> （33）＊一年以后，我的汉语水平很进步了。
>
> （34）＊老师常常帮助我，我的中文水平很提高了。
>
> （35）＊韩国和中国的关系变得日趋很密切。
>
> （36）＊八十年代，韩国移民去美国的人很日益增多了。

通过分析可以发现，首先，"越来越+Adj"和"V+起来"可以跟"了"共现，但是不能跟"很"共现。其次，韩国语的"很"可以跟具有数量性特征的部分非心理动词述语（如提高）形成搭配关系（金琮镐，2006），但这种结构在汉语中却不合法。最后，"更加、日趋、日益"等都是表状态变化的副词，同样跟表静态的"很"冲突。

5. "很"的句型冗余

"很"的句型冗余是指因为句型选择不当造成的"很"的冗余。我们看两个祈使句：

（37）＊这个菜很好吃，你<u>很</u>多吃吧！

（38）＊明天要考试了，你<u>很</u>早睡吧。

这两个句子是部分错用祈使句而引起的"很"的偏误，句（37）应去掉"很"，然后在动词"吃"后加"一点儿/点儿"或"些"。例句（38）应去掉"很"，然后在做状语的形容词"早"后面加上"一点儿/点儿"或"些"来表示程度。

可能有人要问，"一点儿/点儿"常用于祈使句中，可是为什么有两种修改方法呢？其实，这跟"一点儿/点儿"的语义指向有关。请看例句：

1a. 多听点儿音乐　1b. 多种点儿菜　1c. 少使点儿傻劲儿

2a. 快点儿接电话　2b. 慢点儿开车　2c. 勤点儿锻炼身体

1a、1b 和 1c 中的"点儿"修饰的是"音乐""菜"和"傻劲儿"，是语义后指，指向充当宾语的名词。2a、2b 和 2c 中的"点儿"修饰的是"快""慢"和"勤"，是语义前指，指向充当状语的形容词。这类语言现象留学生并不了解，需要教师在课堂上做出深入浅出的讲解。

（二）"很"的缺失

形成"很"缺失的原因，主要是受韩语负迁移的影响。"很"的缺失偏误大致分为"单纯型缺失"和"复杂型缺失"两种形式。

1. "很"的单纯型缺失

"很"的单纯型缺失，其产生主要是受到了韩语负迁移的影响。因为在韩国语中，形容词前不加程度副词通常是合法的，但在汉语中通常是不标准甚至不合法的。如：

（39）＊妈妈生病住院了，我觉得▲遗憾。

（40）＊宿舍里的人们对我▲热情。

在"很"的单纯性缺失句中，做定语的"多"字前边缺失"很"是韩国学生最典型的偏误形式之一。如：

(41) ＊我买了▲多食物，其中大部分是地瓜。

(42) ＊今天我学了做中国菜，另外还学了▲多单词。

(43) ＊我生日那天，▲多人恭喜我生日快乐，我觉得感谢。

这几个句子，都需要在"多"前加上"很"。朱丽云(2009：172) 认为，此处不加"很"会存在音节和谐的问题。不过仔细分析可以发现，例句(41)(42) 似乎存在音节和谐的问题，但例句(43) 则不存在这一问题，为什么也错了呢？

其实，在汉语的正式书面语特别是新闻语体中，"多+N"的用法是很常见的，如：

(44) 在那次爆炸中，5 人死亡，多人受重伤。

(45) 经过多方面打听，我们终于找到了那个人。

既然汉语中存在"多+N"的合法语例，那么为什么韩国学生的"多+N"常被判为偏误句呢？其实，这类偏误跟音节和谐没有太大关系，而在于两点：一是语体冲突，如例句(43) 主要是口语体，而汉语"多+N"结构却是正式书面语体；二是母语负迁移的影响。因为在韩国语中，"多+N"结构在口语语体中合法。

2."很"的复杂型缺失

"很"的复杂型缺失常常是"很"跟某些句式相结合而产生的。在我们的语料中，与"是字句""是……的"句的杂糅是"很"复杂型缺失最典型的表现。如：

(46) ＊他本来是▲聪明，但是不努力学习。

(47) ＊他的说话都是▲夸张。

(48) ＊韩国人▲是讲究礼貌。

(49) ＊我姐姐是护士，所以她▲是卫生讲究。

（50）＊我听说京剧的声音▲是好听的，所以我想看京剧。

以上例句明显地体现出学生习得汉语的发展特征。它们都与学生汉语水平较低以及韩语影响有关。首先，学生并不完全理解"是字句""是……的"句的准确用法，所以乱用一气，存在较明显的"试误"特点。其次，学生受母语语法的影响，误将陈述句句尾标记"이다"跟汉语的"是"画上等号，于是形成大量偏误。例句（47）和例句（48）则与学生较低的认知能力直接相关。初级阶段的学生对"很"的认知主要局限于其修饰简单的形容词，修饰"VP"的情况见得比较少，他们不清楚汉语有些"VP"也可以充当形容词性成分，于是不敢用"很"，从而将"形容词性谓语句"生成了"动词谓语句"。而例句（50）则是"是字句"中的断言性句式，根据上下文，用"很+Adj"表达就可以了。

（三）"很"的错序

"很"的错序，大致可分为四种类型：

1. 第一种类型是将"很"放在了"介词＋名词＋谓语"结构的前面。如：

（51）＊我妈妈很对中国感兴趣。

（52）＊我很对帮助过我的人感谢。

2. 第二种类型是"很"与"不"的错序。如：

（53）＊我觉得我的同屋很不胖。→我觉得我的同屋不很胖。

（54）＊老师说的话，我很不懂。→老师说的话，我不很懂。

3. 第三种类型是学生将主谓谓语句的谓语部分变成"状中结构"或者"定中结构"，并在这两种结构前面加上"很"。如：

（55）＊他很努力学习，所以他很好成绩。

例句（55）前后两个小句本应都是主谓谓语句，学生因为水平的限制，把前小句的谓语变成了"状中结构"，后小句的谓语变成了"定中结构"。这是初级阶段韩国学生"很"错序偏误的典型形式之一。

4. 第四种类型是韩国学生习惯于用"状中结构"代替汉语的"动补结构"，从而诱发错序偏误。如：

（56）＊那里商品很多，所以我<u>很多</u>买了。→那里商品很多，所以我买了很多。

韩国语是"状语优势"的语言，其"状语+动词"结构，在汉语中有两种表现形态：一种是"状语+动词"结构，另一种是"动词+补语"结构。汉语的"状语+动词"结构，韩国学生学起来难度比较小，因为韩国语本身大量存在这种结构。而对汉语"动词+补语"结构的习得，韩国学生由于受母语的影响，会习惯性地用"状语+动词"结构来表达，从而形成偏误。参看下表：

汉语	韩语	习得难度	迁移形式
状语+动词	有	小	语际正迁移
动词+补语	无	大	语际负迁移

总之，韩国学生作业中的这种以"状中结构"代替汉语"动补结构"的偏误现象不但普遍、典型，而且极易化石化，教学中需要特别注意。

（四）"很"的误代

1. "很"与"太""真""很"的误代

"很"的误代，最典型的要数"太""真"与"很"的互相误代。如：

（57）＊我买了一个<u>太</u>贵的手机。

（58）＊北京有很多<u>真</u>美丽的地方。

在汉语中，"太"和"真"都表感叹的语气，而"很+Adj"主要表客观静态的陈述语气。如果程度副词的运用跟句子的整体语气基调不搭配，就会形成偏误。

　　具体来说，首先，"真"感情色彩强烈，一般用于表达说话人赞赏、批评、喜爱、厌恶等喜、怒、哀、乐之情的感叹句中（来思平，1999），而"很"用于客观静态的陈述句中。如：

　　（59）＊他个子很高，眼睛真大，很多人都喜欢他。

　　从形态结构看，"真"只有述谓性，不能进入"真+Adj+（的）+N"结构。如：

　　（60）＊中国是一个真神秘的国家。

　　其次，"太"有两种用法：一是倾向于肯定，如"你太漂亮了"。二是倾向于否定，如"今天太热了"（卢福波，2000）。"太"主观感情色彩浓，跟"很"发生误代有两种情况：一是"太+Adj"结构一般不能用于指称"无定"的事物，因此一般不能修饰"无定名词性成分"（卢福波，2000）。如：

　　（61）＊我买了一辆太贵的车。
　　（62）＊我喜欢一个太帅的男孩。

　　二是"太"感情色彩强烈，具有"主观性"和"非共性特征"，而"很"具有"客观性色彩"和"公众性特征"（卢福波，2000）。这种差别决定了二者的语用环境和语气情态都不一样。如：

　　（63）＊听大家说，你太努力，是真的吗？
　　（64）＊中国老师上课太认真，我深受感动。

　　2."很"与表大量或表程度的其他词的误代

　　"很"误代的第二种类型比较抽象。因为在学生的认知心理中，"很"只是一个程度副词，表达时，由于囿于语言水平的局限，凡是表达大量程度，他们都倾向于使用"很"，而不管"很"修饰的是什么词性的成分。这类偏误，"很"误代的往往是某些形容词或副词状语。如：

（65）＊超市里的商品很多，所以，我<u>很</u>买。

（66）＊我不听话的时候，爸爸常常<u>很</u>批评我。

（67）＊老人们常常对年轻人不满，常常很责备下一代人的生活方式。

3. 与"很"有关的构式误代

"很"误代的第三种类型是一种与"很"有关的构式误代。在汉语中，"很"可以跟一部分"有+N"结构结合起来表达程度义。留学生因为语言水平的限制，常会把汉语的部分"很+有+N"构式生成"有+很多+N"构式。如：

（68）＊我觉得中国女人<u>有很多</u>魅力。

（69）＊我对那个贩卖员<u>有很多</u>好感。

（70）＊我当然这次 HSK 考试<u>有很多</u>信心。

（71）＊我的男朋友，他是<u>有很多</u>能力。

这类偏误一方面跟学生不了解汉语抽象名词的量化特点有关，另一方面由于学生对"有+很多+N"构式的认知先于"很+有+N"构式，因此，这类偏误更多是受到了目的语"前摄抑制"（Proactive interference）的影响而形成的。

三　形成"很"偏误的原因

"很"偏误的形成原因，前文已经有所涉及。现重点归纳为三点：

（一）语言负迁移的影响

形成程度副词"很"偏误的语言负迁移包括韩语负迁移和汉语负迁移两种。现在我们要谈的是一种既包含韩语母语负迁移又包含汉语目的语负迁移的典型偏误形式。请看下表：

句　型	汉　语	韩　语	韩语字面形式	学生生成的偏误句
得字补语句	（我）吃得很多。	많이 먹었어요.	（我）多吃了。	①＊我很多吃了。
祈使句	（你）多吃/多吃点。	많이 먹어요.	（你）多吃。	②＊你很多吃吧！

例句①是只学了两个月汉语的韩国学生造出来的。当时学生还没学"得字补语句",于是她就利用自己学到的有限知识,结合韩国语的状中表达形式生成了内部语言"我多吃了。",同时学生不清楚"多"还能做状语,受汉语"很多+n""n+很多"语法形式的影响,生成外部语言时,在"多"的前面加上了"很"字,于是偏误便由此形成。句②同样如此。对这两个典型偏误句生成过程的分析,我们可以清晰地观察到韩语和汉语在部分"很"字偏误句的生成过程中所起到的负迁移作用。

(二)学生因素的影响

形成"很"偏误的学生因素主要包括"水平因素"和"策略因素"两个方面。就我们所观察到的情况,"水平因素"主要包括"词性意识缺乏"和"句型选择错误"两个方面。"策略因素"主要包括"语篇照应策略缺乏"和"过度使用规则泛化策略"两个方面。

"水平因素"方面,我们先来看"很"偏误的重要致误因素"词性意识缺乏"。在"很"偏误的形成原因中,学生汉语词性意识的缺乏是一个比较严重的问题,因为它往往会诱发"很"的偏误,特别是在初级阶段,情况尤其严重。如:

(72) *昨天晚上他很多喝酒了,很醉了。

(73) *三年不见面,她的性格很变了。

以上词性混淆的例句提醒我们,在日常课堂教学中,应该有意识地引入词性训练的内容,要经常提供给学生一些典型的词性偏误让学生修改,教材和词典也应该尽可能多地展示一些多发性的词性偏误句,通过训练,逐步提升学生的汉语词性意识。

我们再来看"水平因素"中的重要致误因素"句型选择错误"。由句型选择错误而引起"很"的偏误也跟学生的汉语水平比较低有关。经过分析,我们发现,跟比字句、是字句、"是……的"句、祈使句、得字补语句、主谓谓语句有关的句型选择错误是诱发这类"很"偏误的重灾区。比字句、是字句、"是……的"句和祈使句前面已经涉及过,现在我们看几例因未用"得字补语句"而引起的"很"的偏误,如:

（74）＊昨天晚上，她<u>很</u>哭了。

（75）＊怎么办，她的腿发炎了<u>很</u>多。

还有一种情况是学生用了"得字补语句"，但是却将描述句与陈述句混淆。如：

（76）＊你的汉语说得棒棒的。

（77）＊他话说得慢慢的。

通过分析例句（76）和例句（77）可以发现，"得字句"其实是分两种语气情态的，一是陈述句，二是描述句。这两个句子的错误在于将"得字陈述句"生成了"得字描述句"。

我们再看几例跟主谓谓语句有关的"很"偏误句：

（78）＊他<u>很</u>努力学习，所以<u>很</u>好成绩。

（79）＊我一定要学习很努力，因为成绩<u>很</u>好可以有奖学金。

（80）＊他<u>很</u>好做饭。

（81）＊宿舍里有人<u>很</u>少。

以上例句，例句（78）是该用主谓谓语句而未用，例句（79）是不该用主谓谓语句而用了，例句（80）是主谓谓语句的错序，例句（81）是主谓句（宿舍里有人）与主谓谓语句（宿舍里人很少）的杂糅。这些句子都具有明显的发展性偏误（developmental errors）特征。

除了以上几种情况以外，还有一些语言结构，如关联词、固定构式的未用、错用也会诱发"很"的偏误，如：

（82）＊当时看到爸爸，我和妈妈马上<u>很</u>大笑了。（未用"V+起来"结构）

（83）＊为了参加考试，我每天睡<u>得</u>这么晚。（错用"V得+很+adj"结构）

（84）＊不管天气<u>很</u>冷，我都去公司。（错用"不管…多+adj"

结构）

可见，句型或语言结构的选择会诱发"很"的偏误从而导致"生成不足"，这需要教师在教学中加强语言结构的教学，强化学生的语言结构意识，在此过程中让学生了解各种语言结构显性或隐性的形式规则和使用条件。

其次，学习策略方面，导致"很"偏误的因素有很多，在我们的语料中，比较多见的是因"篇章照应"策略和"规则泛化"策略运用不当而引起"很"的偏误。前者如：

（85）＊世界末日那天，我肯定会选择最漂亮的地方，住很高级的宾馆，……

（86）＊因为有朋友，我高兴时幸福增加两倍，很伤心时悲哀减少 1/2。

遵循篇章照应策略，例句（85）第二个分句中的"很"应该换成"最"，例句（86）中的"很"应该去掉。

我们再看一例由汉语规则过度泛化引起的"很"的偏误：

（87）＊他很牙疼，都是吃葡萄吃的。

就例句（87）我们曾询问过学生这样表达的原因，学生理直气壮，说汉语有"我很头疼"的说法，所以"我很牙疼"也应该对。其实，这是典型的"目的语规则过度泛化"现象。在汉语中，"头"和"疼"两个字能搭配成个同的形式，如"我头很疼""我很头疼"和"我头疼"，三者的语义焦点也不尽相同。"我头很疼"是实指的主谓谓语句，带程度量；"我很头疼"是虚指的主谓句，也带程度量；"我头疼"既可以实指（主谓谓语句），也可以虚指（主谓句），不带程度量。而上面例句中的"牙疼"是实指，因此在具体表达的时候多选择主谓谓语句而非一般的形容词谓语句。

石毓智（2010：311）曾对形容词的语法特性做过研究，他发现一些词，如"一样、平行、相同"的语法特性跟普通的性质形容词不同，它们可以被"不"否定，但是无法受"很"修饰。这些非典型形容词，特别是区别词，往往会因为学生不当运用"规则泛化"策略而形成冗余偏误。如：

（88）＊他的看法跟我<u>很相反</u>。

（89）＊她的想和我<u>很一样</u>。

（三）教师因素的影响

在汉语国际教育"三教"问题中，教师是影响语言教学的核心要素之一。这从"很"的偏误中也能看出一些问题。就拿汉语"比字句"来说，学生在形容词前加"很"的现象极其普遍，可以说是重灾区，这从一个侧面反映了一些教师在教"比字句"时对其形式特点强调不够的问题。针对"很"的教学，教师起码需要对以下14种偏误的致误机理了然于心：

1. 比字句中的"很"的偏误（她比我很漂亮）

2. 祈使句中的"很"的偏误（明天考试，你很早睡吧）

3."是……的"句诱发"很"的偏误（我喜欢她的歌，因为她是有名的）

4. 补语句中的"很"的偏误（他很哭了；我很吃饱了）

5. 主谓谓语句中的"很"的偏误（他很努力学习，所以他很好成绩）

6. 词性因素诱发的"很"的偏误（最近，他很变了）

7."太""真"与"很"的误代（我喜欢那件太/真漂亮的衣服）

8. 一些词或结构不能跟"很"结合（很漂亮极了、像少女一样很纯洁）

9. 目的语规则过度泛化引起的"很"的偏误（我很牙疼）

10. 违反"有界"原则引起的"很"的偏误（先处理很重要的事情）

11."很"位于某些介词结构前面（妈妈很对中国感兴趣）

12."很+有+N"构式的偏误（他有很多能力）

13."很不+AP"误代"不很+AP"（我的同屋很不胖）

14. 由韩国语"状中结构"形成的"很"偏误（我很多吃了）

广大教师如果能在教学中深入浅出地将以上问题解释清楚，再辅以足量的练习，学生表达中的"很"偏误自然就会减少很多。这对课堂教学会产生重要的促进作用。

四　结束语

本节对韩国学生习得汉语程度副词"很"语法偏误生态进行了较为详尽的规模描写，初步理清了"很"语法偏误生态的大致脉络。研究发现：韩国学生对汉语程度副词"很"的习得，母语负迁移效应相当明显，同时很多偏误形式具有鲜明的发展特征。这说明，汉语词汇偏误研究不但要具备语言类型学意识，重视汉外语言的对比分析，同时还要对偏误进行历时考察，以便对偏误的严重性、纠偏的难度等做出准确的评价。

李晓琪先生(1995) 在谈到汉语虚词研究和教学时曾认为：首先要对虚词进行全面描写，即对虚词本身进行研究。其次要进行汉外对比，找出教学难点。最后要把对比研究成果充实到教学中去，有针对性地解决"教什么"和"怎么教"的问题。其实，这一研究思路同样适用于所有汉语大纲词。同时，我们也可以看出，采取基于国别化汉语中介语语料库研究范式，将每个汉语大纲词的偏误生态描写出来，就能为汉语课堂词汇教学提供强有力的信息支撑，进而为外国学生对汉语词汇的深度习得打下坚实的基础。

第二节　韩国学生习得汉语副词"不"偏误分析

一　引言

在现代汉语副词序列中，"不"是一个重要的副词。《现代汉语词典》(第7版) 对"不"的解释如下：①用在动词、形容词和其他副词前面表示否定；②加在名词或名词性词素前面，构成形容词；③单用，做否定性的回答(答话的意思跟问题相反)；④〈方〉用在句末表示疑问，跟反复问句的作用相等；⑤用在动补结构中间，表示不可能达到某种结果；⑥"不"字前后重复使用相同的词，表示不在乎或不相干(常在前面加"什么")；⑦跟"就"搭配使用，表示选择；⑧不用，不要(限用于某些客套话)。

在韩国学生习得副词"不"的过程中存在着大量与"不"有关的偏误。

为此我们在 400 万字的韩国留学生汉语中介语语料库中选取了 40 万字语料进行统计和分析，共搜集到与副词"不"有关的偏误句 144 句，并将其分为多余、误代、缺失、错序、其他五大类。具体统计结果如下：

偏误类型	多余	误代	缺失	错序	其他
所占比例	5.6%	52.8%	7.6%	18.8%	15.2%

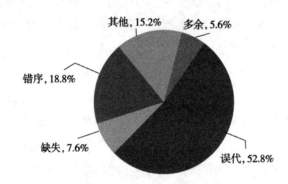

副词"不"偏误类型占比图示

从上表中可以看出，能够分析得出的四类韩国学生习得汉语副词"不"的偏误比例中，占比最大的是误代，超过一半的偏误比例；其次是错序；缺失和多余都在 10% 以下，占比最小。由此可见，在韩国学生偏误习得中，误代偏误最严重，而误代又可以分为多种情况，比较复杂。

下面，我们将对副词"不"的偏误进行具体分析。

二　副词"不"偏误分析

（一）"不"的误代

"不"的误代有 76 句，在"不"的偏误句中所占比例接近 53%。在这五种偏误类型中，误代是最不容易理解的。鲁健骥在《外国人学汉语的语法偏误分析》一文中做出了如下解释：误代偏误是由于从两个或几个形式中选取了不适合于特定语言环境的一个造成的。这两个或几个形式，或者是意义相同或相近，但用法不同；或者只是形式上有某种共同之处（如字同），而意义和用法不同；或者是用法相同，意义相反。总之，这些都是很容易使初学者发生混淆而出现偏误的（鲁健骥，1994）。根据鲁健骥先生的解释，否定副词"不"的误代主要有三种情况，在这三种情况中，与作为副词的"没（没有）"的误代占比最大而且最严重。

1."不"与"没（/没有）"的误代

"不"和"没（没有）"都可以放在动词或形容词前对动作或性状作否定说明，但二者在语义表达功能上还是有差别的。主要有以下四种情况：

首先，"不"是对结果的否定，表示判断或评价，是静态的，而"没（有）"是对变化过程的否定，是动态的。学生弄不清楚二者的差别，就会出现偏误。

（1）＊我给中国朋友打电话了，可是他<u>没</u>在。

（2）＊这种花漂亮，那种花<u>没</u>有漂亮。

上述例句中，例句（1）中的"在"是非动作动词，类似的还有"姓""是"等。"对这些非动作动词的语义，如果实在概括不出一个更好的类来，不妨将它称作广义的状态性质，那么我们就可以说'不'可以否定这种广义的状态性质。"（白荃，2000）按照白荃先生对"非动作动词"概括的语义，对于本身表示事物性质状态的性质形容词也一样适用，表示说话人对客观世界的认识、判断、评价。而"没（没有）"只指事物的性质在某一过程结束时尚未发展到某一阶段，而不表示事物在某一时间段的性质状态。如"天没亮、没努力、没红、没绿"等（陈金香，2011）。

其次，"不"用来否定经常性或习惯性的动作或状况。而"没（没有）"则表示一次性的暂态活动，基本上都是由于临时的原因暂时的一种状态。而且在句子说出的时候，动作的过程已经发生了，是事后说的（刘莉，2009）。例如：

（3）＊今天他<u>不</u>来上课，老师觉得很奇怪。

（4）＊你每天<u>没</u>上课，还毕业呢！

（5）＊我爸爸以前<u>没</u>喝酒，也<u>没</u>抽烟，可是现在每天喝酒抽烟。

（6）＊以前，他<u>没</u>常给我打电话，现在常常打了。

（7）＊我国开学第一天的时候，学生们一般要领教材，跟老师见面，<u>没</u>上课。

上述例子中应该用"不"的都有表示经常性的词语标志，比如"每天、常、一般"，例句（4）还可以作如下解释：跟"……，还……呢"构式的语义背景有关，这一构式的前一部分应该是恒常状态，属于短时内不能轻易改变或者变化的情况，在这种情况下，应该用"不"而非"没"。

再次，"不"一般可用于否定过去、现在和将来；"没（没有）"一般用于否定过去和将来，很少用于将来时态（陈金香，2011）。例如：

（8）＊A 老师，明天崔赫金说不定没来。B 为什么没来？A 因为他感冒了。

（9）＊明天的聚会，老师没参加的话，同学们一定失望。

（10）＊昨天参观，我不去，真可惜了。

（11）＊老师，昨天的语法，我不听懂。

（12）＊我朋友从来不去过上海。

最后，"不"是一种主观上的否定。当"不"否定一种动作活动时，即用于一般的动词或动词性结构前，是对动作本身或动作结果的否定，是主语或说话人的一种主观判断。例如：

（13）＊大家都说是他偷东西，可是他无论如何没承认。

（14）＊她说她没需要帮助，所以拒绝我们了。

（15）＊不管听没听懂，他都没关心。

（16）＊以前，我没喜欢吃中国菜，现在非常喜欢了。

（17）＊爸爸妈妈本来让我和妹妹来中国汉语学习，可妹妹没愿意来。

（18）＊昨天爬山完以后，大家都想去肯德基，只有他没想去吃，自己回家了。

另外，韩国学生常常把"不感兴趣""不关心""不后悔"说成"没有感兴趣""没有关心""没有后悔"，这也是受韩国语母语影响造成的。是韩国学生比较典型的偏误，有"化石化"倾向。这样的例子很多。如：

（19）＊现在年轻人对政治没有关心。

（20）＊以前我对汉语真的没有感兴趣。

（21）＊忠实我的人生的话，面对末日时没有后悔。

　　"不"和"没（没有）"是副词中比较简单的一类，但学生的偏误却相当多。究其原因，很多学者都提出了自己的看法，其中有学者（李小荣，1997）认为可能是教师在教学过程中没能很清楚地阐明近义词之间的核心语义区别，而仅仅是把表层上的区别告诉了学生，结果他们也只记住了少数特征并加以类推，从而形成偏误。

　　对于"不"的核心语义，北京师范大学白荃提出了一个颠覆性的观点，即"不"否定主观意愿，"没"否定客观事实。他通过大量的调查分析研究，得出了如下结论："不"主要是从主观的角度否定动作发出者（主语）发出某个动作行为的主观意愿或说话者的主观评价，另外还可以否定自然界的某些运动本身以及广义上的性质状态；经常用于现在和将来，也可以用于过去。"没（没有）"是从客观陈述的角度否定某种客观事实，所谓客观事实包括动作的发生、进行、完成，或过去的经历，经常用于过去和现在，在一定情况下（如在假设句和表示估计的句子中）也可以用于将来（白荃，2000）。可以支持上述观点的例句如下：

（22）昨天下午就不下雨了。

（23）不打雷了，咱们走吧。

（24）我是故意不告诉他的。

（25）昨天我问他要，可他不给我。

（26）如果到明天晚上10点她还没回来，你就给我打电话。

（27）我估计明天早上你回到家时，孩子还没起床。

　　以上例句均出自白荃的论文《"不""没（有）"教学和研究上的误区——关于"不""没（有）的意义和用法的探讨"》。其中，例句（22）（23）表示"不"否定自然界的某些运动本身以及广义上的性质状态；例句（24）（25）表示"不"可以用于否定过去发生的事；例句（26）（27）表示"没（有）"在表示假设和估计的句子中可以否定将来的动作行为。

　　白荃的研究对教学有很大的启发，因为核心语义才是区分理解词义的关键。但他同时又指出，除了表示主观否定外，"不"还有其他的意义，而且在表示主观否定方面，强调经常或只能被"不"否定的心理动词只占一小部分，而这一小部分都是最常用的心理动词，如"爱、恨、放心、喜欢、怕、怀疑、明白、懂、记得、希望"等，再加上心理动词的语义都属于人的主观方面或是跟主观方面相联系，所以很容易会据此推断出心理动词一般也应由"不"来否定。

　　在一些特定的结构中往往既能用"不"也能用"没（没有）"。例如"从（来）不/没"，它用来肯定某一行为从过去到说话的时候都没有出现过。但是用"不"和"没（没有）"时有些差别。冯胜利先生认为，"他从（来）不＋VP"指他的原则历来如此，"从（来）没（没有）＋VP"指他从来没有做过某件事或表现过某种状态（冯胜利，2015：28）。下面看几个句子：

　　　　（28）＊他从来没有生气了。
　　　　（29）＊我朋友从来不去过上海。

　　例句（28）可以是"他从来不生气"表示他原则性很强，不会生气，当然也可以是"他从来没有生过气"。例句（29）就只能是"我朋友从来没去过上海"，原因是"过"是已然性事件的标志。

　　2."不"与"别"的误代

　　　　（30）＊你一定不去，因为那儿太危险了。
　　　　（31）＊明天开始黄金周，可是我别出去。

　　汉语中的否定副词比较多，根据每个副词的基本意义，可以分为两类，一是意愿否定类，如"不"，主要功能是否定"主观意愿"。二是行为劝禁类，有"别、甭、不要"等，多用于对他人的行为进行劝阻或禁止。其中以"别"使用最多（孟国，2011年）。所以这两句话应该改为：

　　　　（30′）你千万别去，因为那儿太危险了。
　　　　（31′）明天是黄金周，可是我不想出去。

3.“不”与“无法”的误代

（32）＊如果学生沉迷网络的话，不但<u>不</u>认真学习，还影响视力。

（33）＊我们的共同点中一个就是不太喜欢跟别人联系（用手机）。所以我们但心我们<u>不</u>经常见面。

“无法”是动词，意思是“没有办法”，和“不”在表示否定的意思时用法接近，学生正是由此造成了语义混淆。

（二）“不”的错序

错序偏误指的是由于句中的某个或某几个成分放错了位置造成的偏误（鲁健骥，1994）。学生的错序偏误句共有 26 句，占总数的 18.8%。

1.“把字句”和“被字句”的否定

（34）＊今天晚上，＊把作业<u>不</u>做完，我不睡觉。

（35）＊我＊把自行车<u>不</u>放在门口。

（36）＊他＊被老师<u>不</u>喜欢。

“把”字短语和动词之间一般不能加能愿动词或否定词，这些词只能置于“把”字前。如同“把字句”一样，“被字句”也有自己的构成和应用条件。能愿动词和表否定、时间等的副词只能置于“被”字前（黄伯荣、廖序东，2011：91、92）。学生出现这种偏误主要是“前摄抑制”造成的。学生先学的是“不”作为副词放在动词前面的用法，所以在学“把字句”和“被字句”的时候容易受到前面所学知识的影响，教师在教的时候要重点强调这一点。

2. 否定意义的补语和状语的位置错序

（37）＊我<u>不</u>想起来他的名字。

（38）＊韩国人英语<u>不</u>说得好。

（39）＊上课的单词和语法，我常常<u>不</u>记住了。

（40）＊我爸爸让我<u>不</u>去中国。

　　一些否定意义的补语和状语的位置需要特别注意。比如在含有趋向补语、可能补语的句子中，否定副词要放在补语而非状语的位置上，相反的使令句的否定，否定副词则是放在状语的位置而非补语的位置（张方，2012）。

　　例句（37）含有趋向补语，例句（38）（39）含有可能补语，否定副词"不"要放在补语的位置上，即要放到"起来""好""住"的前面。例句（40）是使令句的否定，"不"要放在状语的位置。

　　例句（39）类的可能补语的否定式，类似的还有以下语例：

　　（41）＊中国人的说话，速度太快，我<u>不</u>听懂了。

　　（42）＊他根本<u>不</u>得到那么高成绩。

　　李大忠先生在《外国人学汉语语法偏误分析》中的解释是：例句（39）是否定"记住"的可能性，例句（41）是否定"听懂"的可能性，例句（42）是否定"得到"的可能性。"听懂、记住、得到"都是"动词+结果补语"，当用此格式来表示对这种可能性的否定时，汉语不是在前边加"不"，而是把"不"插在的动词和结果补语中间，构成可能补语的否定式。

　　3. 韩国语负迁移导致的错序

　　（43）＊<u>他跟我们一起不回国</u>，我觉得很遗憾。

　　韩国学生在运用介词结构做状语时，误认为介词结构是一个一成不变的固定结构形式，而将否定副词全都加到后面的谓语动词（或谓词形容词）前面去了。他们出现这样的偏误，是受母语负迁移的影响。如"他今天不跟我们一起回国"，翻译成韩国语是"그는 오늘 우리와 같이 있지 않습니다."韩国语的"不"主要是放在句末，跟日语的特点一样，在汉语中极容易形成此类偏误。

　　（44）＊你要减肥的话，<u>起码应该不吃零食</u>。

韩国语中，否定词应放在情态动词后面。汉语的"你不应该吃零食。"翻译成韩国语是"너는 간식을 먹어서는 안 된다."（你应该不吃零食。）韩国留学生套用了本国语的语序形成了此类偏误。

4."不"与其他动词组合导致的错序

（45）＊他韩国人<u>不是</u>，日本人是。

（46）＊你难道这个消息<u>不告诉</u>他吗？

（47）＊我向别人<u>不想</u>说我的毛病。

例句（45）显然是受韩国语"SOV"语法形式的影响形成的，属于韩国语母语负迁移。例句（46）属于及物动词"告诉"的双宾语句错误，同时也受到了韩国语"SOV"语法形式的的影响。例句（47）是"不想"与介宾结构的错序，"不想"应该位于介宾结构前面。

除了上面的例句以外，"不太"和"太不"的混淆也是教学难点，例如：

（48）＊朋友说那个电影<u>太不</u>好看，所以我决定了<u>没去看</u>。

这个例句中的"不太＋AP"和"太不＋AP"，在意义和用法上有比较微妙的差别，留学生往往不能细加辨别，造出不自然的句子（袁毓林，2005），"不太"用来缓和"不"的否定程度和语气（冯胜利，2015：18）。"太不"属于绝对否定，"不太"属于相对否定，留有余地。这是二者主要的区别。但即使如此解释，对留学生的课堂教学仍然于事无补。因为留学生分不清哪些词该用"不太"，哪些词该用"太不"，哪些词既可以用"不太"也可以用"太不"（当然此时表达的语义程度不同）。比如"胖"就常说"不太胖"，而不说"太不胖"。"可爱"却既可以说"不太可爱"也可以说"太不可爱"。因此，从这一点看，"不太"和"太不"的混淆既是学生学习汉语词"不"的难点，也是对外汉语词汇教学中的难点。

（三）"不"的缺失

顾名思义，缺失偏误指由于在词语或句子中缺失了某个/几个成分导致的偏误。缺失共有11例，占7.6%。

1. "都"和"也"后否定的省略

（49）＊不管放＊香菜，我都＊要吃。

（50）＊未来的事情，谁也＊知道。

（51）＊这本书我怎么看也看＊懂。

例句（49）跟"不管……都"结构有关，在这一结构中，"不管"的后面一般是"A不A、A没A/AB、A还是B、A或者B、包含疑问词的结构、多+adj、V+得+多+adj"等形式。但例句（49）显然违反了这一使用规则。同样，例句（51）违反了"怎么+V+也+V+不+结果补语"的使用规则；其次，在汉语中，"也"前面是表示任指的指代词，有"无论"的意思。"也"后面多是否定式（吕叔湘，2016：596）；而例句（50）的"谁也"的后面是肯定形式，所以属于偏误。

2. 语义理解不清导致的缺失

（52）＊他本来聪明，但是＊努力学习。

（53）＊他们都个子＊高，他那才叫高呢。

（54）＊你上课时常常睡觉，老师＊批评你才怪呢。

（55）＊每天沉迷网络，时间长了，人就会变成一个不爱学习，＊爱社会，没有文明的人。

上面的四个例句都跟学生并不理解语义逻辑关系，生硬造句形成的。特别是例句（54），学生由于没明白"……才怪呢"结构所隐含的上下文语义逻辑关系，就造出了这样的句子。而在我们的语料中，这一错误非常普遍，偏误句较多。关于例句（55）的错误，袁毓林先生（2005）的解释是：现代汉语谓词性并列结构的各个项目，通常不能置于同一个否定词之下。

（四）"不"的多余

多余是指在语言表述过程中多加了不必要的语言成分，从而使语言表述错误。学生此类偏误句最少，只有8句，占5.6%。在我们的语料中，

"不"的多余主要表现为误用多重否定造成的偏误。例如：

  （56）＊我的眼力不比你<u>不</u>好多少。

  （57）＊我找了半天也没找<u>不</u>到卡。

  （58）＊要不是我<u>不</u>是男（的），我哪儿有兵役的经验呢。

  （59）＊我的中文水平还不是那么<u>不</u>高，所以，每天努力学习。

  误用多重否定造成的错误，包括在该用双重否定的场合用了三重否定、在该用单重否定的场合用了双重否定等情况（袁毓林，2005）。通过分析可以发现，学生对"不比句""V了半天也+不/没VP""要不是""还不是这么/那么+adj"的理解还不深透，较容易形成"不"的多余。

  （五）与"不"有关的其他偏误

  1. 字音字形方面

  （60）＊你放心，你担心的事情绝<u>大</u>发生。

  "不"的字形错误很少，但也会偶尔出现像例句（60）一样的"不""大"不分的偏误。当然这更多属于个案偏误，基本不具普遍性。

  2."分析性表达"使用不当

  （61）＊我比他<u>不</u>胖。

  （62）＊人的一生中，一定有死亡。死的日子知道是又悲痛又不幸的。好处是能为了死准备，<u>不好处</u>是知道死非常痛苦。

  粗略地说，意义相反的一对形容词，肯定了一个等于是否定了其反义词（比如，"好"约等于"不坏"）。为了方便，可以把肯定式的形容词称为"综合性表达式"，相应的意义相同的否定式（"不坏"）就是"分析性表达式"。什么时候该用"综合性表达"，什么时候该用"分析性表达式"是大有讲究的。留学生往往不能一下子领会，在该用"综合性表达式"的场合也尝试使用"分析性表达式"（袁毓林，2005），就容易形成偏误。

3. 可能补语的否定形式偏误

（63）＊老师，字，小，我<u>不看</u>。（老师，字小，我<u>看不清楚</u>。）

（64）＊今天下雨，他<u>不来</u>，不能上课。（今天下雨，他<u>来不了</u>，不能上课。）

（65）＊我没好好学习汉语，所以我<u>说不了</u>。（我没好好学习汉语，所以我<u>说不好</u>。）

可能补语的否定形式一般表示"没有能力或者没有条件做某事"，偏客观。而"不＋AP/VP"偏主观。例句（63）的"不看"就是主观表达形式，有"不想看""不愿意看"的意思，但是根据上下文，显然应该是"看不清楚"的意思。这个偏误句显然属于"前系偏误"。同样，例句（64）的"不来"应该改为"来不了"。李大忠先生在《外国学生学汉语偏误分析》这本书中有这样一个和例句（65）类似的句子"我家住在北海道，寒假我打算坐飞机回家。但是一天也飞不了。"李大忠对其解释是：这里的"了"用在动词后，"表示对行为实现的可能性做出估计"（《现代汉语八百词》），"飞不了"是指"飞"没有实现的可能性(比如飞机本身有毛病或天气恶劣使飞机无法飞行)。原例显然不是这个意思，而是说因路远用"一天"的时间不能实现达到的目的或结果。按这样的意思，"了"应当改为"到"，把"到"移到"飞不"后面构成可能补语的否定式。同理，例句（65）也可以作如下解释："说不了"是指"说"没有实现的可能性(比如说话者本身语言表达存在障碍或外部环境不允许说话者说话)，而根据前半句可以知道，本句要表达的意思是主语"我"因为"没好好学习汉语"不能实现达到"说得好"的目的。所以，"了"应当改为"好"，把"好"移到"说不"后面构成可能补语的否定式。当然例句（65）在某些特殊的语境中也可以成活。

三　结束语

本节运用语料库研究法分析了韩国留学生在学习汉语副词"不"的过程中所出现的偏误，并对其致误机理进行了探讨。我们发现，韩国留学生在汉语副词"不"的学习中产生的偏误比较多，尤其是误代占比最大。其中"不"和

"没(没有)"的误代最为严重。大多数偏误是学生对"不/没"的用法掌握不清造成的。另外，在否定式可能补语句中的偏误也需要引起高度重视。

第三节　韩国学生习得汉语副词"没/没有"偏误分析

一　引言

在现代汉语的副词中，"没/没有"实用度高，激活度也高，但是语义难度、语用难度和语法难度都非常大。"没"作为副词的解释如下：〈副〉①没有，不曾，未；②用在动词或形容词前面，表示对过去的行为、动作或态的否定。

在韩国学生习得副词"没""没有"的过程中存在着大量偏误。为此我们在400万字的韩国留学生汉语中介语语料库中选取了40万字语料进行统计和分析，共搜集到与副词"没/没有"有关的偏误句119句，并将其分为误代、错序、多余、其他四大类。具体统计结果如下：

偏误类型	误代	错序	多余	其他
所占比例	72.3%	7.5%	6.8%	13.4%

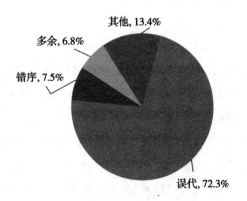

副词"没/没有"偏误类型占比图示

从上表中可以看出，韩国学生习得汉语副词"没""没有"的偏误比例中，占比最大的是误代，占近3/4的偏误比例；其次是其他类；再次是错序、多余，占比都不太高。可以看出，在韩国学生习得偏误中，误代偏误最严重，教学中应当格外留意。

下面，我们将对副词"没/没有"的偏误进行具体分析。

二　副词"没/没有"偏误分析

（一）"没/没有"的误代

"没/没有"的误代句有86句，在"没/没有"的偏误句中所占比例为72.3%。误代是由于从两个或几个语言形式中选取不适合特定语言环境的一个而造成的。

1．"没/没有"与"不"的误代

（1）＊我朋友从来<u>不</u>去过上海。

（2）＊你看成绩单，我想他<u>不</u>努力学习。

（3）＊我从来<u>没</u>喜欢吃肉，特别很少吃猪肉。

（4）＊本来我对汉语一点儿也＊<u>没有</u>关心。高级中学时，我运动了。

（5）＊很久以来，我<u>不</u>看见他。

（6）＊<u>不</u>背人是背完了以后下课，另外人现在下课。

（7）＊从去年以来，我就<u>不</u>看见他。

（8）＊其实，我关于拌饭，<u>没有</u>特别感兴趣。

从主客观上来说，"没/没有"否定的是客观叙述，否定某行为已经发生；"不"否定的是主观意愿或主观意志。学生分不清这些心理学上的认知概念，所以偏误很多。

例句（3）（4）（8）中的"喜欢""关心""感兴趣"显然是表示主观意愿的词，所以应用"不"；而例句（1）（2）（5）（6）（7）中，"去过""努力学习""看见""背（过）""见（过）""洗澡"都是客观的，应用"没"来否定这些行为已经发生。我们尤其要注意"没V""没有V"或者"没/没有V过"三者的语义背景和使用条件。这也是学习这个词的重点和难点。

此外，值得注意的一点是：表示经验的"过"一般不能和"不"一起使用的。很多韩国人认为在表示肯定的"去过"前面直接加上否定词"不"

就能构成否定，这正是受了韩国语否定结构的影响（高亚云，2009）。"没有(没)……过"这个结构也证明了，"没有(没)"否定的是客观事件，而"过"只表经验。

　　（9）　＊今天上课，老师说的话，怎么也没听懂。
　　（10）　＊现在我已经学了两年了，但是听说得还没好。

　　从静态性与动态性来看，"不"多用来否定静态性动词，来否定具有某种性质、状态。例如表示存在、拥有的动词，如"属于""拥有"等，但"有"这个词是个例外，用"没"来否定；表示度量的动词，如"值"等；表示心理状态的动词，如"相信""知道""记得""爱""恨""明白""讨厌"等。
　　而"没有(没)"多用来否定动态性动词，来否定性质、状态发生变化。例如表示连续动作的"走""写""读"等动词；表示短暂动作的"敲""跳"等动词。
　　如果是对形容词的否定，那么"不"也是否定某种性质或状态，"没"则否定性质、状态发生变化。例如"这些苹果不红"，是静态的，表示苹果不具有"红"这个性质；而"这些苹果没红"则是动态的，表示苹果还没有变得"红起来"。
　　所以上面两个例句应该修改为：

　　（9′）　今天上课，老师说的话，怎么也听不懂。
　　（10′）　现在我已经学了两年了，但是听说还不好。

2."没/没有"跟其他表达形式的混淆

　　（11）　＊开学时，学生们都介绍一下，名字啦，什么喜欢啦，今年几岁啦，行不行结婚啦等等。

　　严格来说，这个例句牵涉的不是"行不行"语块中"不"的用法对不对的问题，而是汉语没有"行不行+VP"这种同一语法平面的结构。例句（11）中的"行不行结婚"不同于"到底行不行，给个话"这样的句子。

修改的方法就是去掉"行不行"，将后面的 VP 结构根据不同时态改为"V不 V……"或者"V 没 V……"。那么，例句(11) 可改为：

(11′) 开学时，学生们都介绍一下，名字啦，喜欢什么啦，今年几岁啦，<u>结没结婚</u>/<u>有没有结婚</u>啦等等。

(二)"没/没有"的错序

错序是指在语言表述过程中部分重要成分在句中句法位置的错误。"没/没有"的错序偏误句有 9 句，在"没/没有"的偏误句中所占比例为 7.5 %。

1."把字句""被字句"中的错序

(12)　*今天他被老师<u>没</u>批评。
(13)　*你把车<u>没</u>加满油，怎么能开呢?

"把字句""被字句"中，"没/没有"应该放在介词"把""被"的前面。比如例句(13) 应该是"你没把车加满油，怎么能开呢?"

2."介词+N+V"结构中的错序

(14)　*这些画给大家<u>没有</u>深的印象。
(15)　*我三个月给父母<u>没</u>打电话了。

"没/没有"应该放在"介词+N+V"结构的最前面，可是有的学生却将其放在了这一结构的动词前面。所以这两个句子应该改为：

(14′) 这些画<u>没有</u>给大家留下深刻的印象。
(15′) 我三个月<u>没</u>给父母打电话了。

(三)"没/没有"的多余

"没/没有"的多余句有 8 句，在"没""没有"的偏误句中所占比例为 6.8%。

（16）＊要不是<u>没有</u>中国朋友的帮助，我怎么可能买房子呢？

（17）＊要不是<u>没有</u>这张地图，我们怎么回得来？

（18）＊今天要不是<u>没有</u>你，这件事还没完成。

（19）＊要不是<u>没有</u>你，我死了。

（20）＊星期天的比赛<u>没有</u>一个人也不想去。

在我们的语料中，"没/没有"的多余一般跟"要不是"和"一个……也不……"句有关。在"要不是"句式中，"要不是"后面一定是"真实的情况"，后小句后面则是与真实的结果相反的意思。学生没有搞明白其中的逻辑语义关系，经常会多余"没"。比如例句（16）应该是"要不是有中国朋友的帮助，我怎么可能买得起房子呢？"。而在"一个……也不……"句式中，"一个……也不……"已经是表示否定，不需要再加"没有"来否定。显然，学生是将"一个人也不想去"与"没有一个人想去"杂糅在一起了。

三 结束语

本节运用语料库研究法分析了韩国留学生在学习汉语副词"没/没有"的过程中所出现的偏误，并对其致误机理进行了探讨。我们发现，韩国留学生在汉语副词"没/没有"的学习中产生的偏误比较多，首先误代占比最大，尤其是"没/没有"与"不"的混淆，偏误率很高，教学中应当格外留意；其次，应注意"把字句"和"被字句"中，"没/没有"需要放在介词"把""被"的前面；再次，应注意"没/没有"在"介词+N+V"结构中应放在这个结构的最前面；最后，应注意"没/没有"在"要不是"句中时，"要不是"后面应接真实的情况。同时在"一个……也不……"句式中，不需要加"没有"来否定。

第四节 韩国学生习得汉语副词"就"偏误分析

一 引言

刘珣先生（2000）认为："偏误分析是对学习者在第二语言习得过程中所产生的偏误进行系统的分析，研究其来源，揭示学习者的中介语体系，从而了解第二语言习得的过程和规律。"在需要重点关照的众多词类中，副词是"外国人学习汉语的难点之一"（王还，1992）。其中，高频词"就"就是其中比较典型的重难点副词之一。

《现代汉语八百词》将副词"就"的用法分为以下四类：

（一）时间副词

（1）表示很短时间以内即将发生。如：他马上就回来。

（2）强调在很久以前已经发生，"就"前必有时间副词或其他副词。如：他从小就喜欢吹葫芦丝。

（3）表示两件事紧接着发生。如：他说完掉头就走了。

（二）范围副词

（1）表示"只""仅仅"如：他们两个就一个儿子。

（2）强调数量。如：买这些菜，三块钱就够了。

（三）语气副词

（1）加强肯定语气。如：我就不信我学不会。

（2）表示将就或忍让。如：丢了就丢了吧，再着急也没有用。

（四）关联副词

（1）表承接上下文。如：我感到无聊的时候就会去跑步。

（2）"一……就"结构。如：他一下课就走了。

近年来，在汉语本体研究的领域，对于"就"的研究有很多，但是目前对汉语副词"就"的国别化研究还比较少见。为此，本文将从国别化视角，对韩国学生习得汉语副词"就"的偏误进行分析。

为对韩国留学生习得汉语副词"就"的偏误进行研究，我们从韩国留学生汉语中介语语料库 40 万字的偏误语料中提取了 115 个"就"的偏误句进行分析，初步将其偏误类型分为缺失、错序、多余、误代、流水句偏误五大类，其中，"缺失"所占比例大约 44%，"错序"所占比例大约 27%，"多余"所占比例大约 14%，"误代"所占比例大约 12%，此外还有一小部分流水句偏误。具体分布数据参见下页的图。

从偏误模型中可以明显看出：在所有偏误类型中，"缺失"这种偏误类型所占比例最大，"误代"和"流水句"这两种偏误类型所占比例较小。另外，我们也发现，在留学生的偏误语料中，时间副词和关联副词多有错误，说明这两类"就"的用法激活度高，而范围副词和语气副词的错误少

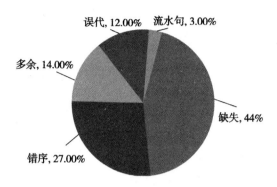

副词"就"偏误类型占比图示

见，说明其激活度低，这对"就"的习得顺序研究具有指导价值。

下面，我们将对副词"就"的偏误进行具体分析。

二 副词"就"偏误分析

（一）"就"的缺失

"就"的缺失偏误主要包括三类：第一类是表关联的"就"的缺失，第二类是时间词后的"就"的缺失，第三类是"一……就……"中"就"的缺失。下面进行具体分析。

1. 表关联的"就"的缺失

（1）＊我本来想去旅游，但是天气预报说天要下雨，所以我＊不去旅游。

（2）＊我们本来在餐厅里见面，但餐厅关了，所以我们＊在图书馆见面。

（3）＊在房间里没有特别的事情的话，＊用电脑看漫画书。

在这几个例句中，前后两个句子有关联，需用表顺承或表承接的副词"就"来连接。

2. 表时间词后的"就"的缺失

（4）＊今天，他早点下班了。

（5）＊他的车一会儿停下来了。

（6）＊我<u>马上</u>到了，你等一会儿吧！

（7）＊我<u>从小时候</u>想去中国。

黄露阳（2008）认为，尽管从表达意图上看，副词"就"的使用不带有强制性：说话人有表达时间早的主观看法就用"就"，反之则不用。但是从严格的语言学的角度看，"就"必须使用。结合上述几个例子，我们赞同这一看法。黄露阳还举出了例子：像"从/自……起/开始"这种表时间起点的时间状语之后，就往往必须是用"就"。也就是说，在汉语中，表示"即刻做某事"的副词"早、马上、立刻、一会儿、现在、从/自……起/开始"的后面一般要加上副词"就"。另外，代词"这"后也常常加"就"，比如：我这就去做。当然我们需要注意的是，"现在"这个词既可以指事件、动作的开始点，又可以指事件、动作的结束点，如果是开始点，表示动作迅速实施，即刻行动，后面需要加"就"。如果是结束点，表示动作行为实施得太晚，此时不能跟"就"搭配，而跟"才"搭配。比如：

a. 我<u>现在</u>就去办。（表示即刻）

b. 你怎么<u>现在</u>才来？（表示晚）

可见，跟"现在"搭配的副词包括"就"和"才"，但语义完全相反。在教学中需要跟学生特别说明。

3. "一……就……"结构中"就"的缺失

（8）＊一到周末，心情＊是很高兴。

（9）＊一到陌生的地方，＊入乡随俗。

吕叔湘先生早在《中国文法要略》（1944）中解释"一……就……"为"事之紧接更有间不容发之慨"。苑艳艳（2008）认为：像以上偏误主要是由目的语的泛化造成的，"一……就……"格式和"一+V，……"格式极其相似，学了"一+V，……"格式以后，留学生很容易将二者混淆，其中《现代汉语虚词例释》几乎没有涉及"一……就……"跟"一+V，……"

的区别，《现代汉语八百词》则涉及"一……就……"的两种基本形式，同时也谈到了"一+V，……"的用法，认为"一+V，……"表示经过某一短暂动作就得出某种结果或者结论，但对于"一……就"与"一+V，……"的区别，依然语焉不详。这就使得学生对这两个结构的语义背景和使用条件存在模糊认识，很容易形成"就"的多余或者缺失。所以，我们认为，"一……就"与"一+V，……"的区别是对留学生的副词教学中的难点之一，二者的区别需要我们做出回答。

（二）"就"的错序

1."主语"与"就"位置颠倒

（10）＊一打开盒子，<u>就</u>它大吃一惊，里面有一个夹子。这是捉拿老鼠时用的夹子。

（11）＊等到半个小时以后<u>就</u>雨停了。

（12）＊刚去学校<u>就</u>我肚子疼，所以我马上回家。

（13）＊2 月 10 日<u>就</u>大家都要搬来。

（14）＊如果你很累，休息一会儿<u>就</u>再学习！

从上面的句子可以看出，副词"就"应该放在主语的后面，谓语动词的前面。其实，副词"就"与韩国语的对应词，都是放在动词前面的，韩国学生之所以常常出现这类偏误，可能跟"就+NP"结构有关，这个结构中的"就"的意思是"只，仅仅"。不过，相反意见认为，"就+NP"结构应该是在学生学过表顺承关系的"就"后才学的，因此不可能存在"前摄抑制"效应。所以，我们认为，构式的结构形式的凸显效应会影响甚至降低学生语法监控的有效性，容易形成错序偏误。比如"如果……就……"和"一……就……"两个结构，学生的注意力都集中在语义上，而对语法位置或语言形式的监控就弱化了，于是就常常出现"就"出现在后小句主语前面的现象。当然，还有一种解释就是单主语句的影响。单主语句，主语一般是位于句首，后小句是"就+VP"，如果是双主语句，情况就复杂了，但学生还是按照原来单主语句的方式去构造语法，于是容易形成错序偏误。这类错误也属于目的语规则的过度泛化。其过度泛化机制可以从下面的两个例句中得到证明。

　　　　c. 我一上课<u>就</u>困。
　　　　d. ＊爸爸一生气<u>就</u>我害怕。

2. 副词连用导致"就"的错序

　　（15）＊回家后打开电视，<u>就</u>马上听到很惊讶的一个消息。
　　（16）＊我们刚吃完晚饭，<u>就</u>突然停电了。
　　（17）＊车祸发生时，当事人<u>就</u>当场死亡了。

　　这几个偏误例句，属于副词"就"与"时地状语"的错序。"就"一般与句子的核心 VP 结合得比较紧密，黏合性较强，其他时间状语或者地点状语多数情况下应该位于"就"的前面。比如：

　　　　e. 他 6 点<u>就</u>走了。
　　　　f. 我当场<u>就</u>发火了。

　　关于 e 句，"就"位于时间状语后面，表示动作行为发生的时间早，那 f 句如何分析呢？其实例句 f 同样隐含的是动作行为发生的时间早，"当场"这个词，从认知上看，其语义背景其实是"说话的时间跟所发生的事件或行为在时间上的距离短"，可见，"当场就""现在就""早就""马上就""当时就"其实是存在着内部语义的一致性的。所以，从这个意义上说，"就"放在"当场"的后面就显得顺理成章。
　　当然，语言事实并没有如此简单。我们也应该注意下面两个句子在语序和语义表达上的不同：

　　　　g. 他 <u>6 点就</u>起床了。
　　　　h. 时间紧张的话，我<u>就</u> 6 点起床。

　　例句 g 的"就"表示"时间早"，修饰动词"起床"，而例句 h 的"就"表顺承，修饰的是"6 点起床"。二者在语义表达的焦点上还是存在很大的差异。这些内容在教学中需要特别注意。

（三）"就"的多余

1. 加上副词"就"以后语气发生了变化

（18）＊昨天逛了一天街，其实逛街<u>就</u>是很累。

（19）＊做馅儿很麻烦，做馅儿<u>就</u>得花很多时间。

（20）＊我朋友<u>就</u>是双胞胎，我看了很多次才分辨出来谁是谁。

（21）＊已经两点了，这么晚了，你<u>就</u>还没睡？

在这几个例句中，加上副词"就"，句子语气就发生了变化。一般来说，语气副词"就"重读时表强调。而这几个例句中不需强调。学生形成偏误的原因很可能是由目的语知识或规则过度泛化造成的。

2. 副词"就"在句中可有可无

（22）＊女儿看到妈妈的生日贺卡后，女儿<u>就</u>泪流满面。

（23）＊很久以前，一个砍柴的人去山上砍柴时<u>就</u>听到了一阵歌声。

（24）＊他时时<u>就</u>忘不了爸爸的话。

副词"就"本身具有顺承和承接作用，通常放在后半句话的开始，连接前后两个句子。而此处加不加副词"就"对这几句话并没有影响，加上反而显得多余。显然，这样的解释并不能令人信服，因为"就"的隐显问题是汉语教学的一个难点，我们尚无力解决。不过，我们还是可以隐约看到流水句的影子，比如例句（22），此时"就"一般不需出现，而且，"就"改为"不禁"更合适。而例句（23）可以将"就"改为"忽然"；例句（24）完全是"就"的多余，因为汉语中没有"时时就……"的表达形式。

（四）"就"的误代

1. "就"与"都"的误代

（25）＊我每天<u>就</u>能记住生词和语法。

本句中是"就"误代"都"。"都"有表示"全部包括在内"的意思。"每天”是一个表示频率的词，如果要用“就”可改成“一天”。那些常见时间词表时间长或者晚，或是频度副词，后面通常只能使用“都”或“才”。当然这个例句，如果“就”重读，也是可以成句的，只是“就”的意思已经变了，表示“只，仅仅”。比如：

i. 我每天<u>就</u>能记住生词和语法，其他的内容都记不住。

2.“就”与“还”的误代

（26）﹡他不光是个子高，<u>就</u>是很帅。

例句(26)可以看作是“就是”与“而且”的混淆误代，也可以看作是“就”跟“还”的误代。我们认为第二种解释可能更合理。因为韩国学生受母语影响，经常在形容词前面加上系动词“是”。

3.“就是”与“而是”的混淆误代

（27）﹡他回答说，他来中国的最大的目的不是学习汉语，<u>就</u>是学习中国料理。

例句(27)中，“就是”误代了“而是”。“不是……而是……”是汉语的固定构式，表示否定一个肯定一个，选择具有唯一性；而“不是……就是……”的用法之一是有“两者必有其一”“非此即彼”的意思，不符合句子作者的本意。可以感觉到，学生是将“不是 A <u>就</u>是 B”跟“不是 A <u>而</u>是 B”两个结构的语义混淆了。

4.“就”与“才”的误代

（28）﹡这次考试，你得起码 A$^+$以上，<u>就</u>会通过。

（29）﹡直到晚上 10 点多，他<u>就</u>回到了学校。

（30）﹡我为了帮助你，<u>就</u>这样做的。

（31）﹡这篇课文不长，我 10 分钟<u>才</u>看完了。

此处应注意两点：一是"才"与"就"的义项：说话人认为时间短或者早，后面通常只能使用"就"。认为时间晚、慢、多，后面通常只能使用"才"；除了对比"才"和"就"表时间的义项外，还要对比其他义项，如："就"表数量时心理上觉得少；表条件时前面的条件比较宽、要求低或者理由很不充分；有时也需结合上下文语境。如在例句（28）（29）中"起码""直到"这类表示最低限度，与之搭配时要用"才"。二是"才"与"就"位于数量词后时，其重要区别是：用"才"时句末一般不加"了"，用"就"时句末经常加"了"。比如：

　　j. 我哥哥 18 岁<u>就</u>结婚<u>了</u>，我姐姐 36 岁<u>才</u>结婚。

当然对于"就"的用法，情况更加复杂，所以使用规则的概括一定要小心。比如：

　　k. 我这<u>就</u>去办。
　　l. 他早<u>就</u>来<u>了</u>。
　　m. 她 16 岁<u>就</u>结婚<u>了</u>。

例句 k 是未然状态，例句 l、m 都属于已然状态，一般需要跟"了"共现。这在教学中必须进行形式聚焦(focus on form)。

不过，关于"就"与"才"之间的混淆，还需要更深入的思考。《现代汉语八百词》认为"就"做范围副词时，有一个义项表示"强调数量"。如：买这些菜，三块钱就够了。这一简单解释留下了非常大的研究空间，这一空间就是"数量词+就"与"数量词+才"以及"就+数量词"与"才+数量词"这两对结构的具体语义问题。中国人有语感，能够瞬间明白"就"和"才"在不同结构中所表达的含义，但是外国学生的语感尚未完全形成，他们对"数量词+就"与"数量词+才"以及"就+数量词"与"才+数量词"的理解可能就会存在问题。张谊生先生研究认为"才"的基本语法意义是强调说话人对所陈述的事态在时间、数量、范围等方面的主观评价。这种评价可以有"减值"和"增值"两种相反的倾向。也就是说，从"才"的基本语法意义出发，又可分为两个方向：减值强调和增值强调

（张谊生，2014：97）。这种汉语本体研究具有高度的概括性，也非常具有启发性。不过，过于抽象的规则概括跟语言教学的实际存在一定的距离。因为，在对外汉语教学的应用研究领域，具体课堂教学需要适应学生的汉语水平、习得心理和记忆规律，需要由浅入深，由简单到复杂，由感性到理性，由对规则的学习逐步过渡到语感的养成。在这一过程中，归纳法可能比演绎法更有效。也就是说，学生需要在教师讲解的基础上自己去发现和归纳语言规则，这正是建构主义理论的二语习得观。因此，基于这样的考虑，本文在此将一些基于教学的重要内容罗列出来，仅供广大师生参考。如下表：

类别	表达的意义	例句
时点+就+VP	早	6 点就起床了；明天就走。
时点+才+VP	晚	10 点才起床；明天才走。
时段+就+VP	快	10 分钟就能干完。
时段+才+VP	慢	3 个小时才干完。
年龄+就+VP	早	18 岁就结婚了。
年龄+才+VP	晚	38 岁才结婚。
数词+名量词+就+VP	少	3 块就够了。
数词+名量词+才+VP	多	10 块才够。
数词+动量词+就+VP	快	1 遍就背熟了。
数词+动量词+才+VP	慢	6 遍才背熟。
重量词/高度词+就+VP	离目标近	1 斤就够；1 米 70 就可以。
重量词/高度词+才+VP	离目标远	10 斤才够；1 米 85 才可以。

以上例子中的"就"需要轻读，但是在"就+数量词"结构中，"就"可轻读，也可重读，但语义不同。"就"轻读时表示"数量多"，而重读时则表示"数量少"。具体比较，请看表格：

就（轻读）+数量词	数量多	一年就赚了 100 万；一顿就吃了 10 个馒头。
就（重读）+数量词	数量少	一年就赚了 1 万；一顿就吃了 1 个馒头。

我们可以跟下面的"才+数量词"进行比较，以便理解其语义上的差异：

才+数量词	数量少	一年才赚了1万；他才6岁；他才1米50；她才40公斤；一顿才吃了1个馒头；10个人才刨了1亩地。

正因为"就"存在轻读与重读之别，同时还存在由与数量结构位置上的不同而形成的语义差异，因此，对外国学生来说，"就"是一个非常难掌握的副词。

在我们的偏误语料中，"就"做时间副词和关联副词时，错误多见，说明这两类"就"的用法激活度高，而"就"做范围副词和语气副词时，错误少见，说明这两类"就"的用法激活度低。所以，针对副词"就"的教学是一个历时较长的过程，需要将教材大纲尽量贴近学生汉语习得的"内在大纲"，有规划有步骤地进行教学，不能一蹴而就。

（五）流水句中"就"的偏误

流水句是汉语特有的句式之一，一般较长，中间断句多。流水句是最能体现汉语特征的句型之一（沈家煊，2012）。吕叔湘先生曾指出："汉语口语里特多流水句，一个小句接一个小句，很多地方可断可连。"外国学生的汉语语感尚未形成，对汉语流水句的表达形式没有概念，很容易形成"就"的多余偏误。下面就是一些流水句中"就"的偏误。

（32）＊我去旅游中，<u>就</u>感冒了，别提多痛苦了。

（33）＊第二天在报纸上看到了一则寻人启事，这<u>就</u>是找女儿的内容，她觉得为了自己，妈妈花了很多钱，所以很高兴。

（34）＊女孩儿看到<u>就</u>觉得很惭愧，可是她也要咬牙又去了杭州。

从上面的几个例句中不难看出，"流水句"一般加"就"的情况比较少见。这对留学生来说有相当大的难度，需要教师花大力气解决。当然，需要说明的是，这类流水句偏误实际上也属于多余偏误，为了加以强调，我们将其暂列一类进行分析。

三　结束语

目前，在汉语本体研究领域对汉语副词"就"的研究较多，但国别化研究还比较少见。我们从基于国别化的韩国留学生汉语中介语语料库中随机提取了 40 万字偏误语料，一共分析研究了 115 个偏误句。按照"缺失""错序""多余""误代""流水句"这五种偏误类型进行分类，发现了韩国学生习得汉语副词"就"时出现的偏误类型并进行了较为深入的分析。研究发现，韩国留学生对表示承接顺承的"就"用得较多，数量副词"就"（表示"只、仅仅"）用得则较少，这说明学生对"就"的数量副词用法是存在情感过滤效应的，他们喜欢使用"只"而不喜欢用"就"，这是一个值得广大教师注意的信息。另外需要注意的信息包括："就+数量词"与"数量词+就"的语义问题；"就"的重读与轻读对语义的影响；"就"与"才"的语用差异；"一······就······"和"一+V，······"两个结构的区别；流水句中"就"的多余；"一······就······"的几种结构形式也是教学难点。（"一······就······"有表示一次性已然状态和经常性状态的区别。比如"他一下课就走了"与"他一吃香蕉就肚子疼"在结构义的类型上是不同的。）本节对这些难点都有所涉及，但探讨都不深入，未来需要进一步研究。

第五节　韩国学生习得汉语副词"都"偏误分析

一　引言

"都"是汉语中重要的副词，其汉语本体研究相对比较充分。黄伯荣、廖序东著《现代汉语》认为：副词常限制修饰动词、形容词性词语，表示程度、范围、时间等意义。并认为"都"是总括全部，总括的一般是它前面的词语。

《现代汉语词典》（第 7 版）对"都"的解释为：①表示总括，除疑问句外，所总括的对象放在"都"前，如：全家都搞文艺工作；②跟"是"字连用，说明理由，如：都是你磨蹭，要不我也不会迟到；③表示"甚至"，如：你待我比亲姐都好；④表示"已经"，如：饭都凉了，快吃吧。

《现代汉语八百词》中认为副词"都"有三种用法：①是表示总括全部。如：大伙儿都同意；②是语气副词，表示"甚至"的意思，"都"需轻读。如：把他都吵醒了。③是时间副词，表示"已经"，经常跟"了"共现。如：都 12 点了，还不睡。

朱景松在《现代汉语虚词词典》中把"都"的意思分为了四类：①表示总括；②需跟"是"字连用，指明原因；③表示意思更进一层，相当于"甚至"；④表示"已经"。

由此可见，语言学界对副词"都"的语言功能及语义解释大同小异。那么，从国别化的视角看，韩国学生习得汉语副词"都"的偏误都有哪些表现呢？下面我们就采用语料库研究法对韩国留学生习得汉语副词"都"的偏误进行分析。

二　副词"都"偏误分析

关于副词"都"的研究比较丰富，李大忠的《外国人学汉语语法偏误分析》（1996：27—30）对"都"的偏误做了分析，将其偏误类型分为错序、缺失、误用三种。解燕勤《留学生学习汉语副词"都"的偏误分析及思考》认为，留学生对"都"的使用偏误集中于表示范围（总括）的"都"，其偏误类型有"都"的混用、缺失、语序和搭配错误几种。但是对"都"的研究，在细分小类以及国别化研究方面仍存在继续研究的空间。

本节以"对韩汉语甲级词偏误分析语料库"的 133 条偏误语料为来源，对韩国学生副词"都"的偏误情况进行了统计和分析，将其偏误类型归纳为缺失、错序、误代、多余、其他五类。具体统计结果如下：

偏误类型	缺失	错序	误代	多余	其他
偏误数量	59	40	17	7	10
所占比例	44.4%	30.1%	12.8%	5.3%	7.5%

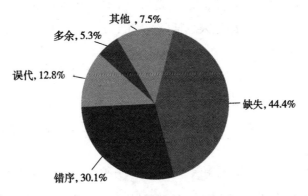

副词"都"偏误类型占比图示

从上表中我们可以看出，韩国学生在习得副词"都"时，缺失偏误共有 59 例，占总偏误的 44.4%；错序偏误居其次，有 40 例，占总偏误的 30.1%；误代偏误有 17 例，占总偏误的 12.8%；最少的为误加偏误，仅有 7 例，占总偏误的 5.3%。下面进行具体分析。

（一）"都"的缺失

1. 范围副词"都"的缺失

当句子中有"每""每个""每次""各""所有""任何"等词语做修饰语，表示"多个，多次"概念时，后面一般要加"都"。

  （1）＊我每次做作业＊很认真。
  （2）＊所有国家＊有自己独特的文化和历史。

当句子主语表示"多个"或"大量"或突出"全部"时，一般要用"都"（刘月华，2001）。

  （3）＊我们全身＊湿透了。
  （4）＊什么谎话＊掩盖不了事实。

范围副词"都"的语义限制之一是"全称"或者是"多次"，所以表示"总括"的"都"的量化对象必须是复数，不能是单数；必须是多次，不能是一次。即使是全称，也暗含的是多个个体，所以在表述复数或者是多次的例子中，应该用"都"来总括（张生谊，2004）。因此，以上句子的正确表达形式为：

  （1′）我每次做作业都很认真。（"每次"暗含不止一次）
  （2′）所有国家都有自己独特的文化和历史。（"所有国家"指的是多数）
  （3′）我们全身都湿透了。（"全身"指整体的各个部分）
  （4′）什么谎话都掩盖不了事实。（"什么谎话"指的是任何谎话）

应该关注的是，在表示"多个"，"多次"的复数名词，或是有疑问代词修饰的名词表示复数的概念以及以重叠式出现的量化对象的后面，一般都必须要有范围副词"都"。例如：什么都不想吃。哪儿都不想去。家家都有一本难念的经。人人都有自己的打算（张谊生，2004）。

在由关联词语组成的让步状语从句"不管/无论/不论……都……"中，韩国学生容易把后句中的"都"漏掉。例如：

（5）＊不管他睡不睡，我＊学习。

（6）＊无论如何，你＊不应该批评你父母。

（7）＊无论如何，我＊要去。

以上三个例子是用连词"不管""无论"连接的将会出现的不同情况或结果。例句（5）中"不管"后出现的是"睡"或"不睡"两种情况；例句（6）和例句（7）中"无论"后面也是暗含着多种情况的发生。也就是说，前小句所陈述的对象都不是作为单一情况出现的，因此主语后面要用副词"都"与前小句搭配。正如《现代汉语八百词》认为的："都"所总括的对象前可以用连词"无论、不论、不管"。例如：

a. 不管刮风还是下雨，我都坚持练习游泳。

当然，"都"一般总括前面的词，但也有例外情况。比如例句 a 中的"都"并不修饰"我"，而是修饰"刮风"和"下雨"。再比如：

b. 这几天，我们都忙着筹备拖拉机手训练班。

对这个句子的分析，《现代汉语八百词》（1994：153）认为，重音如果是"这几天"，就表示主要总括"这几天"，重音如果是"我们"就表示主要总括"我们"。但无论如何变，在表示"总括"这一语义上，"都"的量化对象在语义数值上都应该是非单一的复数式，这一点确定无疑。与此相对应，例句"＊这件事都和你我有关系。"就应该改为"这件事和你我都有关系。"

2. 语气副词"都"的缺失

《现代汉语八百词》认为："都"在句子中作为语气副词相当于"甚至"（1994：153），表示一种超乎意料的语义。常常和"连"搭配，形成"连……都……"的句式。"都"用在主语后面或者"连+N+都+V"结构的N后面，V前面。例如：

(8) *这里的衣服很多，让人眼*花了。

(9) *他很忙，甚至连5分钟的时间*没有。

3. 时间副词"都"的缺失

"都"在表示时间副词时相当于"已经"，在句尾通常有"了"与其搭配，形成"都……了"句式。该句式表示新情况的发生或新变化的出现，通常附加说话人强调这种情况的特别性或者是不同寻常的语气。例如：

(10) *我可买到演唱会的门票了，我*等了一个月了。

(10′) 我可买到演唱会的门票了，我都等了一个月了。

(11) *我很纳闷儿，到10点半了，女儿为什么没回家来。

(11′) 我很纳闷儿，都10点半了，女儿为什么没回家来。

在例句(10) 中，应该加上"都"，表示一种加强语气的同时，也暗示"都"后面的情况不是经常性的，而是不同寻常或是出乎意料。当然例句(11) 还可以说"我很纳闷儿，都到10点半了，女儿为什么没回家来。"，这样分析则属于缺失。如果将"到"改为"都"，则属于位置上的词语误代。

（二）"都"的错序

"都"的错序型偏误指的是句中虽然用了"都"，但是"都"的位置错误。"都"的错序句共有40例，所占比例为30.1%。

1. 范围副词"都"的偏误

(12) *下课的时候都我们去外边休息。

(13) *这些孩子让我感到都很吃惊。

（14）＊这件事<u>都</u>和你我有关系。

以上偏误是"都"和句子的主语位置错误造成的偏误。当句子主语不止一个，或是表示大量事物，并且突出"全部，全体"时，要用"都"，而且"都"要放在所修饰的名词主语的后面。另外，"都"的韩国语对应词还有一个义项是"一共、多"，所以有时候学生会将两个义项混淆误用。学生会将其放在名词前面，表示"全部、所有"。可见，一部分错序偏误是由韩国语母语负迁移引起的。

下面几个例句，是其他副词或者助词与"都"共现时的错序：

（15）＊他们<u>都当时</u>是 20 岁左右的青年。

（16）＊你们都学习汉语，他们<u>都也</u>学习汉语。

（17）＊我们班<u>都全部</u>通过了 HSK5 级。

以上几个例句是"都"和句中的其他副词的位置错误形成的偏误。当句子的主语后面有其他副词时，"都"要放在其他副词的后面，顺序为"主语+副词+都"。另外，这个问题还涉及语义指向的问题。董秀芳（2003）认为"都"在句中起到重要信息与非重要信息的分水岭的作用。因此，它的位置应该在重要信息之后，而不应该被其他信息隔断，阻碍信息的传递（转引自解燕勤，2004）。

2. 时间副词"都"的错序

（18）＊我在电脑前几个小时看三部电影，看得<u>都</u>眼花了。

"都"在句中作为语气副词时，表示"甚至"的意思。此时，"都"应该放在主语的后面，谓语动词的前面。

另外，"都+时间词/数量词"结构常表示时间晚或数量多。如果具体到人的年龄时，也可以表示主观上认为年龄大。例如：

c. 你<u>都</u>30 了，该成个家了。

d. 那孩子<u>都</u>3 岁了，还不会走路。

其中，"那孩子<u>都</u>3 岁了，还不会走路。"这句话既可以表示时间晚，又可以在主观上表示年龄大。

（三）"都"的误代

"都"的误代偏误指的是学生在使用副词"都"时，与其他副词混淆形成的偏误。这类偏误共有 17 例，所占比例为 12.8%。

1."都"与"也"的误代

（19）＊A 爸爸，我想学习英语。B 你汉语<u>也</u>没学好，还学英语呢。

（20）＊孩子长大后，会说英语和会说汉语的话，找工作的时候，而且做生意的时候，<u>也</u>是有好处，所以来了。

在现代汉语中，用"都"的时候常常也可以用"也"，两者可以互换。"连……都……""不管/无论/不论……都……"句中，"都"和"也"大致上也可以互换。目前学界关于"都"和"也"的通用说法是肯定句中用"也"，否定句中"都"和"也"都可以。这样的说法有道理，但并不全面。因为用"也"和用"都"，其语义重点其实是不一样的。二者的辨析，是汉语国际教育领域甚至是汉语本体领域的一个研究焦点，也是一个研究难点。巴丹（2011）研究认为，"都"与"也"的区别体现在突出特例与凸显对比，重在表情与重在释因，侧重总括与侧重类同，虚写为主与写实为主，专属限制与常规搭配，语义分级与语用分级几个方面，但是具体到课堂教学，如何去搞清楚二者的差异仍然是一个问题。

在例句（19）中，应该用"都"。因为"也"仅仅是对事物简单的陈述，"S+也+没+VP"的用法通常用在"S1+没+VP，S2+也+没+VP"，表示两个主语状态或进展相同，即"也"表示类同义。而"都"有强调语气的作用，含有"甚至"的意思。"汉语都没学好，还学英语呢。"表示"连汉语都学不好，更别提英语了。"的意思。例句（20）最典型，学生分不清该用总括义的"都"还是类同义的"也"，于是就形成了类似的偏误。下面几个例子，也许可以将其分清楚：

e. 我是韩国人，他<u>也</u>是韩国人。（类同义）

f. 我和他<u>都</u>是韩国人。（总括义）

g. 他是韩国人，我<u>也</u>是韩国人，我们<u>都</u>是韩国人。（前为类同义，后为总括义）

2. "都"与"一共"的误代

（21）＊对我来说，我们班的同学<u>一共</u>很好。

在表示"总括全部"的时候应该用"都"。在陈述句中，表示总括义的"都"的语义指向一般是前指，概括前面对象的共同特征或具有的相同的性质。

在表示"总括全部"时，除了问话外，所总括的对象必须放在"都"的前面。如：大伙儿都同意；问话的时候总括的对象（疑问代词）放在"都"的后面（吕叔湘，1999），如"你<u>都</u>去过<u>哪儿</u>?""你家<u>都</u>有<u>谁</u>?""老王<u>都</u>说了<u>些什么</u>?"等等。

而"一共"是从数量上概括表达对象的总括副词，有隐含的"加合"语义，其语义指向的对象中必须含有数量词，在语义指向上必须后指，指向其后的数量成分（张虹，2012）。

当然，从这个偏误句中，我们也能看到这类偏误的形成主要是源于学生错误的学习策略。韩国学生没有意识到汉语的"都"跟韩国语的"모두"和"다"之间并不是一一对应的，不同的情况，使用的对应词也必然不同。如果搞不清楚其具体对应情况，就容易形成偏误。

3. "都"与"所有"的误代

（22）＊我喜欢<u>都</u>运动，其中最喜欢是踢足球的。

（22′a）我喜欢<u>所有的</u>/各种运动项目，其中最喜欢的是踢足球。

（22′b）我什么运动都喜欢，其中最喜欢踢足球。

"都"是副词，一般不能修饰名词。此句中，"运动"是名词，不能用副词"都"修饰。因此需要把"都"改成形容词"所有的"或"各种"来修饰名词"运动"。或者用例句（22′b）中的构式"什么+N+都+V"来表达。

4."都"与"多"的误代

（23）＊我的朋友<u>多</u>来了，我很高兴。

（23′）我的朋友<u>都</u>来了，我很高兴。

"都"和"多"都有副词的义项。"多"兼顾形容词、数词、动词和副词的功能。"多"做副词使用时，有两个个义项，①是"大多、大都"的意思，例如：队里的骨干多是"80后"年轻人。②是用在感叹句里表示程度很高。例如：你看他老人家多有精神。而且，"多"作为副词时，后常跟形容词和动词。此时，"多"表示程度很高，含夸张语气和强烈的感情色彩。"多"则用于感叹句中。在例句（23）中，应该用"都"来总括全部的朋友，说明来的朋友多。

不过另一种解释可能更接近语言偏误的真相。即这一偏误主要是受韩国语语音的影响造成的，因为"都"的语音形式中的韵母"ou"，韩国学生经常错读成"o"，而"多"的"uo"音，韩国学生也经常错读成"o"，于是韩国学生错读"都"和"多"两个字的音几乎是一样的，于是就很容易根据错误的语音形成误写偏误。应该说，这类偏误是我们观察中介语发现的非常有趣的现象。

5."都"与"就"的误代

（24）＊A. 他最近为什么身体这么不好啊。B. <u>就</u>是学习累的。

（24′）A. 他最近为什么身体这么不好啊？B. <u>都</u>是学习累的。

当"就"作为副词使用时，"就"和"是"一起搭配成"就是"，表示加强肯定或者确认的语气。而"都"和"是"字连用，有"说明原因"的作用。例句（24）中，B应该用"都是"来引导整个句子来回复A"为什么"的提问，解释"他"没来上课的原因。

（四）"都"的多余

韩国学生因为"都"的多余造成的偏误主要集中在范围副词"都"上。

（25）＊A你家<u>都</u>有什么人？B我们家<u>都</u>有爸爸、妈妈、哥哥和我四口人。

(25′) A 你家都有什么人？ B 我们家有爸爸、妈妈、哥哥和我。

(26) ＊A 星期天你都做什么？ B 我都洗衣服、学习、逛街等等。

(26′)　A 星期天你都做什么？ B 我洗衣服、学习、逛街等等。

(27) ＊如果我有钱很多，我就能都买我想买的东西。

在以上三例"都"的偏误句中，情况是不同的，例句(25)(26)是同一种偏误类型，例句(27)则属于另一种偏误类型。《现代汉语八百词》(1994：153)认为，在汉语的问句中，"总括的对象(疑问代词)放在'都'后"，而回答的时候是不需要说'都'的。例句(27)在认知上其实是属于"都"与"所有、全部"的混淆误代。这个句子可以修改为以下四种形式：

(27′a) 如果我有很多钱，我就能买我想买的东西。

(27′b) 如果我有很多钱，我就能全部买下想买的东西。

(27′c) 如果我有很多钱，我就能买我想买的所有东西。

(27′d) 如果我有很多钱，我就能把想买的东西都/全/全部买下来。

可见，留学生对"都""全部""所有"三者的分布状态和使用情况不清楚，很容易导致"都"的误用偏误。

三　结束语

从对韩国留学生的偏误语料中可以发现，韩国留学生在习得"都"的过程中，有时会采取回避策略，出现应该用"都"却不用的偏误，有时也会因对"都"的语义指向不明确，在不该用"都"时用了"都"。而且他们对"都"的语用限制存在模糊认识，很容易形成错序偏误。最后，韩国留学生会因为对"都"的语义不明确，会和其他相关副词或是介词形成混淆误用。

在对外汉语教学过程中，教师在向留学生解释"都"的词义时，应该明确告诉学生该词的使用范围、使用语境和常见形式。另外，要注意区分

"都"与相近词"全部""所有"的异同，尤其要区分这几个词的使用语境。最后，教师要有意识带领学生区分"都"与韩语对应词的语义及使用上的差异，通过汉语和韩语的跨语言对比，使韩国学生更好地掌握汉语副词"都"的用法。

第六节　韩国学生习得汉语副词"刚"偏误分析

一　引言

据统计，现代汉语中的时间副词有 130 个左右，几乎占整个副词数量的 30%。关于副词的定义，各学派观点不一。王力先生在《中国现代语法》(2011 年版) 中提到"凡词仅能表示程度、范围、时间、可能性、否定作用等，不能单独指称实物实情或事实者，叫做副词"。黄伯荣、廖序东在《现代汉语》中提到"副词限制、修饰动词、形容词性词语，表示程度、范围、时间等意义"。吕叔湘、朱德熙在《语法修辞讲话》中讲到"副词能限制或修饰动词、形容词，但不能限制或修饰名词"。在《现代汉语词典》(第 7 版) 中，对副词的定义是"副词是可以修饰或限制动词和形容词，表示范围、程度等，而一般不能修饰或限制名词的词"。

《现代汉语词典》(第 7 版) 对"刚"的解释为：①恰好；②表示勉强达到某种程度，仅仅；③表示行动或情况发生在不久以前；④用在复句里，后面用"就"字呼应，表示两件事紧接着。

《现代汉语八百词》对"刚"的解释为：①表示发生在不久前，修饰动词和少数表示变化的形容词；②正好在那一点上(指时间、空间、数量等；有不早不晚、不前不后、不多不少、不……不……等之义)；③表示勉强达到某种程度，仅仅。

韩国学生在习得汉语的过程中出现了很多与副词"刚"有关的偏误。为此，我们在"对韩汉语甲级词偏误语料库"和"HSK 动态作文语料库"中选取了相关语料进行分析，共搜集到与副词"刚"有关的偏误句 14 句，将其分为多余、误代、错序和其他四大类。在本文的最后，我们还对比分析了"一……就……"和"刚……就……"两种用法之间的差异。

下面，我们将对副词"刚"的偏误进行具体分析。

二 副词"刚"偏误分析

偏误类型	误代	多余	错序	其他
偏误数量	4	3	4	3
所占比例	28.57%	21.43	28.57%	21.43%

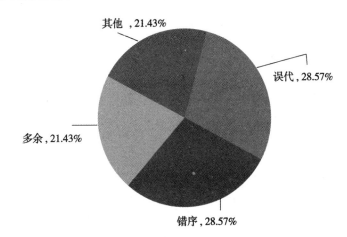

副词"刚"偏误类型占比图示

(一)"刚"的多余

1．"刚"后的成分一般是时点概念

在二语习得中，多余也称误加，是指在不应该使用某一词语或某句法成分时使用了该词语或成分。由于"刚"有多种义项，韩国学生在使用时会把握不准是否应该使用"刚"，因此在使用时会出现一定的错误。在我们搜集到的语料中，"刚"的多余句有3句。

（1）＊我来华<u>刚</u>三年多了，我在北京语言文化大学学汉语的过程中，我经历了很多有意思的和不太高兴的事情。

（2）＊本人<u>刚</u>到中国之后，很多人在公共场所吸烟的场面让我感到惊讶。

（3）＊有一天，<u>刚</u>放学回家时，有几个同学不回家，仍在教室里。

（4）＊<u>刚</u>来中国以来，我一直学习汉语。

"刚"与动词或动词性短语连用时表示动作、行为、情况在不久前发生，或者表示前后两种动作、状态、情况紧接发生，强调 动作的"速发性"。由于"刚"有表示时间的用法，因此韩国留学生在表达某一时间时会误将"刚"与表示时间的词或短语连用，如例句(1) 中的"三年多了"、例句(2) 中的"到中国之后"、例句(3) 中的"放学回家时"和例句(4) 的"……以来"都表示的是一个时间段，而"刚"最常见的用法是跟时点。所以，前面的四个句子可以修改为：

(1′) 我来华三年多了，我在北京语言文化大学学汉语的过程中，我经历了很多有意思的和不太高兴的事情。

(2′) 本人刚到中国时，很多人在公共场所吸烟的场面让我感到惊讶。

(3′) 有一天，放学后，有几个同学不回家，仍在教室里。

(4′) 来中国以后，我一直学习汉语。

针对例句(2)，我们查了 CCL 语料库，发现"刚到……时/的时候"比较常见，但是"刚到……后/以后"几乎无语例，说明其不典型。原因可能就在于"刚"后只能跟时点而不能跟时段。"刚到中国的时候"表示的是"到的那一瞬间"，而"刚到中国以后"则属于时段，不符合汉语的规则。对此观点，可能有人会提出反例，比如：

a. 刚看了 10 分钟，父母就回来了。

但"刚看了十分钟"实际上指的是"刚看到第 10 分钟处"，在认知上其修饰的仍然是广义上的时点概念。

2. 混淆"开始+VP"与"刚开始+VP"导致"刚"的多余

(5) *那时候正是我的青春期，刚开始对社会和世界有深深的关心。

"刚"与动词短语连用时可以表示两种动作、状态情况紧接着发生，也可以表示动作正好发生在某一点上。在连接两个在时间上有联系的动作时，需要与时间副词连用。而这个句子没有重点强调时点，只是陈述行为动作的"开始"，所以"开始"的前面不需要用"刚"。

需要注意的是，"刚开始"一般用在句首做时间状语，在后句中则一般不需要使用"刚开始"这一形式。比如下面的句子：

> b. <u>刚开始</u>（/<u>刚开始的时候</u>），我什么也不会。
> c. 时间久了，我<u>开始</u>对画画产生了兴趣。

学生之所以会造出例句(5)这样的偏误句，也可能跟学生已经学过的"刚开始"语块的"前摄抑制"有关，这其实是属于目的语规则的过度泛化或错误类推。因为学生不完全明白"刚开始"的使用场合和使用规则。下面几个句子也许可以较好地解释其致误机制：

> d. 这个学期<u>刚开始</u>。
> e. A. 电影开始了吗？　　B. <u>刚开始</u>。
> f. <u>刚开始</u>（/<u>刚开始的时候</u>），我什么也不会。
> g. *<u>刚来的时候</u>，一点儿也不习惯，后来<u>刚开始</u>慢慢习惯了。

可以发现，学生对例句 d、e 和 f 理解上不会出现问题，基本不会出现错误。但是例句 g 却很容易受例句 d、e、f 的影响表达成"刚开始"。这一过程可能就是学生形成例句(5)的内在致误机制。同时，这类偏误也提醒教师在进行语块教学时，务必注意语块的使用条件和语义背景。

（二）"刚"的误代

在二语习得中，误代，是指由于从两个或几个形式中选用了不适合于特定语言环境的一个而造成的偏误。在我们搜集到的语料中，"刚"的误代句有 4 句。

1. "刚"与"才"的误代

（6）*我青少年的时候，看到抽烟的人时，感到很了不起的感觉，所以我跟朋友们<u>刚</u>开始了。

在《现代汉语八百词》中，副词"才"的一个用法是表示只有在某种条件下，或由于某种原因、目的，然后怎么样，前后两句之间通常会有"因为""只有""由于"等词相互联系，而"刚"却没有这一用法。"才"和"刚"在表示短时的时候，虽然用法相似，但"刚"侧重于"正好"，客观性比较强，而"才"的主观性较强，经常是经过一番努力、考虑、辛苦，费了一番周折才做成某事或呈现某状态，因此，从这一意义上看，此例句中应使用"才"。

2."刚"与"开始"的误代

（7）＊<u>刚</u>选择历史时，我也考虑了多次，可是最后决定了选择历史这一门。

其实，在汉语中，"刚+VP"这一结构后面的动词结构经常是"带有意料之外的结果"或者"情况发生了变化"的VP形式，如：

h. 他头刚沾枕头就<u>睡着</u>了。
i. 他刚来就<u>熟悉</u>了这里的一切。
j. 当时我刚起床，就<u>看到</u>窗外到处是洪水。
k. 他刚想反驳，脸上就<u>挨了一巴掌</u>。

上面的句子的后半部分都有"意料之外的结果"或者"情况发生了变化"的语义背景，此时应该用"刚"，而"开始"只单纯表示"动手做，着手进行"的语义。

3."刚"与"刚才"的误代

（8）＊怎么回事，<u>刚</u>你的房间里听了大声。
（9）＊千万不要说话，他<u>刚才</u>睡觉了。

"刚"和"刚才"虽然意思相近，但两者词性不同。"刚才"作为一个时间名词，可以用在动词、形容词或主语前面，可以做主语、宾语、状语和定语，而"刚"作为一个副词只能用在动词前做状语，不能放在别的位置，不能做主语、宾语和定语。根据《现代汉语八百词》中对于"刚"义项的解释可以看出，"刚"的时间参照点并不固定的，是以动作或事情的发生为基点，指动作或事情发生不久，也可以以将来时间或过去时间为参照点，而且"刚"强调的是说话人在主观上感觉那个动作或事情发生不久或时间不长，主观性较强。而"刚才"是以说话的时间为基点，只可以指在说话前不久的时间，主观性较弱。最重要的是，"刚"不能放在主语的前面，而"刚才"作为时间名词可以放在主语前面做时间状语。所以例句（8）的副词"刚"应该为时间名词"刚才"。

例句（9）是一个非常有趣的偏误句。如果我们分析"刚才"的用法，可以发现，其后一般是已经完成的动作和行为，是已然态。而"刚"在时态上比较复杂，但是可以从语义上将其跟"刚才"进行区分。"他刚才睡觉了"这句话在语义上暗示"他现在已经处于清醒状态"，而"他刚睡"或"他刚睡下"表示动作行为的开始离现在的时间不长，暗示"他处于睡眠状态"，这与例句（9）的作者本意是契合的。所以这句话应改为：

（9′）千万不要说话，他<u>刚</u>睡/<u>刚</u>睡下。

从上面的分析中，我们还发现，"刚"是表示"事情在不久前发生"（张斌，2001：191）。但是对于"刚"后面的成分究竟是时点还是时段，其实是一个很难回答的问题。通常情况下，"刚"的后面跟时点，比如"现在刚八点""他刚毕业"。即使跟时段，说话人也是在认知上将时段作为一个大的时点来看待。其实，这种情况在语言中很多，比如"一个星期"既可以是"时点"（<u>一个星期</u>以前），也可以作为"时段"（我忙了<u>一个星期</u>）。在认知上，"8点以前"跟"一个星期以前"的语言认知的本质上是一样的，"8点"是时点，"一个星期"同样可以是时点。

"刚"后多是一次性动词，因为一次性动词有边界，方便与时点对应。如：他刚<u>来</u>。他刚<u>出院</u>。他刚<u>去世</u>。他刚<u>结婚</u>。电影刚<u>开始</u>。刚把她送<u>到</u>医院。"刚"后如果是持续性动词，容易模糊边界，难以与时点范畴对应。比如"他刚<u>住</u>"（×）"他刚<u>跳舞</u>"（×），这两个句子在语义的理解上都不完足，存在模糊之处。为了解决这一问题，就需要改变或者中断持续性动词的"持续性"属性，使其往一次性动词状态靠拢。改变的方法，一是加补语，特别是结果补语。比如"他刚住下""她刚跳完舞""他刚睡下""他刚睡着""孩子刚吃完""我刚吃过饭""妹妹刚做完作业""刚看到第八页"，结果补语使前面的动词具有了边界性，方便其与时点范畴对应。二是在"持续性动词"前面加上"开始""准备""想""要"等词，比如"刚开始看""刚准备睡觉""刚想学习""刚要骂他"，这些词都可以使后面的动词具有边界性，方便其与时点范畴对应。三是"刚+还+V"，这里的"V"主要是"在"，比如"他刚还在"。四是"刚+持续性动词+了+时段"，比如"她刚辅导了5分钟，就听见有人敲门""我们刚聊了10分钟，你就回来了"。这类形式更接近于时点范畴。比如，"刚辅导了5分钟"暗示的是"辅导到第5分钟结束的那一瞬间"，"刚聊了10分钟"暗示的"刚聊到第10分钟结束的那一瞬间"。五是采用"刚+持续性动词+了+N"或者"刚+持续性动词+过+N"形式。比如"我刚跟他打了电话""我刚给她按摩过"，这两个例句中都表示动作行为已经完成，既然已经完成，那动作行为就有了边界，于是自然就能与时点范畴相契合。

因此，我们认为，副词"刚"使用的重要语义背景是，其后的时间范畴，在认知上一定是时点范畴。"刚"后接一次性动词本来就跟时点范畴相契合，外国学生掌握起来难度不大。"刚"后接持续性动词跟时点范畴不相契合（"刚吃"实际上是"刚吃完、刚吃过"之义，"刚睡"是"刚睡下"之义），为解决这一不兼容的问题，语言自身采取了五种调整方式使"刚+持续性动词+……"能够跟其后的时点范畴相契合。

4."刚"与"就/立刻/马上"的误代

（10）＊说到饮食，我刚饿了。

其实研究一下"刚"的用法可以发现，"刚"一般是位于句子的前半部分。如果要位于句子的后半部分，就应该将"刚"换为其他副词，如"就/立刻/马上"。

（三）"刚"的错序

在二语习得中，错序是指句中的词语或成分位置不当。在我们搜集到的语料中，"刚"的错序句有 4 例。例如：

(11) ＊<u>刚</u>我一个人独立的那时候，我大学一年级吧。

(12) ＊<u>刚</u>我入学小学的时候，我的家族搬家了，就在群山，真的农村。

(13) ＊<u>刚</u>过去 5 月 8 日。

在汉语中，除了少数时间副词（如"忽然"）可以位于句首之外，多数时间副词是不能位于句首的，一般位于动词之前。"刚"作为副词，通常出现在主语或所陈述话题之后。而在韩语中副词的位置相对自由，可以出现在主语之前，也可以出现在主语之后，副词位置的变化不会引起意义上的不明确。在韩语中，"刚+主语+……+的时候"和"主语+刚+……+的时候"都可以使用，这跟汉语不同。因此韩国学生在学习汉语时会出现此类型的错误。

（四）　与"刚"有关的其他偏误

(14) ＊当时我是<u>剛</u>上大学的新生，他是我的师哥。

(15) ＊现在我<u>剛</u>退伍了，所以早晚我会找他见一面的。

在"刚"的这类偏误类型中，主要是"刚"的繁体字偏误。

三　"一……就……"与"刚……就……"异同分析

《现代汉语八百词》认为，在"一……就……"句式中，若前后两个动词不同，则表示一种动作或情况出现后紧接着发生另一种动作或情况，可以共用一个主语，也可以分属两个主语。若"一……就……"前后两个动词相同，共用一个主语，则后一动词常为动结式、动趋式或带数量短语，表示动作一经发生就达到某种程度，或有某种结果。黄伯荣、廖序东先生主编的《现代汉语》认为"一……就……"句式是一个表示顺承或条件关系的紧缩复句。李德津、程美珍主编的《外国人实用汉语语法》认为该句式表示在前边分句的条件下，一定会产生后边分句的情况。副词"一""就"用在谓语前面作状语，可以表示动作的承接关系；副词"一"

"就"后边的谓语成分多由动词和形容词充当。

可以看出,"一……就……"句式是表承接关系的句式,"一……"表示的是后项动作、状态出现的条件、原因,"就……"表示因此而产生的动作、状态或结果。这个条件和原因,可以是一个,也可以是多个,而在条件和原因的引导下,会产生一系列相应的结果。但"刚……就……"句式仅能用来描述一个动作或一个情况之后发生了另一个动作或情况,而且主观上认为两个动作或两种情况发生的时间间隔很短。

"一……就……"句式与"刚……就……"句式不仅在形式上相似,在意义和用法上也很接近,有时候还可以互相替换,这就使韩国留学生在初学时很容易混淆。但这两种句式在很多方面存在着差异。如果混淆这两个结构,势必会形成"一"与"刚"的混淆误代。下面我们就来具体分析一下二者的异同。

1."一……就……"与"刚……就……"可互换的情况

"一……就……"句式和"刚……就……"句式都可以表达前后项动作或情况紧接发生。这个时候,两者通常是可以互换的。例如:

l. 下课铃一响,同学们就走出了教室。

m. 下课铃刚响,同学们就走出了教室。

2."一……就……"与"刚……就……"不可互换的情况

首先,"一……就……"可以用在表示规律性的动作之间,强调的在是某个时点多次发生的事情,而"刚……就……"只表示前后两个动作紧密相接,不具有规律性。例如:

n. *每天我刚起床,就打开收音机。→ 每天我一起床,就打开收音机。

o. *我刚吃香蕉就肚子疼,每次都这样。→ 我一吃香蕉就肚子疼,每次都这样。

其次,"一……就……"句式可以用于未然的事情中,表示在未来的某个时间点将要紧接实施的计划或打算,但"刚……就……"句式表示的都是已经发生的事实。例如：

  p. ＊他们约好了，<u>刚</u>放假<u>就</u>去上海游行。

"放假去上海旅行"是将来要发生的事情，因此不能使用"刚……就……"句式，应改为：

  p′. 他们约好了，<u>一</u>放假<u>就</u>去上海旅行。

最后，《现代汉语八百词》认为，在"一……就……"句式中，前后两个动词可以相同，共用一个主语，表示动作一经发生就达到某种程度，或有某种结果。例如：

  r. 我们在西安<u>一</u>住<u>就</u>住了十年。
  s. 居然<u>一</u>射<u>就</u>射中了。

而在"刚……就……"句式中，前后两个动词一般是不同的。

四 结束语

本节运用语料库研究法分析了韩国留学生在学习汉语副词"刚"的过程中所出现的偏误，并对各偏误类型进行了分析，研究发现，"刚"与"才"的混淆误代，"刚"与"刚才"的混淆误代，"刚……就……"与"一……就……"两个结构中"一"与"刚"的混淆误代是需要注意的重点内容。另外，学习副词"刚"需要注意其后的时间范畴应该是时点概念，一次性动词经常跟其搭配。持续性动词要与其搭配，需要做出语言上的调整使其持续属性得以中断以契合其后的时点范畴。

第七节　韩国学生习得汉语副词"更"偏误分析

一 引言

在现代汉语的副词序列中，"更"是一个重要的程度副词。《现代汉语词典》（第 7 版）对"更"的解释如下：①更加；②〈书〉再；又。在这里我们主要讨论的是"更"的第一个意思"更加"。《现代汉语八百词》对"更"的解释是：表示程度增高。用于比较。多数含有"原来也有一定程度"的意思。

在韩国学生习得副词"更"的过程中存在着许多与"更"有关的偏误。我们在韩国留学生汉语中介语语料库中选取了语料进行统计和分析，共搜集到与副词"更"有关的偏误句 53 句，将其分为多余、缺失、误代、错序四大类，具体统计结果如下：

偏误类型	多余	缺失	误代	错序
所占比例	33. 34%	22%	33. 34%	11. 32%

可以看出，在韩国学生习得副词"更"的偏误类型中，多余和误代所占的比例最大，各占 33. 34%。缺失占 22%，错序占 11. 32%。

下面，我们将对副词"更"的偏误进行具体分析。

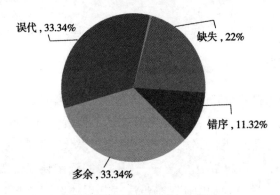

副词"更"偏误类型占比图示

二 副词"更"偏误分析

（一）"更"的多余

多余是指在语言表述过程中多加了不必要的语言成分，从而使语言表述错误。在我们的语料中，"更"的多余句有 17 句，主要表现为两个表程度的成分重复使用或者叠加使用。例如：

（1）＊天气一天比一天<u>更</u>热。（？）

（2）＊传来的消息一次比一次更令人慌张。（？）

（3）＊学习汉语的时候，越学越<u>更</u>有乐趣。

（4）＊我刚来的时候，我的汉语水平，尤其是听力，口语<u>更</u>不好。

（5）＊希望我的水平，一年比一年<u>更</u>好。（？）

"更"是一个相对程度副词。"更"的多余偏误经常表现为在"一天比一天……""一次比一次……""越来越……""越+V+越……"等结构中的"更"的多余。这四个结构的焦点属于"渐进性的"或者说是"逐步发展性的"，跟"更"的"定论评价"的特点不兼容。所以，例句（1）（2）（3）应该去掉副词"更"。例句（4）的例子告诉我们，"更"的语义背景之一是"两相比较"，而例句（4）对这种语义背景的展示不全面，表达不完整，令人感觉别扭。所以应该改为：

（4'a）刚来的时候，我的汉语听说读写都很差，听和说尤其差。

（4'b）刚来的时候，我的汉语水平很不好，听力差，口语更差。

对于例句（5）甚至例句（1）（2），可能有人会提出反驳，认为汉语可以这样表达。的确如此，我们查询了 CCL 语料库，发现了大量的"一年比一年+更+AP""一天比一天+更+AP"语例，但是未发现"越来越+更+AP"的语例。之所以会产生这样的差异，是因为这其实涉及的是"更"的语义背景问题。前文说到，"更"的语义背景是"两相比较"，"一年比一年""一天比一天"甚至"一+名量词+比+一+名量词+更……"都可以纳入"两相比较"的范畴中去。但是"越来越+AP"在语义上属于渐进型的线性发展形态，看不到明确而独立的比较个体，所以不符合"更"的"两相比较"的语义背景。当然，在我们看来，例句（1）（2）属于语义冗余。若一定要使用"更"，则说明"更"具有一定的程度或语气强调功能。

那既然如此，为什么例句（5）仍然被归为偏误句呢？原因在于，其语义不符合实际情况。前文讲到，《现代汉语八百词》对"更"的解释是：

表示程度增高。用于比较。多数含有"原来也有一定程度"的意思。这里的重点是"原来也有一定程度"这句话，而例句（5），根据学生的实际水平，他们原来的水平一般不可能"好"，甚至连"比较好"都达不到，所以，此处用"更"不符合其"原来也有一定程度"的语义要求，只能用表示"越来越+AP"渐进发展义的"一年比一年+AP"结构。当然，如果这个学生学习成绩优秀，则另当别论。

（二）"更"的缺失

"更"的缺失句有 12 句，占总偏误句的 22%。其偏误形式主要表现在缺少程度副词"更"，从而使得语义不完整。例如：

（6）＊我祝大家找到好朋友。走生活的路时，跟朋友走比自己走＊好。

（7）＊还有我特别喜欢的韩国菜是炒年糕。炒年糕和紫菜饭也非常非常好吃！我＊喜欢吃干酪炒年糕，放拉面的炒年糕。

（8）＊爸爸妈妈，我感谢把我出生，而且真感谢到现在教我，我觉得世界上没有比你们俩＊伟大的父母。

这两句都缺失了"更"，使得语义表达不够准确完整。例句（6），应该用"比……更……"结构，对前一项表示强调。其实，"X 比 Y+AP"只是静态比较，是观点的静态表达，情感因素较少。而"更"则带有比较强的评价情态，如果再结合"更"的"两相比较"的语义背景，这种"比较语境"下的评价情态会看得更清晰。例句（7）中，后半句与前半句是递进关系，为了体现程度的加深，可以修改为：

（7′）还有我特别喜欢的韩国菜是炒年糕。炒年糕有很多种，都很好吃！不过，我更喜欢吃干酪炒年糕和拉面炒年糕。

例句（8）应该纳入构式"没有比 N1 更+形容词+的 N2"及其变体"没有+疑问词+比+N+更+形容词"，因此应该改为：

（8′a）爸爸妈妈，我感谢你们生我养我教育我，我觉得世界上没有比你们更伟大的父母。

（8′b）爸爸妈妈，我感谢你们生我养我教育我，我觉得世界上没有谁比你们更伟大。

（三）"更"的误代

"更"的误代句有 17 句，占偏误句的 33%。"更"的误代是由于留学生对单个程度副词的特点以及程度副词之间的区别把握不准确，在语言表述过程中对关键词进行了不正确的替换。"更"的误代偏误主要体现为"很"与"更"的误代，"越"与"更"的误代，"最"与"更"的误代以及"更"与"进一步/继续"的误代四种。

1. "更"与"很"的误代

（9）＊他帅，可是我比他很帅。

例句（9）是比较句。王力先生曾在《中国现代语法》中指出："凡无所比较，但泛言程度者，叫绝对的程度副词。""凡有所比较者，叫做相对的程度副词。"马真先生曾经结合比较句式对程度副词进行了考察，从形式上验证了王力先生分类的合理性。周小兵认为：绝对程度副词只是一般地、独立地表明程度。绝对程度副词一般不能在比较句中出现，而相对程度副词可以出现在比较句中。换言之，绝对程度副词的主要语法功能是对性质的程度进行确认，而相对程度副词则是通过与其他对象的比较来表达程度。综上所述，"很"是绝对程度副词，不能用在比较句中，故例句（9）中绝对程度副词"很"应该改为相对程度副词"更"。

2. "更"与"越"的误代

（10）＊我在网上找到了一个大学，在这所大学学习的一个韩国人对我说，学习汉语，韩国人更少更好。

在汉语中，没有"更+adj1+更+adj2"的形式，例句（10）中的"更少更好"应该改为"越少越好"。

3. "更"与"最"的误代

（11）＊在学习汉语中，我觉得口语很难，可是比起来口语，语法最难。

"更"的两个必要的语义条件：一是必须具有两个比较对象或形成两个比较对象的条件语句，即有两个明显的比较项；二是两个比较对象必须具备相同的性质，即具有性质上的同向性。例句（11）中隐含的比较项"口语、语法"具有同一个特征"难"，所以具有性质上的同向性，所以"最"应该改成"更"。"最"的使用语境中的各个项目未必具有性质上的同向性。比如"他们都太笨了，只有我最聪明。"而且，"最+AP"的特点是在与群体中的各个个体的比较中来显示的，"更"则一般是两者比较，即使在多项比较的环境中，具体的比较项仍然是两项。

我们再来看一个偏误句：

（12）＊那时候的旅行，我肯定会选择最漂亮的地方，入住很高级的宾馆，享受最后一天。

例句（12）的偏误跟语篇策略有关。汉语写作讲究上下文的工整，讲究前后的呼应，否则就会破坏上下文的协调统一，使人感觉别扭。所以，这个句子中的"很"应该改为"最"。

4. "更"与"进一步/继续"的误代

（13）＊大学毕业以后，我希望更学习汉语。

张斌（2001：200）认为，"更"常修饰形容词，跟形容词组成偏正短语后，既可以充当谓语，又可以充当定语、状语。可见，"更"一般不修饰动词，当然少数心理动词除外（如"更想去""更爱他"）。例句（13）的"更"表达的实际上是副词"进一步"或者"继续"的意思。

5. "更"与其他副词差异再思考

其实，在对外国学生的教学中，"太""很""更""最""还"这几个词很容易混淆。所以，我们现在有必要专门来探讨一下这几个程度副词的差异。

"太""很""更"都有表示程度深的意义，不同在于：

第一，"太"：有主观评价性，程度过头，多用于不如意的事情；也可表示程度高，多用于赞叹。句末常带"了"。例如：

（14）车开得太快了，太危险了。（不如意）
（15）屋子太乱了，快收拾一下吧。（不如意）
（16）这本小说太吸引人了。（赞叹）

第二，"很"：表示程度高。跟"太""更"比，侧重于客观静态陈述。例如：

（17）他们的生活很幸福。
（18）孩子们玩得很开心。

第三，"更"：跟"很""太"最大的不同是用于比较，表示比原有的程度或情况又进一层。例如：

（19）我爱这里的山水，更爱这里的人民。
（20）他比以前更懂事了。

"很"只单纯表示程度高，"更"则表示原来就有一定的程度，即"很"是绝对程度副词，"更"是相对程度副词，表义进一步，有程度上的变化和发展。例如：

（21）他学习很努力、很刻苦。
（21′）他学习更努力、更刻苦了。
（22）我很喜欢这个地方。
（22′）我更喜欢这个地方了。

可以发现，"更"是"更进一步"的意思，比较项具有同向性。如果比较项不具同向性，就不能用"更"。可以根据不同情况，选用"最"或者"还"。例如：

（23）他们都很笨，只有我<u>最</u>聪明。（非同向性）

（24）去年我最努力，没想到，今年他比我<u>还</u>努力。（变化逆转）

第四，"最"表极端，胜过其余，其对量的规定是通过与群体事物的比较来显示的，而且不能用于比较句（张斌，2001：770）。也就是说，"最"的比较对象其实是群体中的各个个体，但不是"二者比较"。而"更"的比较对象是单个个体，而且在比较项的性质上具有同向性，属于"二者比较"。

第五，"更"常表示"程度更进一步"，但是"还"除了可以在简单比较句中表示"程度更进一步"以外，还可以表示比较项的性质发生了逆转性变化，例句（24）就是证明。

因此，关于"更"与"还"的区别，需要明确三点。首先，"更"偏客观，"还"则偏主观，常带有夸张的语气；其次，在不同个体在不同时间的比较中，用"更"表示"在性质上，比较项2比比较项1有所<u>发展</u>"，用"还"则表示"在性质上，比较项2比比较项1有所<u>变化</u>"。最后，表示比附夸张时，用"还"不用"更"。马真先生曾经举的典型例子是"那条蛇比碗口还粗。"

（四）"更"的错序

（25）＊看到麻辣香锅，我更吃得多了。

（26）＊这样的话，我可能更常常收到妈妈的短信。

前文谈到，"更"常修饰形容词，跟形容词组成偏正短语后，既可以充当谓语，又可以充当定语、状语（张斌，2001：200）。可见，"更"一般不修饰动词。从这一点来看，例句（25）的"更"应该放在形容词"多"的前面；张斌（2001：322）认为，"可能"的前面可以加上"很""不"等副词。其实加上"更"也可以。所以例句（26）中的"更"应该放到"可能"的前面。

那么，汉语中有没有"更常常"的说法呢？我们的第一感觉是没有。可意外的是，在 CCL 语料库中，我们还真查到了"更常常……""更经常……"的大量语例。如果是这样，那是不是例句(26) 就没有错误呢？影响"更"使用的深层制约因素是什么？这值得进一步研究。

三　结束语

本节运用语料库研究法分析了韩国留学生在学习汉语副词"更"的过程中所出现的偏误，并对其致误原因进行了探讨。我们发现，韩国留学生在汉语副词"更"的学习中产生的偏误比较多，尤其是误代、多余占比最大。误代偏误中最容易犯错的是那些对"更"认知概念认识不清而形成的偏误，比如跟其他程度副词如"很""最""越""进一步/继续"的混淆误代。在分析这些偏误句的过程中，我们对"更"的语义背景和使用规则进行了探讨。

第八节　韩国学生习得汉语副词"又"偏误分析

一　引言

《现代汉语词典》(第 7 版) 将副词"又"的用法归纳为六个义项：①表示重复或继续。如：他拿着这封信看了又看。｜生物的进化是一步又一步地由低级向高级发展。②表示几种性质或情况同时存在(多重复使用)。如：又好又快｜又香又脆｜温柔又大方｜他又想去，又不想去，拿不定主意。③表示补充，追加。如：孔子是教育家，又是思想家。｜冬季日短，又是阴天，夜色早已笼罩了整个市镇。｜生活费之外，又给 50 块做零用。④表示整数之外再加零散。如：一又二分之一。⑤说明另一方面的情况。如：心里有千言万语，可嘴里又说不出。｜刚才有个事儿要问你，这会儿又想不起来了。⑥用在否定句或反问句里，加强语气。如：我又不是客人，你就不用客气了。｜这点儿小事又费得了多大功夫？

本节基于国别化的对韩汉语甲级词偏误语料库和 HSK 动态作文语

料库的偏误语料，搜集到 120 个与"又"有关的偏误句。通过对这些偏误句进行分析，初步将其分为误代、错序、缺失、多余、其他五大类。其中，"误代"占为 53%，"错序"占比为 24%，"缺失"占比为 13%，"多余"占比为 2%。还有一小部分其他偏误，占比为 8%。具体统计结果如下：

偏误类型	误代	错序	缺失	多余	其他
所占比例	53%	24%	13%	2%	8%

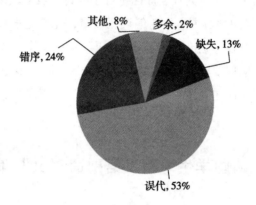

副词"又"偏误类型占比图示

从偏误模型中可以看出：在所有偏误类型中"误代"所占比例最大，"多余"所占比例最小。

下面，我们将对副词"又"的偏误进行具体分析。

二　副词"又"偏误分析

（一）"又"的误代

"又"作为表示重复的副词，经常与其他表示重复的副词如"再""还""也"并等词混淆，也会与"而且/加上""另"等词混淆。具体统计结果如下：

再	还	也	并	而且	另
34%	26%	20%	10%	8%	2%

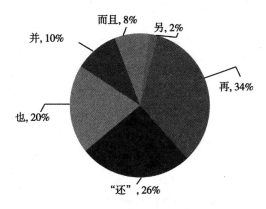

副词"又"的误代词占比图示

马真先生（1985）提出："虚词表示的是抽象的语法意义，一般不易捉摸。要正确把握虚词的意义，最有效的办法是进行具体的比较、分析。"所以，在研究副词"又"误代这一偏误类型时，我们采用的是基于语料库的对比分析法。

1. "又"与"再"的误代

"又"和"再"两个副词都表示动作的重复，但用法不同。"又"一般表示动作、情况已经重复，句末常有"了"与之共现；"再"表示动作将要重复，用"再"的句末没有表示动作情况完成的助词"了"。如：

（1）＊那天我们一家四口先到高档饭店吃了饭，然后<u>再</u>到南山公园转了转。

（2）＊我戒过一段时间的烟，可是不久<u>再</u>吸烟了。

（3）＊在我们的帮助下，他<u>再</u>开始上学了。

以上几个例句都有一个共同的特点：所叙述的动作行为都是已然的，是已经发生或已经成为事实的。要表达这样的意义内容，不应当用"再"而应当用"又"（李大忠，1996：11）。

2. "又"与"还"的误代

"又"和"还"都有补充追加义。"还"表补充追加义时，常用于将来时。如：我还想再去江南。有时候"还"还常用于存在态语境，如：我学过日语，还学过英语。这两个例子中的"还"都有补充和追加的意思。我们看几个偏误句：

（4）＊庙里之前有两个和尚，后来<u>还</u>来了一个和尚。

（5）＊过了一个星期，裤子长短没什么变化，<u>还</u>过了一个星期，裤子长短仍然没有什么变化。

（6）＊<u>还</u>有我特别喜欢的韩国菜是炒年糕。炒年糕和紫菜饭也非常非常好吃！我<u>又</u>喜欢吃干酪炒年糕，放拉面的炒年糕。

以上几个例句，例句（4）（5）是一类，"又"表已然的动作重复。例句（6）的上下文的语义逻辑比较混乱。根据语义，应该将表示已然的"又"换成表示补充追加义的"还"。

值得注意的是，《现代汉语词典》中认为，"还"表示动作将要再次发生。典型的证据是：

a. 那部电影，我前天看了一遍，昨天<u>又</u>去看了一遍。

b. 那部电影，我今天看了一遍，明天<u>还</u>想<u>再</u>去看一遍。

受此影响，岑玉珍主编的《汉语副词词典》和北京语言大学汉语水平考试中心刘镰力主编的《汉语8000词词典》都认为"还"常用于未然，"又"常用于已然。

但对"还"的这种解释其实是存在问题的，因为"还"除了表示"仍然"延续义以外（如：他还在睡觉），还有一个重要的"补充追加"义，不能说"还"本身表示"动作未实现或未发生"。换句话说，我们并不能断言其本身是否一定用于将来。反例是：

c. 我吃了一个包子，<u>还</u>（／又）吃了一个馒头。

因此我们认为，"还"用于将来或者表示未然只是语境赋予的或者是受其他词的语义影响的，比如"还想再＋VP"结构中，"想"和"再"的语义会影响到对"还"的语言功能和语法意义的归纳和认定。对"还"的未然义的归纳实际上是"将语境义错误地概括成了词汇义"，是值得商榷的。

另外，对外汉语教学界普遍认为，"又"表已然，经常跟"了"搭配，但却常常忽视对留学生的教学中，"又"还有一个表示补充追加的义项。例如：

> d. 她很漂亮，又（/还）很聪明，所以很多小伙子都追求她。

正因为"又"与"还"在这一点上有相通性，学生很容易泛化到其他义项上，从而形成偏误。

3."又"与"也"的误代

> （7）＊到青岛以后，她开始打工，开始赚钱，虽然她很累，但她觉得有奔头儿。过了一段时间后，也发现了妈妈登的寻人启事，但是很意外，这次的寻人启事像检讨书一样。

在语义上，"也"大多强调两个（或两个以上）的行为主体或事物在某些方面的"类同"，表示后一行为主体对前一行为主体动作或特征属性的"重复"，而"又"的义项之一是表示同一行为主体对同一动作的重复。对此，学者李大忠举了两个典型的例子：

> e. ＊差不多九点钟，她听见一个人敲门，她不敢去开门。五分钟以后。她也听见一个人敲门，就更害怕了。
> f. ＊狼敲门了，她没回答。过了一会儿，狼也敲门了，她还没回答。

例句 e、f 都是一个行为主体，动作行为也一样，而且是完成态，所以应该用"又"。同样，例句（7）中，行为动作的主体也是同一人，根据语境，"发现妈妈登的寻人启事"应是第二次发生的，而且是已然态。所以应该将"也"改为"又"。

我们再看两个误代例句：

（8）＊我认为喜欢流行歌曲没有什么坏处，因为只是喜欢而已，<u>也</u>不能决定我的人生。

（9）＊我觉得三个和尚都会想：为什么我应该去挑水，<u>也</u>不是我一个人喝。

《现代汉语八百词》认为，"又"在表示语气方面有一个义项是"加强否定"。比如：

g. 他<u>又</u>不会吃你，你怕什么？

h. 事情是明摆着，人家<u>又</u>不是没长眼睛，难道看不出来？

i. 他喜欢你，你<u>又</u>不是不知道。

这三个例句跟例句（8）（9）在强调否定语气方面是一样的，因此例句（8）（9）的"也"都应该改为"又"。

那既然汉语有"又"和"不/没"可以结合，且"又"要放在"不/没"的前面，那"也"与"不/没"的结合情况又如何呢。我们就来简单考察一下。

首先，表否定类同，一般用"也不/也没……"。如：

j. 他不胖，你<u>也不</u>胖。

k. 她不是韩国人，我<u>也不</u>是韩国人。

l. 我们不能这么做，你们<u>也不能</u>这么做。

m. 她没吃早饭，我<u>也没</u>吃早饭。

但是，情况并没有如此简单。比如，反问句中，就一般需要用"不也/不没……吗"的形式。如：

n. 他是中国人，你<u>不也</u>是中国人吗？

o. 他<u>不没</u>去上海吗，你为什么说他去了？

另外，前文有"也不能……"的说法，但是有时候也有"不能也……"

的说法，例如：

　　p. 他们这么做，我们<u>不能也</u>这么做。

可以发现，"也不能……"在语义上表类同，"不能也……"在语义上表避免类同。

由此可见，光"不/没"与"也"之间的位置关系都这么复杂，可想而知，没有语感的外国学生出现"又"与"也"的误代也就不足为怪了。

4."又"与"并"的误代

　　（10）　＊A. 他结婚的事你知道吗？
　　　　　　　B. 我<u>又</u>不知道这件事情。

"并"和"又"都有表示加强否定语气的意思，但两者又有区别。只有当说话人为强调说明事实真相或实际情况而来否定或反驳某种看法（包括自己原先的想法）时才用"并"（陆俭明、马真，1985）。有时人们要否定某种事情、做法或说法想法时，不采用直接否定的形式，而是通过强调不存在事情的前提条件或起因来达到否定的目的（马真，2001）。此时，应该用"又"。用彭小川的观点就是：用"又"的句子是双重否定，从否定的角度来强调一个理由，进而加强对某种做法或心态的否定（2004：138）。我们认为，在这样的句子中，说话人的本意是要强调"听话人本来应该如何如何"或者"听话人的反应或行为不合理或没必要"。比如：

　　q. 我<u>又</u>不吃你，你何必那么害怕。（听话人本应该不害怕，害怕不合理）
　　r. 我一直喜欢她，你<u>又</u>不是不知道。（听话人本应该知道，提问不合理）

而使用"并"只是加强否定的语气。可见，"又"和"并"虽然都有加强否定语气的意思，但是各自的语义背景并不相同。因此，例句（10）可以改为：

（10′a） A. 他结婚的事你知道吗？
　　　　 B. 我<u>又</u>不认识他，你干嘛来问我？
（10′b） A. 他结婚的事你肯定知道，对不对？
　　　　 B. 我并不知道。

需要说明的是，"又"的这一义项比较难掌握，因为其不属于甲级词义项，但是在学生的篇章表达中还是会偶尔出现这一义项的偏误句。

5. "又"与"而且"的误代

在汉语中，"又"跟"而且"都有补充追加义。比如：

s. 他是个聪明人，又（/而且）肯努力，所以一年就通过了HSK4 级。

在这个句子中，"又"跟"而且"都有补充追加义，有时候可以互换，但也有不能互换的情况。例如：

（11） *流行歌曲可以丰富我们的生活，<u>又</u>，流行歌曲是一种文化，……
（12） *高中的时候，我受不了运动员的生活，<u>又</u>是我不希望的，所以我最终选择了学习外国语。
（13） *最近，父母和孩子的交流越来越多，<u>又</u>他们对话时，话题也越来越多。

通过分析这几个句子，可以发现，"又"除了在书信体中补充内容，后面加冒号以外，绝大多数情况下不能单独使用。也就是说，"又"后面一般不能直接跟标点符号。而"而且"既可以单独使用，也可以在后面加其他成分。所以句（11）的"又"应该改为"而且"；

例句（12）的前后文语义逻辑有问题，这个句子如果在"同一话语主体"的框架下去分析，就会发现"是我不希望的"的主语应该是"运动员的生活”，而不是“我”，但“又”的一个重要的用法是“同一行为主体”，也就是说，主语应该是一个。从这一点来看，例句(12) 应该改为：

（12′a）高中的时候，<u>我</u>受不了运动员的生活，<u>而且</u>也不想当运动员，所以最终选择了学习外国语。

（12′b）高中的时候，我受不了运动员的生活，<u>又</u>不想当运动员，所以最终选择了学习外国语。

从例句(12′a)(12′b) 看，似乎“又”与“而且”的用法一样，但语言事实远没有这么简单。我们知道，“又”作为副词，应该放在主语的后面，谓词的前面。“而且”表示语义的递进，可以单独使用，也可放在后小句的前面。仅凭“而且”的“可以放在句子前面”这一点，就能跟“又”区分开。因此，例句(13) 的“又”应该改为“而且”。学生由于搞不清楚二者之间的用法差别，很容易形成混淆。

6.“又”与“还有/另”的误代

（14）＊汉语中的一个难点是发音难，<u>又</u>一个难点，也是好多人认为最难的一点，就是一个字有很多个意思。

（15）＊人们追求绿色食品是有原因的，一方面是化学废料太多，<u>又</u>一方面是有利于人们的健康。

例句(14) 中的“又”应该改为表示补充追加义的“还有”或者表范围以外义的“另”。在汉语中，“又一个+N”“另一个+N”都有大量语例，但是前者只是指“数量上多出一个”，后者的名词则需要是确指的，也就是说，说话人明确知道“另一个+N”中的“N”指的是什么。比如“这个方法不行，那就用另一个方法试试”。而“又一个+N”在认知上可能是确指的，也可能是非确指的，但其核心语义是“数量上多出一个”。比如：

t. 昨天，<u>又一个</u>朋友辞职了。(确指)

u. 哇，你看，流星，一个！<u>又一个</u>！（非确指）

当然，这里还有一个重要问题，就是"又"和副词"还有"都具有补充追加义，二者如何区分？这个问题值得深入研究。

7. "又"和"进而"的误代

（16）＊自然环境受农药的影响，会对动植物造成影响，<u>又</u>这些影响＊对人类产生影响。

乍一看，这句话好像是"又"与"也"的误代。但细究起来，就会发现，在语义逻辑上，应该是"又"与"进而"之间的误代。在汉语中，"进而"表示在已有的基础上进一步。常用来表示影响或作用的扩散传导。比如：

v. 房价提高，导致建筑材料价格开始上涨，<u>进而/又</u>影响到日用品也开始跟着涨价。

可以发现，"进而"位于谓语动词前面，它的用法特点是有内部语义逻辑的次序性，有"然后""随后""接着"或者"进一步"的意思。而"又"修饰的内容在语义逻辑上包括两种，第一种是无主次式平行，如"又A又B"，平行逻辑中的A和B可以互换位置，如："又可爱又聪明"也可以说"又聪明又可爱"，二者无主无次。第二种语义逻辑是补充追加，比如"你那么胖，又那么能吃"，这句话中的"又"就表示补充追加，是有主次式平行。"又"这两种平行结构正是沈小乐（2012）所提到的副词"又"的"平行加合义"特征。留学生之所以将"进而"与"又"混淆，显然是在认知上将"进而"与"又"的补充追加义混淆了。但是中国人理解时，却将"又"理解成了表示"重复"义的"又"。

那么，现在的问题是，究竟该如何区分"进而"与"又"呢？我们觉得，其一，在语义上，"进而"包含影响或作用的"传导"这一语义内涵。若缺失这一语义内涵，则需要用"又"或其他副词。其二，例句v之所以既可以用"进而"，又可以使用"又"，显然是"又"的重复义在起作用，比如"他帮了我，又帮了她。"这句话中的"帮我"和"帮她"是两种独立的平行行为，重复的是"帮人"这一行为。但很显然，v句用"进而"和"又"所表达的深层语义是不一样的。一是语义的"传导"，即A影响B，然后在B的基础上影响C，是一个线性传导的过程；二是语义的"平行"，"又"前后的内容是重复的，但又是各自独立平行的。二者的差异，我们可以用下面的图来表示：

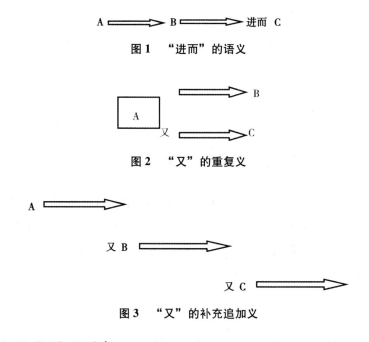

图1　"进而"的语义

图2　"又"的重复义

图3　"又"的补充追加义

（二）"又"的错序

"又"的错序主要表现在"又A又B"结构的使用上。例如：

（17）＊最近人们喜欢"绿色食品"是因为它又价格便宜又对身体有很大好处。

（18）＊《月亮代表我的心》是在中国又有名又人民容易唱的一首流行歌曲。

（19）＊科学技术再发明是又对人的健康好，又可以使农作物多产的技术。

在汉语中，"又A又B"和"既A又B"结构中的A和B都不能是介宾

结构、主谓短语或有主语的小句（张斌：2001：605）。可以做到这些的是
"不但 A 而且 B"结构。因此，这三个偏误句应改为：

（17′）最近人们喜欢"绿色食品"是因为它不但价格便宜，而
且对身体<u>又</u>好。

（18′）《月亮代表我的心》在中国是一首家喻户晓，广泛传唱的
流行歌曲。

（19′）科学技术发明<u>不但</u>对人的健康好，<u>而且</u>可以使农作物
多产。

我们再看一个句子：

（20）＊大部分的歌手<u>又</u>唱好<u>又</u>帅。

汉语的"又 A 又 B"结构中的 A 和 B 两项讲究工整对应，同时，"又"
虽然有很多用法，但更多是用在形容词成分前。例句（20）显然违背这一
规律。因此，应该改为：

（20′）大部分男歌手唱得又好，长得又帅。

也就是说，应该使用"又 A 又 B"结构的引申结构"V_1 得又 A，V_2 得
又 B"。

（三）"又"的缺失

"又"的缺失在其表相继的语境中比较多见。例如：

（21）＊半个月以后，她去了青岛。找了工作，＊买了房子，逐
渐居住下来。

（22）＊太阳偏西了，我们恋恋不舍地离开了兵马俑。以后我们
＊体验了很多中国文化（项目），这都让我很感动。

在这两个句子中，前后的两个动作都具有相继性，此时应用表相继的

"又"来连接。丁崇明(2011) 将表相继的"又"分为：

重复义：①相同动作的先后重复；②相同情况、状态的重复。

相继义：不同动作的承接。

前面的两个例句都属于不同动作的承接，而且都属于已然态。

（四）"又"的多余

（23）＊到上海的飞机上，我感到非常遗憾，又决定再去西藏。但后来我的愿望很难实现。

（24）＊但是，后来又第三个和尚来的时候，他们的轮序情况也好多了。

例句(23) 中，"又"多余，因为"再去西藏"是愿望，是未然态。例句(24) 中，"又"不能位于主语前，而且用"又"的基本义是同一行为主体的动作的重复，这里显然没有重复，是"第三个和尚"的"第一次来"。可见，例句(24) 中"又"的用法不符合副词"又"的基本使用规则，因此，应该去掉"又"。

（五）与"又"有关的其他偏误

其他偏误主要分为"又"后面缺成分、用"又"来解释其他词语和"有"与"又"字体混淆三种情况。

1."又"后面缺成分

一是副词"又"直接修饰限制名词或名词性短语，但缺少谓词性成分。如：

（25）＊一个和尚既劳动又独立性。

（26）＊看了妈妈的信以后，又感动又对不起她。

例句(25) 的两个名词性成分"劳动""独立性"前面都缺少动词。例句(26) 的"又 A 又 B"结构中的 A、B 两项不是对等成分。所以，这两个例子可以修改为：

（25′）那个和尚既崇尚运动又追求独立。

（26′）看了妈妈的信以后，我又感动又<u>觉得</u>对不起她。

二是副词"又"与动词性成分连用，缺少能愿动词，多见的是缺少能愿动词"会/能/可以/可能"等。如：

（27）＊我们要善于帮助别人，这样不但可以培养自己的才干而且<u>又</u>＊受到别人的夸奖。

（28）＊化肥的过度使用既危害人们的健康，<u>又</u>＊引起土地等污染。

2."又"误代"有"

初级阶段的留学生还常常把同音的"有"和"又"的汉字混为一谈。如：

（29）＊化学肥料带来的危害不仅<u>又</u>这一个。

（30）＊李先生在<u>又</u>文化的家庭长大。

3."又"误代其他词语

（31）＊如果我的晚辈不听话，我将苦口婆心地<u>说又说</u>。

（32）＊我回答说："爸爸、妈妈做生意是为了给我买好吃的东西和漂亮的衣服。"爷爷说："不对。"我<u>又说</u>："他们要抚养我，不是吗？"

（33）＊我们家规定年纪小的帮忙出去买东西，可是到了妹妹买东西的时候，她<u>又说</u>："妈妈，我也长大了，我不想出去买东西了。"

上面几个例句，都是在描述对话时产生的偏误，可将句中的"说又说、又说"分别改为"反复劝说/一遍遍地说""反问道""却说/却又说"。造成这种偏误的原因主要有两种：一是留学生还未习得用法恰当的高级词汇或复杂语块，二是留学生采用回避策略，避开复杂的表达形式。比如他们会回避"反复劝说/一遍遍地说"，而用自认为相对保险的"又说"来表达。

三　结束语

本节基于国别化的汉语中介语语料库中随机提取的 40 万字偏误语料和 HSK 动态作文语料库中的 15 万字国别化语料，分析研究了 120 个偏误句，发现了韩国留学生使用副词"又"的一些常见偏误。分析结果表明，"又"的误代是一个比较严重的问题。"又"经常跟"再""还""也""并""而且""另"等词混淆。除此之外，"又……又……"结构与"不但……而且……"结构的异同也影响学生对"又"的习得。最后一点，就是"又"的很多语言表达功能很难激活，容易激活的往往是那些易混淆词，因此，分析透"又"及其易混淆词的用法，可以为这个词的深度习得打下很好的基础。

第九节　韩国学生习得汉语副词"还是"偏误分析

一　引言

"还是"是现代汉语中使用频率很高的常用词，既可以做副词，也可以做连词。《现代汉语词典》(第 7 版) 对副词"还是"的解释如下：①表示现象继续存在或动作继续进行；②表示不合理，不寻常，没想到如此而居然如此；③表示倾向性选择，含有"这么办比较好"的意思。

《现代汉语八百词》认为"还是"作副词有两个用法：①表示行为、动作或状态保持不变，或不因上文所说的情况而改变；仍旧；仍然。②表示经过比较、考虑，有所选择，用"还是"引出所选择的一项。其中，义项①是甲级词用法，义项②是乙级词用法。

在韩国学生习得副词"还是"的过程中存在着不少偏误。我们从韩国留学生汉语中介语语料库和 HSK 动态作文语料库中选取了 87 例偏误句，通过分析统计，将其偏误类型分为多余、误代、缺失、错序四大类。具体统计结果如下：

偏误类型	多余	误代	缺失	错序
所占比例	29%	42%	13%	16%

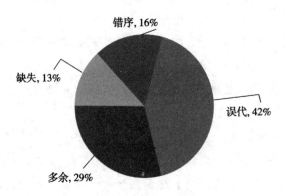

副词"还是"偏误类型占比图示

从上图可以看出，韩国学生习得汉语副词"还是"的偏误比例中，占比最大的是误代，为42%；其次是多余，为29%；错序占16%，缺失占比最少，为13%。可以发现，韩国学生习得副词"还是"，误代偏误最严重。我们应该加以重视。

下面，我们将对副词"还是"的偏误进行具体分析。

二　副词"还是"偏误分析

（一）"还是"的多余

多余是指在语言表述过程中多加了不必要的语言成分，从而使语言表述错误。"还是"的多余句有25句，在"还是"的偏误句中所占比例为29.0%。例如：

（1）＊我妈妈是老师，我爸爸也还是是老师。

（2）＊虽然有一些人享有吃不污染的食品的权利，但还是除他们以外大多数人也有生存的权利。

例句（1）违反了"A 是 C，B 也是 C"这一构式。例句（2）明显是"还是"的多余，但其中的致误机理究竟为何尚不清楚。也许学生在表达时使用的是"经过比较，考虑，有所选择"这一副词义项。

（二）"还是"的误代

"还是"的误代有37句，占总偏误句的42.0%，说明其误代偏误比较严重。"还是"作副词时的误代偏误，主要集中在"还是"与"还""仍/仍然""也"等词上。"还是"与"还""仍/仍然"翻译成英语都是"still"。"还"的基本语义是"持续"（李晓琪，2005：34），"还是"作为"持续"义是有语义背景的。"仍然"是书面语词，语体风格比起"还"和"还是"相对正式雅致一些。"也"表类同义，跟表持续义的"还是"不同。下面，我们具体来分析。

1."还是"与"还"的误代

《现代汉语虚词例释》将"还是"划入连词的范畴，《现代汉语词典》（第7版）《现代汉语八百词》和《现代汉语虚词词典》的词类划分更准确，认为"还是"是副词和连词。"还是"作副词时，常跟"还"形成误代关系。

"还"的用法：①表示动作继续进行，状况持续不变，仍然。如：我小时候背过的课文，至今还记得。②程度有所加深，范围有所扩大，表示补充追加。如：北京的夏天比东京还热。③表示不足某个标准，少于某一数量。也可以解释为"程度不高，过得去，有委婉的语气"（赵英，刘若云，2013：176）。如：这件衣服质量还可以。现在我们看几则偏误句：

（3）＊现在开始我的生活，还是晚吗？

（4）＊吃"绿色食品"还是是最好的选择。

（5）＊青少年＊还是处在成长阶段，这时候开始吸烟的话，更容易受影响。

（6）＊我这里除了烫发还是按摩，所以比较贵。

这四个例句都是"还是"误代"还"的例句。因为在汉语中，这两个词有时候意思一样。例如：

a. 吃药以后，他的头还疼。

b. 吃药以后，他的头还是疼。

留学生可能因为类似的语例就误以为二者完全一样，也就是说，他们接受了"同"，忽略了"异"，很容易导致上面的偏误。关于例句（4），"还是+N"有两种分析，一种是"还+是+N"，另一种是"还是+是+N"，只是第二种一般会凝缩成第一种。学生意识不到这一点，就会形成偏误。这类偏误需要凝缩，但是有的汉语语言现象则不能凝缩，比如表示进行态的"现在在+VP"就不能凝缩成"现在+VP"。

另外，我们认为，"还是"除了表示前文的义项③以外，剩余的两个义项其实都暗含"稍感意外，不符常规"的语义背景。留学生感受不到这种语义的细微差异，容易将其与表示"持续不变"的副词"还"混淆。这两个词的语义区分，我们可以通过下面几个例句进行分析：

c. 你怎么还吃，快上课了。（暗示"持续"）

d. 我们不让他多吃，可是他还是吃。　（暗示"意外和不符常规"）

e. 他还没有毕业。（"没毕业"的状态持续）

f. 他还是没有毕业。（隐含"意外和不符常规"）

例句 c 的"还"其实是"持续不变"之义，前面加上"怎么/为什么"，隐含的意思是"需要打破这种不变的状态"，而例句 d 的"还是"虽然也含有"持续"的意思，但是其情感色彩更强烈，隐含"不满、意外"的意思。通过这样的分析，就不难看出例句（3）（5）（6）的问题了。

在例句（4）中，"还"作为一个已经语法化了的副词，其修饰谓语或者谓词，而"还是"修饰谓词的条件之一是：不被误认为是"A 还是 B"疑问结构中的连词。如果存在这样的可能性，表达时母语者的大脑就会启动排除机制，最终选出不产生歧义的词。也就是说，学生缺乏母语者基于语感的词语选择能力，容易将副词"还是"跟连词"还是"混淆，进而又与"还"形成误代。

2."还是"与"仍/仍然"的误代

（7）＊我爷爷＊还是（仍/仍然）健在。

前文谈到，作为副词的"还是"，其语义背景有"稍感意外，不符常规"，其情感色彩更强，有"不满、意外、责备"等隐含意义。基于这样的认识，例句(7)在语义的理解上就隐含"意外"之义，这显然是不得体的。"仍/仍然"表示原有的情况没变，还是保持原来的样子。其明显的特点是偏书面正式语体，但没有强烈的情感色彩，"还"也没有强烈的感情色彩，所以例句(7)用"还""仍""仍然"都可以，但是不能用"还是"。

3."还是"与"也"的误代

"也"有四个用法：①表示两事相同，"也"用在前后两小句中，或只用在后一小句中。如：他的手艺也好，名气也大。②表示无论假设或条件成不成立，结果都相同(含有转折语气)。如：她说什么也不愿意。③表示"甚至"的意思，加强句子的语气，前面可省去"连"字，多用于否定句。如：学校有图书馆，可他一次也没去过。④表示委婉语气，多用于否定句。如：他总也唱不好。

虽然"也"的义项众多，但其基本义表"类同"(金立鑫，2005；马真，2014)。而"还是"表示持续，同时含有"不满、意外、责备"的情感色彩。了解了"也"和"还是"的基本义，下面的偏误句就比较容易分析了。

(8)＊以前吸烟，现在戒烟了，但他＊也不知不觉地找烟。

例句(8)表达的不是类同义，而是持续义，而且隐含的是"意外、不满"等情感色彩。因此，"也"应该改为"还是"。

4."还是"误代"还有/而且"

(9)＊时间过得真快，我来中国已经快一年了，才理解他为什么让我来这里，还是通过这一年的时间我决定了很多的事。

在例句(9)中，学生显然是将"还有"跟"还是"混淆了，这可能是字形因素的影响造成的。教学中，我们发现，韩国留学生特别喜欢使用"还有"，韩国语是"그리고"，这个词在韩国语中的分布范围比"还有"在汉语中的分布范围大得多，导致在用汉语写作或者说话时，这个词的汉语对应词之一"还有"呈现出一种压倒性的泛化状态。但其实，韩国语的

"그리고"对应的是汉语词有"而且、另外、此外、除此以外、还、然后"等词，但是学生分不清这些词之间微妙的用法差异，索性回避其他词，只用"还有"，从而导致大量偏误。可见，词语在母语中的分布状态会影响学生使用目的语的表现。

当然，从语义的逻辑上判断，例句（9）的"还是"应该是偏书面语的"而且"，但是汉语的"还是"没有"而且"之义，因此我们可以推断出，学生可能是从字形上混淆了"还是"和"还有"。

（三）"还是"的缺失

（10）＊我已经三十六岁了，但＊（<u>还是</u>）没有女朋友。

（11）＊我急着去学校，但＊（<u>还是</u>）迟到了。

（12）＊旅程中，我们虽然遇到了很多困难，但我们＊（<u>还是</u>）去了很多地方，吃了很多好吃的东西，看了很多好看的风景。

（13）＊我妈从我＊（<u>还是</u>）小孩儿起到出国之前，教我做人的基本道德和想法，还有男人的气魄。

例句（10）（11）（12）都是条件句，这种条件句的结构可以简单描述为：（虽然/即使/尽管/无论/就算/固然）＋主语1＋谓语1，（但是）＋主语2＋还是＋谓语2。这一句型表示"在任何情况下，结果不变"（岑玉珍，2013：135）；至于例句（13）有研究者认为（李莹，2006）：在"当/在 S 还是 X 的时候"句式中"还是"不能省略。以此类推，"从 S 还是 X 起"也同样不能省略"还是"。

（四）"还是"的错序

"还是"做副词时一般做句子的状语成分，所以多位于主语和谓语之间。但当句子中状语成分复杂时就要具体问题具体分析了。例如：

（14）＊可是不管怎么治病，农夫妻子的病越来越严重，最终<u>还是</u>她＊死了。

（15）＊她家离我家很远。但<u>还是</u>她＊每天都陪我回我的家了。

（16）＊我<u>还是</u>最尊重的人＊是母亲。

（17）＊其他人都变老了，她＊<u>还是</u>好像姑娘。

（18）＊首先，我找一个辅导老师，跟他一起学习了几个月，<u>还</u><u>是</u>跟中国人交流不容易。其次，我找专门教汉语的学校，于是，我找到了 X 大学国际交流学院。

上文的例句（14）（15）中的"还是"应该放在主语的后面，谓语的前面。例句（16）的"还是"其实是副词"还"跟系词"是"的结合，这种情况下后面经常是宾语名词，所以，例句（16）应该改为"我最尊敬的人还是母亲。"例句（17）同样如此，可改为"其他人都变老了，她好像<u>还</u>是一个姑娘。"例句（18）稍显复杂，主语是比较复杂的结构"跟中国人交流"，留学生由于没搞清楚作为副词的"还是"的位置，于是形成了偏误。

三　结束语

本节运用语料库研究法分析了韩国留学生在学习汉语副词"还是"的过程中所出现的偏误。我们发现，韩国留学生在汉语副词"还是"的学习中产生的偏误比较多，尤其是误代占比最大。误代偏误中最容易出错的是那些因为对"还是""还""还有""仍然""也"等词的差异认识不清而形成的句子。本研究的不足之处，一是偏误语料的数量还比较少，二是研究尚处于较浅的层面。因此，对于汉语副词"还是"的形式用法和语义背景的揭示，还有很多工作要做。

第十节　韩国学生习得汉语副词"经常"偏误分析

一　引言

现代汉语中，"经常"是频率副词，也称频度副词。频度副词作为现代汉语词副词的一个重要类别，虽然数量不多，但始终是对外汉语教学的重点和难点之一，留学生常常出错。《现代汉语词典》（第 7 版）对副词"经常"的解释非常简短：常常；时常。如：他俩经常保持联系。｜要经常注意环境卫生。

在韩国学生习得副词"经常"的过程中存在着不少与"经常"有关的偏

误。为此我们在韩国留学生汉语中介语语料库中进行统计和分析，共搜集到与副词"经常"有关的偏误句 13 句，并将其分为多余、误代、缺失、错序、其他五大类，统计结果如下：

偏误类型	多余	误代	缺失	错序	其他
所占比例	10.5%	15.7%	36.8%	26.5%	10.5%

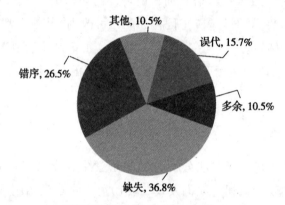

副词"经常"偏误类型占比图式

从上表中可以看出，韩国学生习得汉语副词"经常""的偏误比例中，占比最大的是缺失，占 1/3 强；其次是错序 26.5% 和误代 15.7%，多余和无法分析的偏误占比最少，都为 10.5%。

下面，我们将对副词"经常"的偏误进行具体分析。

二　副词"经常"释义

1. 经常：表示事情不止一次地发生，而且时间相隔不久（岑玉珍，2013）

（1）用在动词、动词短语前，可以加"地"，也可以不加：

　　1. 他俩很熟，<u>经常</u>一起喝酒
　　2. 他的父母感情不和，<u>经常</u>（地）打架。

（2）用在形容词、形容词短语、主谓短语前（岑玉珍，2013）

1. 一层的灯经常不亮。
2. 那个店经常灯火通明。

2. 经常：表示行为动作屡次发生，并强调其一贯性（彭小川等，2013）

1. 我们曾经说过，房子是应该经常打扫的，不打扫就会积满灰尘；脸应该是经常洗的，不洗也就会灰尘满面。
2. 其实，这也和战场上那经常出现的"怪事"一样。

彭小川等曾对比了"经常"和"时常"的差异：二者的意思和用法基本相同，但"时常"只强调行为动作的屡次发生（彭小川等，2013）。例如：

1. 打鱼要时常变换地点，游击队也要时常变换位置。
2. 树底下的沙地上，时常散落着许多被炮火打断的树枝和果子。
3. 两人也时常笑笑闹闹的，拿着真话当玩话说。

另外，受"时常"修饰的一般不能是一个含有"不"的否定形式。而"经常"则可以。例如："他经常不出门"就不能说成"他时常不出门"。

三 副词"经常"偏误分析

（一）"经常"的误代
1."经常"与"常常""时常"的误代

（1）＊我不常常收到妈妈的短信。
（2）＊我们不时常喝酒。

前文谈到"经常"前面可以加"不"进行否定，如"我们不经常见面"；"常常""时常"前面一般不能加"不"，而且，"常常"的否定一般是"不常"，而非"不常常"。"经常"还有形容词的用法，可以用来修饰名词，如"她喝酒喝醉是经常的事儿"；"常常""时常"则没有这一用法。

2."经常"与"平常"的误代

（3）＊我不明白，她经常对我很好，今天为什么对我这样。

可以发现，表示一般情况时，应该用"平常"，不能用"经常"，因为"经常"表频率，而"平常"不表频率，语义近似于"平时"。

3."经常"与"一直"的误代

（4）＊我们去游长城的那天，经常下雨。
（5）＊我得了感冒，经常下来鼻涕。

可以发现，"经常"是泛时副词，在时间上不是固定的，即具有非定指性。"一直"是持续性副词，可以用于确指时间概念。例句（4）的"那天"是时间上的确指概念，跟"经常"的泛时概念冲突。而持续性副词"一直"可以与确指时间概念"那天"兼容。因此，这两个偏误句应该改为：

（4′）我们去游长城的那天，一直下雨。
（5′）我得了感冒，一直流鼻涕。

（二）"经常"的错序

（6）＊经常我们见面。
（7）＊我们用汉语经常说话。
（8）＊在一家农家的墙上有一个洞。一只老鼠从那个洞往家里经常看。
（9）＊我结婚后，她做各种保鲜品跟自己种的菜一起经常送给我和妹妹。

汉语中，状语一般在主语和谓语中间，只有时间状语和地点状语可以放在句首。韩国学生的问题是常常把一般状语也放在句首（主语前），如例句（6）。"经常"错序偏误的第二类就是"经常"与"介词结构+VP"之间的位置错误。副词"经常"的一个特点就是单独修饰其后的成分。比如：

a. 他经常<u>抽烟</u>。
b. 他经常<u>给老人买营养品</u>。
c. 他经常<u>下了班在办公室跟同事聊会儿天再回家</u>。

对于上面的例句 a，留学生错的情况并不多，但是类似于例句 b、c 的错序偏误就比较多。其中的原因，很可能是学生受到了例句 a 这类简单句的影响，认为"经常"应该放在 V 的前面，但是他们并没有意识到"经常"也能修饰"介词结构+V+N"，于是在有"介词结构+V+N"的句子中，他们仍然将"经常"直接放在 V 的前面而不是介词的前面，于是偏误就由此形成。应该说，这类偏误是外国学生习得"经常"比较重要也是比较典型的偏误形式，是属于目的语规则的过度泛化。广大教师在遇到这类例句时需要对"经常"的位置进行"形式聚焦"（focus on form），让学生对这类用法牢记于心，提升语感，最终减少甚至消除偏误。

（10） *妈妈<u>经常</u>不说这样话。

在汉语中，"经常"是频率副词，一般来说，副词应当放在整个句子的动词之前，否定时，一般在其前面加否定副词"不"，同时最好将"经常"换为"常"。如：

d. 我们<u>不常</u>见面。

所以，明白了这一点，就知道例句（10）应该改为：

（10′）妈妈不<u>常</u>说这样的话。

但是可能有人会问,"不经常……"等于"不常……",那是不是汉语中所有情况都要用"不经常……"？汉语有没有"经常不……"的说法？其实汉语中还真有"经常不……"的说法,例如:

e. 他经常<u>不上课</u>。

f. 他经常<u>不跟老师打招呼就私自回国</u>。

从上面的例句可以看出,"经常"修饰的是后面的"不……"。"经常"跟"不"的结合不紧密,二者并不处于同一语法层面。这一观点,可以用彭小川(2013)在《对外汉语教学语法释疑201例》中"时常"的例子加以证明。

g. 我的女儿就仿佛是她的女儿似的,<u>时常</u>【不得我的同意带她乱跑】。

彭小川认为,"时常"在这里不是修饰"不得我的同意",而是修饰"不得我的同意带她乱跑"。而副词"经常"跟"时常"的用法基本一样,所以,"时常"的这一使用规律也适用于"经常"。

而在"不经常……"结构中,"不"与"经常"的结合就比较紧密,处于同一语法层面。比如:

h. 我<u>不经常</u>跟同屋去市里逛街。

也就是说,在例句h中,"经常"是先跟"不"结合,然后"不经常"共同修饰后面的"跟同屋去市里逛街"。

至此,我们可以归纳一下"经常不……"和"不经常……"的区别。"经常不……"结构仍然属于频率范畴,"经常"修饰"不……",暗示动作行为有规律可循。"不经常……"则属于打破频率或打破规律的范畴,"不"先与"经常"结合,然后一起修饰后面的成分,暗示动作行为没有规律可循。

不过,这里我们更应该关注的是"经常"后加"不……"中的"……"

有无规律可循，是不是所有的动词都可以纳入这个语法框式中。现在我们看两个例句：

> i 他<u>经常不</u>做作业。
> j 他<u>经常不</u>遵守纪律。
> k ＊他<u>经常不</u>喝酒。→他<u>不经常</u>喝酒。
> l ＊他<u>经常不</u>看电影。→他<u>不经常</u>看电影。

上面的四个句子，为什么例句 i 和 j 正确，而例句 k 和 l 却不正确？原因在哪里呢？前文谈到，"经常不……"结构仍属于频率范畴，"经常"修饰"不……"，暗示动作行为有规律可循。按照这样的解释，例句 i 中的"不做作业"经常出现，有规律可循。但是按照同样的解释，例句 k 的"不喝酒"也是经常出现，有规律可循。但是"不做作业"跟"不喝酒"是不同的，前者可以重复，后者不可以重复。按照沈家煊先生的"有界无界"理论（沈家煊，2006：2—29），前者"不做作业"有界，可重复，后者"不喝酒"无界，是一种行为的规律，是一种恒常状态，这种唯一的状态不可重复。因此例句 k 不应该纳入频率范畴，而应该纳入打破规律的范畴，改为"他不常喝酒"。

（三）"经常"的缺失

> （11）＊中国和韩国＊进行文化交流。
> （12）＊我和朋友＊交流学习经验。
> （13）＊从今以后，对父母孝道，还有＊给父母发短信我爱父母，这作业写的时候我想父母。

"经常"是频率副词，表示动作行为相对有规律的重复。在汉语表达中，语义应该明确自足，不能存在模糊之处。有时上下文可以帮助人们理解模糊的地方，但是孤立的单句，如果缺少一些必要的副词，就会出现理解上的问题。上文例句（11）（12）（13）都犯了同样的错误，那就是缺失了频率副词"经常"导致句子的语意不明确。

（四）"经常"的多余

（14）＊我每天<u>经常</u>拉肚子。

（15）＊我天天<u>经常</u>去超市。

可以发现，副词"经常"一般不能简单地跟"每天、天天"等词直接组合在一起。原因在于，"经常"是频率副词，在以"天"为时间背景的表达上，中间可以允许有中断的，并不是"每天"或者"天天"这样恒定的状态，二者在基本语义上是有冲突的。因此，上面的两个偏误句中的"经常"应该去掉，或者留下"经常"，去掉时间副词"每天""天天"。

（16）＊他<u>经常</u>爱看书。

（17）＊他<u>经常</u>爱睡懒觉。

我们知道，汉语的心理动词包括"状态心理动词"和"行为心理动词"。前者如"喜欢、爱、恨、怕、害怕、讨厌、烦"等，后者如"认为、承认、觉得、感觉"等。其中，状态心理动词表示的是一种"状态的持续"，这种持续状态时时刻刻都存在，如果受频度副词"经常"修饰，就会破坏这种持续状态。这其中的原因是什么呢？因为，"经常"是频度副词，其行为动作的连续性是可以断的，比如：

（18）老师<u>经常</u>批评我。

例句（18）的"老师经常批评我"暗含着"有时候或者某一天，老师不批评我"的语义预设。这说明，频度副词"经常"并不表示完全持续的状态，这就跟状态心理动词的"状态持续"的语义形成了矛盾，产生了冲突。因此，前面的例句（16）（17），应该将"经常"去掉，才可以成句。当然，如果我们把"经常、常常"换成"一直、一向"，那么，在语义上就协调了，比如：

（19）他<u>一直</u>爱看书。

（20）他<u>一向</u>爱睡懒觉。

综上所述，汉语频度副词"经常"不能跟表"动作持续"的状态心理动词结合。

（五）与"经常"有关的其他偏误

（21）＊他说："你的妈妈真好人，她<u>经常</u>招待<u>了</u>我，她总是给我好吃的东西。你妈妈的印象对我很深，我觉得她的善良的心情还是没变了。"

（22）＊他<u>经常</u>欺骗<u>了</u>我，我们再也不相信他。

在包含副词"经常"的句子中，句子的核心动词后面不能有"了"，因为"经常"属于经常态，而"了"主要表示完成态或变化态，二者在时态范畴上有冲突。应该说，这类偏误的量相当大。特别是韩国学生，凡是过去发生的事情，他们都倾向于加上表示过去时态的"了"，但汉语却不完全是这样。例如：

（23）童年的时光很美好，那时候，我们<u>经常</u>爬树捉鸟，玩游戏，……

例句（23）如果是韩国学生表达的话，就很容易在动词"爬""捉""玩"的后面误加上表示过去完成态的"了"。因此，广大教师在给韩国学生讲授"经常、常常"等频率副词时，一定要强调"经常句"的主干核心动词无法跟"了"共现这一重要信息。

四　结束语

本节运用语料库研究发对汉语副词"经常"的偏误进行了研究。研究结果表明，"经常"与"一直"的混淆，"经常不……""不经常……"的混淆，"经常+介宾结构+V+N"结构中"经常"的错序，"经常"可以跟"不"结合，而"不"不能放在"时常""常常"前面，"经常"一般不跟状态心理动词共现，包含"经常"的句子的主干核心动词一般不与"了"共现，等等，这些内容都是从事对韩汉语教学的教师需要特别注意的。

第十一节　韩国学生习得汉语副词"太"偏误分析

一　引言

《现代汉语八百词》（增订本）对"太"的解释为：①表示程度过头。多用于不如意的事情。句末常带"了"。②表示程度高。《现代汉语词典》（第7版）对副词"太"的解释为：①表示程度过分（可用于肯定和否定）。②表示程度极高（用于赞叹，只限于肯定）。③很（用于否定式，含委婉语气）。《汉语副词词典》对"太"的解释为：①表示程度非常高，与"很"的意思相近，多用于表示称颂、赞美、夸奖等感叹句中。一般用于肯定，句子末尾一般用语气词"了"，构成"太……了"结构。②表示超过了一般情况或者正常的要求。多用于表示不理想、不如意的句子中。

韩国学生习得副词"太"的中存在着很多与"太"有关的偏误。为此，我们从对韩汉语甲级词偏误语料库及北京语言大学 HSK 动态作文语料库中搜集到 55 例与"太"有关的偏误句，通过分析，将其分为误代、错序、多余、缺失四大类。具体统计结果如下：

偏误类型	误代	错序	多余	缺失
所占比例	67.2%	3.6%	23.7%	5.5%

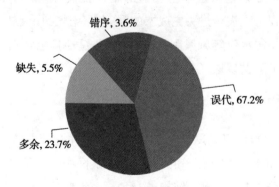

副词"太"偏误类型占比图示

从上面的图表中可以看出，韩国学生习得汉语"太"的偏误比例中，误代所占比重最大，超过 2/3，多余也比较多，缺失和错序都比较少。

下面，我们将对汉语副词"太"的偏误进行具体分析。

二　程度副词"太"偏误分析

（一）"太"的误代

误代偏误是由于从两个或几个形式中选取了不合适于特定语言环境的一个造成的（鲁健骥，1994）。在我们搜集的偏误语料中，"太"的误代句共有 37 句，占所有偏误句的 67.2%，偏误情况相当严重。

1. "太"与"很"的误代

由于"很"和"太"语义相近，韩国学生很容易将这两个词混淆。统计数据显示，在 37 个误代句中，"很"与"太"之间的误代例句就有 28 个，占所有误代句的 76%。应该说，这一比例是相当大的。

首先，"很"属于静态副词，"很+AP"是静态陈述，可以做定语。但是"太+AP"有两种用法，一是表示程度高，带有赞叹语气，多用于褒义词语前，句尾要带"了"；二是可用于贬义词语前，带有较强的感情色彩。（李晓琪，2005：27）。从上面的论述中，需要明确五点：第一，"很"是静态程度副词，感情色彩很淡，"太"情感色彩较强。在一般的陈述句中，需要用"很"而不用包含较强烈感情色彩的"太"；第二，"太+形容词"单用时往往带有贬义；第三，"太+adj+了"表达的重点是感叹，其中的形容词可以是褒义词也可以是贬义词；第四，"太+形容词+的+名词"这一结构所在的整个句子的语义背景是负面的或者说是贬抑的。"太"的语义是"过分""超过了某一个正常的限度"；第五，"太+形容词+（地）+动词"结构也是偏消极意义。例如：

  a. ＊那个小伙子<u>太</u>帅。（对应第二条）

  b. 那个小伙子<u>太</u>坏<u>了</u>。（对应第三条）

  c. <u>太</u>优秀的士兵，最后往往吃亏。（对应第四条）

  d. <u>太</u>早起床对身体不好。（对应第五条）

根据以上五条原则，我们来进行偏误分析：

（1）＊虽然这件衣服<u>太</u>贵，但是真漂亮。

（2）＊她对子女管得<u>太</u>松，她尊重子女的思想，理想。

（3）＊她是我<u>太</u>要好的朋友。

（4）＊他每天<u>太</u>努力运动。

（5）＊他的成绩实在<u>很</u>好。

通过分析上面的例句，可以发现，例句（1）中的"太"应该换成"很"或者"非常"；例句（2）的"太松"表达的是贬义，但根据上下文，显然不是贬义，因此，"太"应该改为"很"或者"非常"；例句（3）中的"太要好"是贬义，但根据上下文是褒义，因此，"太"应该改为"很"或者"非常"；例句（4）中的"太努力"也是贬义，但是根据上下文，应该是褒义，所以，太"应该改为"很"或者"非常"；例句（5）属于"很"误代"太"，因为这个句子中有"实在"这个词，后面一般是感叹结构，所以静态陈述的"很"就不符合情感的表达语境，所以，"很好"应该改为"太好了"。

2."太"与"这么"的误代

（6）＊A. 为什么家里<u>太</u>干净？

　　　B. 今天客人来我家，所以我打扫打扫。

（7）＊为什么我<u>太</u>饿，因为没吃早饭。

（8）＊怎么回事，我的房间<u>太</u>脏了。

上面三例都是在疑问语气中"太"与汉语代词"这么"的误用。"这么+形容词"，前面没有用来比较的事物，如果不是当面用手势比况，"这么"就是虚指，有略带夸张、使语言生动的作用（吕叔湘，1994：588）。带有疑问语气的词，如"为什么""怎么"等词跟"这么+形容词"结合，会使感叹的语气更加强烈。吕叔湘还认为：有时，"这么"不表示比拟的程度，只强调说话人的感叹语气，类似"多么"（吕叔湘，1994：588）。这跟彭小川等（2013：88）的观点是一样的。

对于"这么"的用法，我们需要重点关注以下四个结构，而这些结构中的"这么"都不能换成"太"：

　　e. 怎么这么+AP/VP——你怎么<u>这么</u>帅/你怎么<u>这么</u>爱玩。

　　f. 没想到，……这么+Adj——没想到，他竟然<u>这么</u>努力。

　　g. 怎么回事/怎么搞的，……这么+Adj——怎么回事，你的成绩<u>这么</u>差！

　　h. 为什么？……这么+Adj——为什么，你来得<u>这么</u>晚？

　　对于留学生来说，代词"这么"的这一用法较难，经常会出现"这么"跟"太"的误代。客观地说，这类偏误相当严重。汉语感叹的方式很多，但留学生可能只知道副词"太""真""多"表示感叹，却不知道"这么"有时候也可以表示意外状态下的感叹。其实，"这么"具有"指代区隔"的功能，同时带有感叹的意味。此外，更需要注意的是，外国学生不知道什么时候用、怎么用"这么"。对"太"与"这么"的误代，我们教师需要有清醒的认识。授课时，要自觉地对这类偏误作出"形式聚焦"（focus on form），力争让学生尽快形成语感。

　　3."太"与"非常"的误代

　　（9）＊虽然这件衣服<u>太</u>贵，但是真漂亮。

　　（10）＊我最喜欢冬天，虽然<u>太</u>冷，冻的很麻烦，但下雪的时候，挺漂亮极了。

　　（11）＊听这事情的很多个人们来农夫的家看她了，农夫<u>太</u>感谢他们，为他们杀猪给他们吃了。

　　（12）＊快到了夏天，你们忙起来，我<u>太</u>健康，你们俩放心吧。

　　（13）＊我每天除了学习还是学习，所以我的成绩<u>太</u>好。

　　（14）＊即使汉语<u>太</u>难，我们都也要学习。

　　（15）他是我<u>太</u>要好的朋友。

　　（16）＊皇陵离兵马俑不到三十分钟的路程，进了第二展室看到很多高高的兵马俑，我不由得感叹，<u>非常</u>神奇。

　　（17）＊来到北京，首先映入眼帘的是从火车站出来的许多人。那时候下午一点左右，太阳<u>太</u>热了，接着我们迫不及待地去宿舍。

　　前文谈到，"太+Adj"经常带有贬义或者负面评价意义，表示"过分、过度"，而"非常"只表程度，无褒贬，如果有情感倾向，也是"非常"后面的形容词带来的。"非常"的程度比"很"高，但达不到"Adj+极了""最+Adj"的程度。所以只要是表示程度比"很"高，又没有过多的情感色彩，就应该用"非常"。如果表示程度比"很"的程度高，又有强烈的情感评价色彩或者感叹色彩，那根据不同情况需要用"太+Adj"或者"太+Adj了"形式。所以例句(9)到例句(14)中的"太"都应该换成"非常"。关于例句(15)，我们前文说到"太+adj+的+N"一般是消极意义或者是贬义，而例句(15)显然表示积极意义或者是褒义，所以，"太"也应该改为"非常"；例句(16)中因为有"不由得感叹"这一内容，所以后面的成分一定是感叹形式，所以，"非常神奇"应该改为"太神奇了"。例句(17)如果仔细分析，会发现"太"的语言风格、感情的运用跟上下文不协调，应该改为"非常"。实际上，像例句(17)这样的偏误很难被发现，有语感的人才能体会出来。因为"太"具有强烈的情感色彩，而此处上下文是一种静态陈述的语气。若用"太"，则与上下文的情感基调不搭。

4. "太"与"过分/过度"的误代

　　(18)　*我还有话跟您说，不要<u>太</u>说爸爸啦!

有人认为，这个例句中的"太"换成"总"就可以了。"总"做副词有"表示持续不变，一直，一向"的意思，"太"有表示"程度高"或"程度过分"之意。根据上下文的语义，后小句改为"不要总说爸爸啦。"也未尝不可。只是更可能的情况是，学生将"太"理解成了"过分、过度"。这样理解在语义上看似没什么问题，但问题是"太"一般修饰形容词或者动词，修饰动词的时候是有条件的，一般的动作动词不能跟"太"搭配，能跟"太"搭配的动词一般是心理动词或者能愿动词为多(岑玉珍，2013：295)。例如：

　　i. 我妹妹<u>太</u>喜欢吃冰淇淋了。
　　j. 他的嘴太甜，<u>太</u>会说话了。

因此，例句(18)是"太"跟"过分/过度"的误代，也可以说是"太"

与"太过分地／太过度地"的误代。至此，我们可以发现，"太"总体上趋向于修饰形容词成分，即使后面有时候会出现动宾成分，但这些成分在认知上仍然接近形容词属性。比如：

    k. 我太<u>想家</u>了。

    l. 学习汉语太<u>有意思了</u>。

    m. 他太<u>沉得住气</u>了。

    n. 他太<u>把自己当回事</u>了。

例句中的"想家""有意思""沉得住气""把自己当回事"在认知上是具有形容词属性的。

5. "太"与"真"的误代

（19）　＊<u>太</u>遗憾我们三个人都不在老家大邱。

"真+形容词"可在句中充当谓语、补语，且主观性较强，有感叹色彩。同时"太"也有感叹色彩，那二者如何区分呢？这需要从两个词的用法入手去解决。汉语中，"真遗憾+小句"合法，而"太遗憾+小句"却不合法。如果加上标点符号，"真遗憾，……（小句）"和"太遗憾了，……（小句）"则都是合法的。

6. "太"与"经常"的误代

（20）　＊我和我男朋友<u>太</u>吵架／打架，所以分手了。

"经常"表示动作行为或事件发生的频率很高，常常如此，一向如此（张斌，2013：296）。根据语境可以发现"和男朋友吵架"是经常发生的，有频率性，所以不能用只表示程度的"太"，因此，这个偏误句应改为：

（20′a）我和男朋友<u>经常</u>吵架，所以后来分手了。

当然，这个句子的作者的本义很可能是：

（20′b）我和男朋友经常<u>大</u>吵（/<u>很厉害地</u>吵架），所以后来分手了。

从上面的例句中不难看出，在认知上，"太"跟"大"及"很厉害地"存在着某种语义上的相通性，稍不注意，就会形成误代偏误。

7."太"与"最"的误代

（21）＊我们常常用网络不对，很常常玩，所以浪费时间，<u>太</u>大的问题是孩子。

"最"表示极端，胜过其余（吕叔湘，1994：625）。"最"有比较义，而在本句中"太"既不是程度高也不是程度过分，所以应改为"最大的问题是孩子"。

总之，程度副词之间的意义用法有很大的相似性，如果留学生掌握不好就很容易产生偏误。"太"与"非常、真、总、过分、过度、大、很厉害、最"之间的混淆就是最好的证明。

（二）"太"的错序

错序偏误指的是由于句中的某个或某几个成分放错了位置造成的偏误（鲁健骥，1994）。在我们的语料中，"太"的错序实际上只有如下两例：

（22）＊传统思想对我们<u>太</u>影响。
（23）＊几天前，听说他<u>太</u>买了吃的东西，……

研究一下副词"太"的用法可以发现，"太"一般倾向于修饰形容词或者形容词性质的成分。修饰动词时，动词一般是心理动词或者能愿动词。因此，例句（22）（23）中"太"的位置是错误的。这两个句子应该改为：

（22′）传统思想对我们的影响<u>太</u>大。
（23′）几天前，听说他买了<u>太</u>多好吃的东西，……

（三）"太"的多余

"太"的多余主要分两种，一是一个句子用两个甚至更多程度副词，导致程度副词多余，其中就包含"太"的多余。二是在"比字句"中，不能用程度副词"太"。例如：

（24）＊她<u>太</u>真漂亮。

（25）＊她<u>十分太</u>努力了。

（26）＊北方<u>比</u>南方<u>太</u>冷。

（27）＊反而，我觉得我父母的思想<u>比</u>我<u>太</u>先进。

（28）＊我爸爸说："我觉得英语专业不太好，因为现在会说汉语的人<u>比</u>会说英语的人<u>太</u>少。"

在以上例子中，例句（24）（25）属于程度副词连用形成冗余，前者应该去掉"真"或者"太"。后者应该去掉"十分"，或者留下"十分"，去掉"太"和"了"。例句（26）（27）（28）都是"比字句"。汉语里如果要用"比字句"而且要表明差异或高低的具体程度，可以在形容词后面加上程度补语（周小兵，2010），不能在形容词前面加"很、非常、十分、太"等绝对程度副词。这类偏误是受韩语中"보다"后可出现绝对程度副词，以及韩国学生对汉语绝对程度副词和相对程度副词的用法差异认识不清两方面的原因形成的。因此，例句（26）可以改为"北方比南方冷得多"；例句（27）可以改为"父母的思想比我进步得多"；例句（28）可以改为"现在会说汉语的人比会说英语的人少得多"。

我们再看两例偏误句：

（29）＊特别是对一个未成年人来说，在他们还不能够控制自己的情况下，<u>太</u>过度地注意这样的流行音乐和自己的偶像歌手的话，很容易会失去自己生活的中心。

（30）＊但，我觉得如果<u>太</u>过度地迷恋这种流行音乐的话，我们很容易会失去自己的中心和想法，所以先要选好自己喜欢的音乐，然后适度地享受是最好的方法。

从例句(29)(30) 可以看出,"过度" 与"太" 在语义上相似,二者连用,容易形成程度冗余。因此可以去掉"太"。这两个偏误句很可能是受"太过分"这一正确的先学形式的影响而形成的。在汉语中,"太过分"合法,而"太过度"不合法。

(31) *老师,这个学期,您太辛苦了。

对于例句(31),很多人会说这个句子没有错。但是如果联系说话的语境是"期末,学生回国前跟老师再见时",就会发现,这句话跟一般中国人说的不太一样,中国人一般说"老师,这个学期,您辛苦了。" 所以这个句子应该去掉"太"。同样,如果有人去帮你了,他回来的时候,你感谢的话也应该是:"你辛苦了,谢谢!" 而不是"你太辛苦了,谢谢!" 至于为什么这样修改,可能需要放到社会语言学的层面去考虑。

(四)"太"的缺失

缺失是指在词语或句子中缺失了一个或几个成分所导致的一些偏误。

(32) *有些人说,流行歌曲比古典音乐难听,*吵了。
(33) *这样已经不是天命,是人命,这世界会发生人自己太过相信自己的情况,*过人本主义的气氛。

例句(32) 显然缺失了"太",例句(33) 根据语篇前后照应策略,前面有"太过……"后面一般也应该出现"太过……",因此,需要加上"太"。当然,可以感觉到这两个句子,很可能是基于写作时监控不力的个案型偏误,不具普遍意义。

(五)"太"的其他偏误

(34) *她不是苗条,是瘦极了。
(35) *这工艺品是太美丽,大家都赞叹。
(36) *几天前,听说他太买了吃的东西,……
(37) *传统思想对我们太影响。

例句(34) 是"瘦极了"的语体风格跟整个句子的口语体风格不协调，应该改为"太瘦了"。例句(35) 的错误点很多，首先应该去掉"是"，其次将"美丽"改为"美"或者"漂亮"，最后在前小句的句尾加上"了"。例句(36)(37) 前文将其归入了错序偏误中。这两个例句的错误是一样的，就是"太"一般不修饰普通的动作名词。可以发现，学生这样表达，是因为他们的语言水平尚处于试误阶段，出现类似错误应该说是很常见的。这两个句子应该改为：

(36′) 几天前，听说他买了太多好吃的东西，……

(37′) 传统思想对我们的影响太大。

可见，"太"本质上是一个倾向于修饰形容词或具有形容词性质语言成分的副词。

三　结束语

本节运用语料库研究法分析了韩国留学生在习得汉语程度副词"太"出现的偏误。研究发现，"太"的误代偏误非常严重，经常与"很、非常、真、过分、过度、大、很厉害地"等语言形式形成混淆误代。另外，在"比字句"核心谓词前中不能出现"太"。最后还要注意"太"与其他程度副词连用形成的程度冗余。

第十二节　韩国学生习得汉语副词"先"偏误分析

一　引言

在现代汉语中，"先"是一个比较重要的副词。《现代汉语虚词例释》对于"先"主要有以下三个解释：

一是说明某事发生在前。常见的是，前面用了"先"，后面用"然后""才""再""马上""而后"等与之呼应。有时只讲了一件事，另一件事没说，但仍表示两件事发生的先后顺序，即所讲的事发生在前面，没讲出来的在后面发生。例如：

（1）你先劝他平静下来，过一会，也许今天晚上，我去找他。

（2）任何一个部门都必须先有情况的了解，然后才会有好的处理。

（3）战争的前期，我们要避免一切大的决战，要先运动战，逐步破坏敌人军队的精力和战斗力。

二是表示"暂且""暂先"的意思，这时，"先"字后面多半有否定词。例如：

（4）四嫂，你先别这么哭，听我说。

（5）阿婶，存折先放这吧。

三是"先是"带有"先前、起初、本来"的意思。往往与"后来、接着"等词语相呼应，表示事态前后的变化。例如：

（4）徐平先是低声说着，后来就越说兴致越大，声音也越高。

按照一般的预测，"先"是一个比较容易习得的副词，但语料显示，"先"的偏误也不少，有的还比较严重。

下面，我们将对副词"先"的偏误进行具体分析。

二　副词"先"偏误分析

为开展本研究，我们在北京语言大学"HSK 动态作文语料库"和"韩国学生汉语中介语语料库"中提取了 24 例偏误语料。通过分析统计，字形偏误占 62%，缺失占 12%，误代占 12%，错序占 8%，句型搭配错误占 4%。不过有不少偏误有两种改法，分属不同的偏误类型，因此，数据稍有出入，只能作为参考。如下表所示：

偏误类型	字形偏误	缺失	误代	错序	句型搭配错误
所占比例	62%	12%	12%	8%	6%

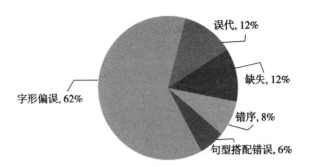

副词"先"偏误类型占比图示

（一）"先"的字形偏误

"先"在字形方面的偏误较多，占整个偏误数的62%。比如将"先"写成"现、显"等，主要原因是音近。还有一种是形近，例如将"先"写成"选、失"等。例如：

（1）＊应该父母要显听听子女的意见。

（2）＊所以我认为现解决缺少粮食而挨饿的问题，再解决绿色食品问题才能非常成功的。

（3）＊首选解决全世界人民的温饱问题，其次它给我们带来新的饮食结构。

（4）＊道选是父母要了解自己小时候的对自己的父母怎样想的；第二是了解现实，比如生活环境，经济水平的提高等。

在我们搜集的语料中，"先"误写成"显"的占8%，误写成"选"的占16%，误写成"失"的占20%，误写成"现"的最多，占56%。在分析之初，本来我们以为"先"肯定最容易误写成汉字"失"，因为这两个字的字形太接近，但是，实际情况跟预想的相差很大。究其原因，很可能是因为，"失"学得晚，"现"学得早，比如"现在"，而且韩国有著名的"现代公司"，所以"现"这个汉字对学生的视觉刺激更多，当他们忘记"先"字的写法时，最先激活的自然是"现"字。

（二）"先"的缺失

（5）＊我们＊去餐厅吃饭以后，不行的话，回家。

（6）＊我的一次旅游是今年九月，我去北京但这不是我一次去旅游，而是第一次在国外旅游。我跟朋友＊去北京然后在那跟我的韩国老师和朋友们见面。我的韩国老师在北京师范大学学习，我的朋友也在中国学习，两个人在福州，两个在昆明，一个在温州。

"先"最典型的语境是在做计划做打算的时候用。例句(5)(6)的叙述逻辑都有先后顺序，所以例句(5)"吃饭"和例句(6)"去北京"的前面都缺了"先"。当然，如果叙述已经发生的事情时，一般要用"先 v_1+了+n_1，又 v_2+了+n_2"构式。如"昨天，我们先去看了一场电影，又去超市买了一些水果，……"。

（三）"先"的误代

与"先"形成误代关系的词，最多的是"首先"，如下文例句(7)(8)，其次是"先前、早前、起初"，如下文例句(9)。

（7）＊先我们一起看这本书，然后一起考虑吧。

（8）＊世界灭亡以前，我干什么？先死前，我想婚姻。

（9）＊你先怎么不告诉我。

例句(7)(8)的"先"不能放在主语的前面，甚至可以说，因为"先"是副词，修饰谓词，所以，不能放在名词的前面。当然特殊表达形式"先他而去""先你而来"等除外。从另一个角度分析，这两个例句也可以划为错序句，后文将谈到。除此之外，例句(8)还可以划为"先"的多余句，因为这个句子中"先"与"以前"在语义上冗余，因此，可以去掉"先"，或将"先死前"改为"临死以前"。

例句(9)中的"先"误代的其实是"先前""最初""早前""开始的时候"等形式。当然，这个句子也可以将"先"移到"告诉"的前面。

（10）＊这寒假我有两个计划，先一个是学习汉语，另外一个是和朋友们一起愉快的回忆。

例句(10)是"第一个"和"先一个"的误代，汉语没有"先一个"的说法，因为这一表达形式不符合"先"的基本语法特征。当然这个句子的偏误也可以分析为"先"的多余，还可以分析为"先一个"误代"首先"。

（四）"先"的错序

上文的例句(7)和例句(9)都可以分析为错序，前文已经分析了，此处不再赘述。

（五）"先"的句型搭配错误

"先"的搭配错误主要是指与"先"发生语义关系的句型选择是错误的。例如：

（11）＊我没钱，先你的钱捎他可以吗？

（12）＊我高中学生的时候，第一次见面汉语，因为是我们的国家挑拣第三个语言。原来我挑拣日笨语，但是我的姐姐推荐了汉语。我的姐姐先开始学习汉语了，所以我也开始了学汉语，但我高中学年的时候，我对汉语没有感兴趣。

上文的例句(11)，跟"先"发生语义关系的应该是"把字句"，这句话应该改为"我没钱，先把你的钱捎给他可以吗?"。在例句(12)中，跟"先"发生语义关系的应该是"是……的"强调结构。"我的姐姐先开始学习汉语了"应该改为"我的姐姐先开始学的汉语"。

三　结束语

本节运用语料库研究方法对韩国学生习得汉语副词"先"的偏误进行了分析。研究发现，"先"并不是一个非常难掌握的副词。其偏误最多的是字形偏误，最常见的字形错误是跟"现"混淆。其次是误代偏误和错序偏误，还包括少部分跟"先"搭配的句型偏误。值得特别注意的是，"先"可能与"首先"或"先前"形成误代关系。还需要注意的是，副词"先"主要修饰动词，一般不与名词结合。最后一点就是，教学中需要强调"先"的使用环境以及其常见共现词，比如"先+VP"的后面经常有"然后、再、才、后、后来、随后、接着"等词，这些形式上的内容也是比较重要的。

第十三节　韩国学生习得汉语副词"一直"偏误分析

一　引言

在现代汉语的副词序列中，"一直"是一个比较重要的副词。《现代汉语词典》（第7版）对"一直"的解释是：①表示顺着一个方向不变；②表示动作始终不间断或状态不变；③强调所指的范围。《现代汉语八百词》对"一直"的解释是：①表示顺着一个方向不变。"一直"后或动词后常常带表示方向的词语。②强调所指的范围。用在"到"前，后面常有"都、全"呼应。③表示动作持续不断或状态持续不变。

韩国学生习得汉语副词"一直"的过程中存在着不少偏误。为开展研究，我们从韩国留学生汉语中介语语料库和北京语言大学 HSK 动态语料库共 55 万字的语料中搜集到与副词"一直"有关的偏误句 42 句，将其分为误代、多余、缺失、错序、其他五大类。具体统计结果如下：

偏误类型	误代	多余	缺失	错序	其他
所占比例	28.6%	33.3%	33.3%	2.4%	2.4%

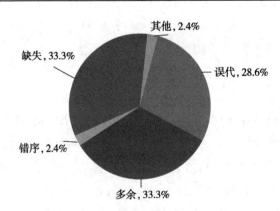

副词"一直"偏误类型占比图示

从上面的图表中可以看出，韩国学生习得汉语副词"一直"的偏误中，占比最大的是多余和缺失，两种偏误基本持平，各占总偏误的 1/3；误代略少于上述两种偏误，但仍占有较大的比例，占比是 28.6%。错序和其他类占比最少，各占 2.4%。

不难发现，我们在 55 万字的语料中搜集的语料竟然只有 42 例，似乎感觉这个词的偏误率极低。其实，通过研究，我们发现，这个词的偏误句之所以少，主要是学生回避使用这个词造成的。而且我们还发现，"一直"的缺失、多余和误代的占比都比较高，说明学生对这个词的习得难度是非常大的。

下面，我们将对副词"一直"的偏误进行具体分析。

二　副词"一直"偏误分析

"一直"这个词在对外汉语教学过程中，有很多难点。其中，语音的难点是"zh"化石化为"z"的趋势，以及"四声+二声"的声调结构；汉字的难点是"直"中是三个小横，不是两个，很多学生都错，甚至有的学生把"直"写成"只"或"真"。在语义上，"一直"经常跟"总是、老是、经常、常常、永远、继续、从来、以来"等词混淆。

（一）"一直"的误代

"一直"的误代偏误仅次于多余偏误和缺失偏误。在"一直"的偏误中占有较大的比例。这是由于"一直"这一副词的语义较多且各语义之间的联系较紧密，容易跟其他词混淆所致。其与易混淆词之间的异同是留学生习得"一直"的重点和难点。

1."一直"与"老是/总是"的误代

（1）＊我总是对各个国家的文化都感兴趣。

（2）＊他很用功，所以他的成绩总是好。

（3）＊以前很多人劝了我学汉语。除了英语以外，我总是想学别的外国语。

《现代汉语八百词》对"总是"的解释是："总是"表示持续不变，一向，一直。这里用"一直"来解释"总是"，认为"总是"的意义也为"持续不断"。而张斌主编的《现代汉语虚词词典》的解释是："总是"表示动作、行为、性质、状态从过去到现在一直如此，很少例外。有强调意味。以上两种基于本体研究的解释并不足以解决"一直"与"老是/总是"之间的区别。

通过对大量语料的分析，我们认为，"总是"是表示频度义而非持续义，《现代汉语八百词》对"总是"的解释是不妥当的，而《现代汉语虚词词典》的解释虽然有些补充，但主要表达的也是"持续义"。

关键（2002）认为"总"虽也有"动作、状态持续不变"的意思，但不是在特定时间域内的"不间断"，而是动作、状态在特定时间域内无例外的"重复"。本文研究的副词"总是"虽与"总"在用法上稍有差别，但在意义上与"总"基本相同。基于这一认识，我们接受这样的观点："总是"为频率副词，意义为表示动作、状态、事件在一定时间内无例外的重复（张丹，2011）。

张谊生在《现代汉语副词研究》一书中把时间副词分为表时副词、表频副词和表序副词三类。表时副词分为长时副词和短时副词，"一直"归为长时副词。表频副词分为高频副词、中频副词和低频副词，"总是""老是"归为高频副词（张谊生，2000）。"一直"强调持续性，"总是"强调经常性（赵新，刘若云，2013：403）。"一直"的基本语义为"持续不变"，是一种恒常态。邹海清（2015）将"一直"的语义进一步分为三种：①表示动作的持续不变。②表示状态的持续不变。③表示事件的持续不变。"一直"常表示在一段时间内持续某种动作行为，几乎没有中断，句中常有表示时间的起止点的词语，此时，不能用"总是"。而"总是"常表示"对规律、状态或特点等的归纳和总结"。前文例句（1）（2）都属于第二类"状态的持续不变"，其中的"感兴趣"和"想学"都属于心理状态。因此都应该将"总是"改为"一直"。

2."一直"与"从来"的误代

（4）＊他跟他的恋人＊<u>从来</u>合不来了，所以昨天他们分手了。

在汉语本体研究的领域，较早对"一直"和"从来"进行比较见于《现代汉语八百词》（吕叔湘，1999）和《现代汉语虚词词典》（张斌，2001）。《现代汉语八百词》对这两个词的比较有三点：①表示从过去持续到现在，二者可以通用，但"从来"的语气更重。②"从来"用于否定句为多，用于肯定句较少，"一直"无此限制。③其他用法两者都不相同。《现代汉语虚词词典》的比较也包括三点：①"一直"可以表示距今较近的时间，如"这几天他一直生病"，不能改用"从来"。②"从来"多用于否定句，"一直"常用于肯定句。③"一直"可以表示从过去到将来的情况，如"你必须一直等到明年才能离职"，不能改用"从来"。可以发现，《现代汉语八百词》与《现代汉语虚词词典》都认为"从来"多用于否定句，"一直"常用于肯定句。

不过，《现代汉语八百词》认为"从来"语气更重，这一表述过于模糊，对于分辨两者的差异基本起不了什么作用。《现代汉语虚词词典》的①表述也欠妥。如果把上面的这个例句改为"＊那几年他从来生病"，也不能被接受，这个句子不能用"从来"的原因主要不是时间词的问题，因为"＊他从来生病"本来就说不通。《现代汉语虚词词典》的①中"距今较近的时间"也是一个比较模糊的概念，学习者很难把握（任海波，2005）。因此，对这两个词的区分还需要更深入的思考。

我们认为，"从来"只标示时间域，而"一直"则只表示动作的持续态，"一直"关注的焦点不是时间而是"动作、行为、状态等的持续"。从例句（4）来看，这个句子的语义焦点在于"合不来"这一状态的"持续不变"，这一持续的状态会磨掉人的耐性，最后导致离婚。所以应该用"一直"而不用表示时间域的"从来"。

3."一直"与"常常/经常"的误代

（5）＊我得了感冒，经常下来鼻涕。

（5'）我得了感冒，一直流鼻涕。

有研究认为，"经常"是频率副词，"一直"是时间副词（张谊生，2014：22）。"经常"跟"一直"的区别在于："经常"是非恒态的，中间可以中断，而且行为并不是完全有规律地发生或出现，而"一直"是恒态持续的，语义的重点是"持续不中断"。"经常 VP"会有很多动作的起点和终点，这些起点和终点之间的间隔一般来说是无规律可循的，但是"一直 VP"除非有具体的时间标示，其他的都难说起点，也难说终点，其只强调动作行为或状态在某段时间内"持续不中断"。例句(5)的语义焦点应该是"持续不中断",因此,应该将"经常"改为"一直"。

　4. "一直"与"永远"的误代

　　(6)　*你这不良的习惯,怎么<u>永远</u>不改?
　　(6′)　你这不良的习惯,怎么<u>一直</u>不改?

　　张谊生在《现代汉语副词研究》一书中(2000:408—425)将"永远"的语法意义概括为三种:"永远 a"表示"从过去到现在直至将来",相当于"始终";"永远 b"表示"从过去到现在",相当于"从来";"永远 c"表示"从现在到将来",相当于"永久地"。但是就对外国学生的汉语教学来说,初中级阶段更需要重视的应该是其原型语义或者说基本语义。"永远"的基本语义是"时间久远而持续不变",其关注的重点更多的是"从现在开始到遥远的未来",它没有明确的终点,但起点是清楚的,那就是"现在"或"某个参照点"(张谊生,2014:411)。"一直"也表示动作行为或状态的持续,但它的关注点通常不涉及将来,更多的是动作行为或状态在一个相对固定的时间内的持续不变,这个固定的时间段更常见的是"从过去到现在"。例句(6)的关注焦点是"从过去到现在",而不是"从现在开始到遥远的未来",因此,句中的"永远"应该改为"一直"。当然,将"永远"改为"总是/总"也是可以的。

　5. "一直"与"继续"的误代

　　汉语的"一直"翻译成韩国语的义项之一是"계속",而"계속"翻译成汉语则是"继续;一直",比如汉语的"一直下雨",翻译成韩国语是"계속 비가 내려"(直译就是:继续下雨)。可见,翻译上的这种"一对多"现象很容易形成偏误。例如:

　　(7)　*我昨天晚上开始肚子疼了,<u>整夜继续</u>疼了。
　　(7′)　我昨天晚上开始肚子疼,整夜<u>一直在疼/一直</u>疼了一夜。

　　"一直"只表示持续义,但"继续"是动词,其主要的语义背景是"在行为停止前使之连下去、延长下去或不间断",这个词常用于祈使句,也可以用于陈述句。比如：

    a. 当时，我们都不想看了，可是培训师说："怎么了，为什么不看了，<u>继续</u>看，不要偷懒。"

    b. 看了5页，愣是没看懂，于是我们就<u>继续</u>看，最后终于搞明白了说明书的内容。

    c. 别停，<u>继续</u>走。

    d. 对，对，很好，就这样，<u>一直</u>走。

从上文的例子不难看出，使用"继续"时，一定是"行为者想停止或者没有意识到该不该进行下去的时候"使用，其主要语义是"连下去"，很多时候具有祈使意义。而"一直"只关注"动作行为或状态的持续不间断"，不关注有没有"停止的可能性"。而且"一直"更多用于陈述句。比如我们可以说"最近一直下雨。"而不说"最近继续下雨。"例句(7)的焦点在于"疼这一状态的持续不间断"，所以应该将"继续"改为"一直"。

6."一直"与"只/只有"的误代

    （8）＊我从早上到现在<u>只有</u>看电视剧呢？

    （9）＊教授说，你可以跟他聊聊天啊。那位女士回答，可是我丈夫根本不想跟我说话，下班以后，<u>只</u>在沙发上躺着看电视，<u>一直</u>盯电视，连看也不看我一眼。

例句(8)属于明显的前系统偏误，而且属于个案偏误。但是即使如此，我们仍然要对此加以关注。在认知上，"只/只有"是如何跟"一直"产生联系的呢?《现代汉语八百词》(1994：607)认为"只"表示"除此以外没有别的"，"只有"表示"唯一的条件，非此不可"，而"一直"表示"动作持续不断或状态持续不变"，这几个词在认知上都带有"单一"的意思，所以留学生容易将其混为一谈。

    其实，"只"是副词，"只有"多数情况下是连词，后常与"才"或"还"呼应。还有一种情况，就是"只有"是副词"只"与动词"有"的结合，比如：

> e. 他只丨有一个孩子。
>
> f. 我只丨有10块钱。

由此可见，副词"只"与动词"有"结合时，后面的成分一般是名词。而在"只有A才B"结构中，"A"的成分形态众多。所以可以发现，如果不是在"只有A才B"结构中使用，那"只有"的后面一定接名词，后面无法直接跟动宾结构。这一点，"只/只好"的使用限制就比"只有"少。"只/只好"后面都可以加动宾结构，也可以加更复杂的结构。比如：

> g. 她每天不干别的，只看电视剧。
>
> h. 没别的事情干，我只好看电视。
>
> i. 我最信任她，所以，只向她求助。
>
> j. 实在没有办法，我只好向他求救。

副词"一直"恰恰跟"只/只好"的这一语法特点有共通之处，所以根据不同的语境，例句(8)(9)应改为：

> (8′a) 我从早上到现在一直（在）看电视剧。
>
> (8′b) 我从早上到现在只看电视剧。
>
> (9′) 教授说，你可以跟他聊聊天啊。那位女士回答，可是我丈夫根本不想跟我说话，下班以后，一直躺在沙发上看电视，一直盯着电视，连看也不看我一眼。

7. "一直"和"始终"的误代

在我们的语料中，没有发现"一直"与"始终"的混淆误代句。不过现在不少本体研究的资料也都有提到二者的用法差异。《现代汉语八百词》对二者的区分包括三点：

①用"始终"的句子都可换用"一直"。

②"一直"后的动词可以带时间词语，"始终"后的动词不能。如：

　　k. 大雪<u>一直</u>下了三天。（√）

　　k′. 大雪<u>始终</u>下了三天。（×）

　　l. 我<u>一直</u>等到 12 点。（√）

　　l′. 我<u>始终</u>等到 12 点。（×）

③"一直"可以指将来，"始终"不能。比如：

　　m. 我打算在这儿<u>一直</u>住下去。（√）

　　m′. 我打算在这儿<u>始终</u>住下去。（×）

（二）"一直"的多余

"一直"的多余句有 14 句，在"一直"的偏误句中所占比例为 33.3%。这类偏误在韩国留学生"一直"偏误句中占有很大的比重。

1."一天到晚"与"一直"不兼容

（10）　＊因此大多数学生<u>一天到晚一直</u>花很多时间在学习上。

（10′a）因此大多数学生<u>一天到晚</u>花很多时间在学习上。

其实，因为"一天到晚"是一个具有偏贬义或负面评价义的词语，所以，例句(1)最好改为：

（10′b）因此大多数学生<u>每天都把大部分</u>时间花在学习上。

2."一直"与"经常"不兼容

（11）　＊<u>经常一直</u>吸烟以后呢，吐圈的次数越来越多。

（11′）<u>经常</u>吸烟，时间长了，吐圈的个数就会越来越多。

前文谈到，"经常"是频率副词，表示非恒常态，"一直"是时间副词，表示持续态，在同一个语义层面上，二者无法兼容。

3. "一直"跟"正/正在"不兼容

（12）＊我诞生以后，到现在正<u>一直</u>攒钱。

在汉语中，按照张谊生（2014：21）的分类，"正"属于评注性副词，表示动作在进行中或某种状态持续存在，经常用于叙述描写的语境中。"一直"也表持续态，二者在一起，会形成语义冗余。这一点，可能会有人反驳，认为"正"和"一直"有时候也可以结合在一起。的确如此，二者有时候可以结合，但条件是，后面常跟"V中"或者"V着"成分。比如：

n. 正一直努力中。
o. 我回头一看，那姑娘正一直盯着我。

例句（12）的时域是"从过去到现在"，而非"正一直"表达的"现时进行"状态，而且后面没有"V中"或"V着"与其搭配，所以这个句子是错的，应该去掉副词"正"。

4. "一直"与"每X"基本不兼容

（13）＊蝙蝠侠布鲁斯为了维护和平，每夜与恶<u>一直</u>战斗，很多黑手党被下狱了。

在我们看来，"一直"除了在有具体的起止时间的范围内使用以外（如：从八点到十点一直在学习），其基本时间域倾向于"从过去到现在"，"每X"是频率性的，是非恒态，中间可以中断，缺乏严格的规律，而"一直"是持续性的，具有恒态性。二者在语义上是基本不兼容的。因此例句（13）应该修改为：

（13′a）蝙蝠侠布鲁斯为了维护和平，每夜与恶势力战斗，很多黑手党成员被投进了监狱。
（13′b）蝙蝠侠布鲁斯为了维护和平，<u>一直</u>与恶势力战斗，很多黑手党成员被投进了监狱。

（三）"一直"的缺失

"一直"的缺失句一共有 14 句，在"一直"的偏误句中所占比例为 33.3%。这类偏误在韩国留学生的表述中经常出现，是一种需要引起高度重视的偏误类型。韩国学生在介词短语"从+时间+起""从时点 A 到时点 B""……来/以来"后，经常缺失副词"一直"。例如：

（14）＊从今天上午到现在，我＊空着肚子。

（15）＊两天来，我的头＊疼得厉害。

（16）＊从昨天起，我＊没吃饭。

（17）＊生病以来，他＊不笑。

（18）＊2006 年以来，我＊住在法国。

（19）＊十年来，他＊抽烟，但是现在他决定断烟。

（20）＊从昨天开始，我的牙＊疼，妈妈说，立刻去医院，可是我害怕治疗。

（21）＊首先，我要给亲友打电话，而且我一定要原谅婆婆。说实话，过了十六年，我＊不喜欢她。婆婆很固执，不但常常难为我，而且我妈妈葬礼期间，她让我愤怒。所以到现在，我＊跟婆婆赌气。

这类偏误的致误原因是韩国语母语负迁移。因为在韩语中"一直"这一时间副词与延续性的时间状语连用时，经常不出现或者无须出现。所以对于韩国留学生来说，"一直"的使用常常可以省略，这很容易造成"一直"的缺失。但对于汉语母语者来说，在具有延续性的时间状语出现时，大多数情况下，汉语母语者会自然而然地加上"一直"来强调持续义。因此，这类偏误的形成主要是跟学生缺乏汉语语感以及受母语语法的影响有关。这一类偏误很普遍，需要引起我们的高度重视。

（四）"一直"的错序

在全部 42 句偏误句中，仅仅只有 1 例错序偏误。因此我们可以得出，错序这一偏误类型在"一直"这一副词的使用过程中，并不占有重要地位。但其致误机理却值得引起重视。例如：

（22）＊我们班的班主任对我们很好，我觉得写作老师很活泼，一直对我们说话的时候有微笑。

（22'）我们班的班主任对我们很好，我觉得写作老师很活泼，对我们说话的时候一直带着微笑。

我们知道，"一直"是副词，主要修饰谓词成分，但是"对我们说话的时候"属于时间状语，"一直"是时间副词，也常充当时间状语，但在与谓词结合的紧密性上，"对我们说话的时候"则大大弱于"一直"。因为"……的时候"的游离性强，可以放在主语的前面，也可以放在主语的后面，而"一直"只能放在主语之后，谓语之前。因此，例句（22）的"一直"应该放在"对我们说话的时候"的后面。

（五）与"一直"有关的其他偏误

（23）＊有史以来，代沟问题一直不断地存在。

（23'）有史以来，代沟问题一直存在。

在这个句子中，"一直"的使用没有问题，但其与"不断"形成了语义冗余。"不断"的语义是"连续出现某种情况"，表示"新情况或新事物持续出现"，但是谓语动词"存在"是无界词，无法受"不断"修饰。"不断"最常修饰的动词是"出现"而不是"存在"。所以，例句（23）应该去掉"不断地"。

另外，"一直"除了后接时间词的情况以外，一般不跟"了"共现。例如：

（24）＊我有四个非常亲密的朋友，她们跟我从18岁的时候一直认识了。

我们知道，"一直"后是可以加时间词的。例如：

p. 我一直看到了12点。

q. 他一直看了两个小时电影。

除了这类"一直+时间词"可与"了"共现的情况以外,"一直"一般不跟"了"共现。例句(24)就是如此。其应改为:

(24′a) 我有四个非常亲密的朋友,她们跟我从 18 岁的时候就<u>一直</u>认识。

或者去掉"一直",用"就"突出这个句子"强调时间早"的概念,此时就需要完成态助词"了"的参与。

(24′b) 我有四个非常亲密的朋友,她们跟我从 18 岁的时候就认识<u>了</u>。

三 结束语

本节运用语料库研究法分析了韩国留学生在学习汉语副词"一直"的过程中所出现的偏误,并对其致误机理进行了探讨。研究发现,韩国留学生在汉语副词"一直"的学习中产生的偏误比较多,尤其是多余、缺失和误代占比较大。特别是在语义以及用法上,很容易形成混淆误代。"一直"常跟"经常、总是、从来、继续、只有、始终"等词形成混淆误代关系。"一直"的缺失与学生缺乏语感以及受韩国语语法的影响有关。多余偏误方面,"一直"一般不跟"一天到晚、经常、每X、正/正在"共现。同时我们还认为,韩国留学生的"一直"偏误有很大一部分跟韩国语母语负迁移有关,显示出鲜明的发展特征。而且鉴于"一直"语义非常模糊,因此我们认为,这个词是一个很难习得的副词。

第十四节 韩国学生习得汉语副词"也"偏误分析

一 前言

副词作为汉语语法中的重要组成部分,一直是韩国留学生学习的难点和重点。"也"是现代汉语中使用频率较高、意义和用法相对复杂的副词，同时也是韩国留学生在学习汉语时不易掌握的难点之一。

二　"也"语义的确定及义项划分

(一) 副词"也"的本体研究

副词"也"在现代汉语中的使用频率较高且语义较为复杂。汉语本体研究领域，"也"是研究的焦点之一。下面是本体研究领域的一些主要观点：

《现代汉语八百词》(增订本) 认为"也"的释义有四条：①表示两事相同。②表示无论假设成立与否，后果都相同。③表示"甚至"，加强语气。④表示委婉语气。

《现代汉语词典》(第 7 版) 对"也"作为副词的解释有六条：①表示同样；②单用或重复使用，强调两事并列或重复对待；③重复使用，表示无论这样或那样，结果都相同；④用在转折或让步的句子里，隐含结果相同的意思；⑤表示委婉；⑥表示强调。

马真先生(1999) 在《现代汉语虚词散论》中指出："也"的基本作用是表示类同，有实用和虚用两种用法。同时，它还能表示委婉语气。

刘月华(2001) 在《实用现代汉语语法》中认为："也"主要用法有三种：①表示"类同"，做状语；②"也"起关联作用，用在复句的第二个分句或紧缩句的第二个动词(短语) 前；③用来缓和语气。

(二)"也"语义的确定及义项的划分

从历时研究的角度来看，副词语义的衍变都会经历一个由实到虚的过程。实义与虚义之间是相互联系的。我们认同马真先生(1999) 对"也"的语义的看法："也"的基本义是表示"类同"。其表示委婉语气的用法也是从基本义延伸过来的。我们对"也"的义项分类主要参考马真先生对"也"的义项划分。

据此，我们把"也"的义项划分为两大类，第一类表示类同义，包括实用用法和虚用用法。第二类是表示委婉语气。如"你也太不客气了。"

下面是"也"的第一类义项，也就是"表类同"义的两种典型形态。

表 1 表示"类同"的实用用法（X、Y 代表名词主语，W 代表谓语）

序号	句子形式	例句
1	XW，Y 也 W	他看了，我也看了。
2	XW1，X 也 W2	他搞文艺批评，（他）也搞文艺创作。
3	XW1，Y 也 W2	地扫了，玻璃也擦了。

表 2 表示"类同"的虚用用法

序号	句子形式	例句
1	虽然/尽管……，也……	尽管下雨，他也来了。
2	即使/就是……，也……	即使我去拿，也不一定能拿来。
3	不仅/不但……，也……	这玩意不但我没见过，我妈也没见过。
4	无论/不论/不管……，也……	无论什么天气，他也会去。
5	连……也……	连饭也忘记了吃。
6	V 也 V+可能补语否定式	洗也洗不干净。
7	一……也+不/没有……	一口酒也不喝。
8	疑问代词+也……（否定成分）	谁也不说话。

三 副词"也"偏误分析

在韩国留学生习得副词"也"的过程中存在大量与"也"相关的偏误。为此我们从 HSK 动态作文语料库以及韩国留学生汉语中介语语料库中搜集到与副词"也"有关的偏误句 250 例。通过分析，将其偏误类型归纳为多余、缺失、误代、错序、其他五大类。具体统计结果如下：

偏误类型	多余	缺失	误代	错序	其他
所占比例	36.4%	16.4%	33.2%	9.6%	4.4%

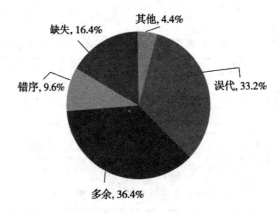

副词"也"偏误类型占比图示

可以发现,"也"的多余和误代偏误比较严重,教学中需要引起重视。

(一)"也"的多余

多余指句子、语篇中多了不应该出现的语言单位。这类偏误共有91例。

1. 无"类同"义的误加

(1) *上大学的时候跟朋友们的关系是非常好的,他们也已经成了我重要的客人了。

(2) *他很喜欢听别人这样称呼他,但我呢,倒也不喜欢听这个别名。

这两个例句都多余了"也",这是因为留学生没有正确理解句子的逻辑关系。"也"的基本义是表示类同,而在这些句子中没有用"也"表达类同义的需要。

2."也₁……也₂……"结构中"也₁"的多余①

(3) *长辈也对晚辈的理解也远远不足。

(4) *如韩国也二、三十年前也有因没有吃东西而挨饿的人。

① "对"也1"和"也2"的标注是为方便在例句中对同时出现的两个"也"进行辨认,"也1"和"也2"语法意义相同。

（5）＊他<u>也</u>长大了以后自己也会觉得"那时太幼稚了"，这样回顾过去。

在这三个例句中，都是跟在主语后的第一个"也"多余。这里我们要考虑到学习者写作时的监控时间和目的语负迁移的问题。HSK 动态作文语料库收录的语料虽然是高级汉语水平的留学生的作文，但并没有标注出写作者学习汉语的时间，同时它的作文时间也有限制。这就意味着可能有学习者学习汉语的时间并不长。在韩国语中，表示"也"的词通常都加在主语之后，学习者在写作文时可能来不及监控就受母语影响直接输出了"也$_1$"。

（二）"也"的缺失

缺失是指在句子、语篇中缺失了某个或几个语言单位（周小兵，2007）。"也"的缺失偏误。共有 41 例。

1. 表示"类同"的缺失

（6）＊当时我很小，不能了解父亲那样经常喝酒的习惯，而且＊不想了解。

（7）＊其实，我小时候很少表现对他们的爱情，很内向，行动＊很消极，不过步入社会遇到麻烦应该由我来解决才能得到锻炼，学会到怎么解决问题等等的原因。

（8）＊我觉得他们并不是没有代沟问题，可是他们努力地试一试对方的行动、生活方式等，好像我不是我，而是对方的样子，要解决的话，也要自己的努力，现代很快就变，人们的思想＊很快变化。

从出现的偏误情况来看，可以发现，学习者没有掌握"也"表示"类同"的基本义。比如例句（8）的最后一句话就应该改为"人们思想的变化也很快。"

2. 关联词或构式中"也"的缺失

（9）＊可是，不知道为什么，当时，我连一句话＊不能说出来。

（10）＊即使白天工作忙，我＊觉得不那么疲劳。

（11）＊虽然固执自己的观念＊要遵守社会的要求。

关联词或构式中"也"的缺失虽然存在，但数量并不多，基本上是对关联词或构式的用法不熟悉导致的。特别是前两句，学生对"连……也……"和"即使……也……"结构不熟练，导致"也"的缺失。例句（11）相对来说比较难，因为"虽然……也……"不属于原型结构，是一种基于"虽然……但是……"结构的衍生结构，学生的水平尚处于适应"虽然……但是……"的过程中，不会用语义背景更复杂的"虽然……也……"结构当然也就不足为怪了。

3. 表委婉语气"也"的缺失

（12）＊所以政府对不戒烟的人＊没办法，只好为了不吸烟或者戒烟的人公布了好办法，那就是在公共场所边走边抽烟的人将被罚款。

在"也"的缺失偏误中，关于表示委婉语气"也"的偏误出现得最少。这是因为表示委婉语气的"也"的语义高度语法化，抽象化，相对"也"的表示类同的基本义来说，它是最难习得的。因此，留学生在使用的过程中会有意识地回避。

（三）"也"的误代

误代是指某个语法位置上用了一个不应该用的语言单位（周小兵，2007）。"也"的"误代"是指本应该使用"都""才""就""还""却""而且""已""又"等词的情况下，却使用了"也"。这类偏误共有83例。

1. "也"误代"都"

首先，在"……都VP"结构中，"也"常常误代"都"。例如：

（13）＊自己重要，环境也重要，千万不要用化肥和农药，这不是我个人的希望，好像全世界人也这样的想法。

（14）＊周围一切可以燃烧的东西也烧起来了。

（15）＊因为经济不景气，所有的东西价钱也涨价了。

"也"的基本义是表示"类同"，"都"的基本义表示"总括"。从这两个例句来看，例句(13)中的"全世界人"已经指全世界所有人了，怎么可能在所有人之外有其他人的想法。例句(14)同样如此。"周围一切可以燃烧的东西"指的是"一切可燃烧之物"，若用"也"表示"类同"，就意味着在"一切可燃烧之物"之外还有可以燃烧的东西，这在逻辑上显然说不通。学生没有语感，表达时也不会想那么多，全凭"跟着感觉走"，所以很容易出现此类偏误。

(16)　＊随着社会经济的发展，每个家庭的生活水平也提高了。

例句(16)中的"每个家庭"是以一概全，指的是"所有的家庭"。如果用"也"就意味着在所有的家庭之外还有家庭的生活水平也提高了，这在逻辑上显然也说不通。

(17)　＊因为各人都有各种各样的原因，虽然各个原因不同，但是你们努力的话，什么代沟也可以解决。
(18)　＊现在在什么地方也容易听见流行歌。
(19)　＊抽烟他的身体健康不好，但他停止抽烟以后，现在什么也很好。

这类偏误属于对"也"虚用用法中"疑问代词+也+VP"的掌握不全面导致其与"疑问代词+都+VP"结构混淆所致。以例句(18)为例，"什么地方"是任指的用法，指"任何地方"。在这其中，每一处"地方"都是平等的，没有哪个比哪个更重要更特殊，这是用"任意一个地方"来代替"所有的地方"。如果用"也"，就意味着还有类同的地方，这显然说不通。

但当VP为否定形式的时候，情况就不同了，请看例句：

(20)　我什么也不懂。
(21)　我什么都不懂。

疑问代词"什么"还是任指的用法，但在人的认知中，事物是有区分的，有难懂的，也有易懂的。当 VP 为肯定形式时"什么"倾向于表达事物本质上平等的一面，"都"总括集合中的所有事物。而当 VP 为否定形式时，"什么"倾向于表达人的认知中最易懂的那个事物，即主观最小量。"都"的语义从核心意义向边缘意义过渡，虽还是总括，但也有了"标举极点"的意味，暗含"不懂最基本的知识"。"也"的基本义是类同，"也"通过标举集合中的极点与集合中其他点类同，即最简单的和其他的是一样的，都不懂。从而凸显极点，使句子的语气加强（邹岚，2010）。

同时，"也"和"都"的区分仍然要看基本义。"都"是总括，"也"是类同。也就是说，"都"是将集合中的个体在认知上作为一个整体来看，但是"也"正好相反，是将集合中的个体都作为独立的个体来看。"都"强调"最基本的不懂，不用说其他的，肯定全部不懂"，而"也"强调的是"不懂这个，不懂那个，……，不懂第 N 个"。"也"暗指集合内的成员是平等的，但"都"暗指集合内成员是存在优劣高下的，但其语义焦点是"总括"。比如：

（22）这个句子，我都不懂，你怎么可能懂？

（23）连最简单的都不懂，何况那些难的呢？

可见，"都"和"也"在核心语义上是不同的。从严格意义上来说，在中国人说话的过程中，使用"也"和"都"的时候，必定存在深层的语义背景。留学生没有语感，又受课堂上一些固定语法结构的影响，比如"一点儿也/都不……""什么也/都……"等，包括教师在授课时告诉学生在这些结构中用"都"和"也"都可以，这极易形成"也"和"都"的混淆。

其次，"也"在条件复句中也容易误代"都"。例如：

（24）*无论这些想法是对的还是错的，父母也应该努力了解这些新的想法。

（25）*现在的青少年一般都在抽烟，无论我的朋友还是我认识的弟弟也在吸烟。

例（24）中"是对的还是错的"是表示正反关系的并列成分，这个表示正反关系的并列成分构成一个范围。"也"没有总括义,不能总括这个关系。而且前文说过,使用"都"的时候,暗指"集合内成员是存在优劣高下之分的",例句(24)中有"对的""错的"是特性属性有差异的个体,因此应该用"都"。

当然,可能有观点会提出反驳,认为"也"也可以指"有差异的个体",为解决这一问题,我们看两个例句:

(26) 我很帅,他也很帅。

(27) 我喜欢帅哥,也喜欢大叔。

例句(26)是指"他"和"我"在长相上的"类同",是"我"在特征属性"帅"这一点上跟"他"类同,"也"的语义指向是后小句的主语"他"。但是例句(27)是将"帅哥"和"大叔"作为平等的个体。其语义指向是前指,表示的是"我喜欢帅哥"和"我喜欢大叔"这两者类同,没有差异,"也"的语义指向是前面的主语"我"。

"都"可以和"无论+选择格式/正反格式"配合,表示强调;"也"不能。例如:

(28) 无论流行歌曲还是民歌,我都喜欢。

(29) 无论去不去,我都会通知你。

上文的偏误例句之所以错误,原因在于学生不明白"也"与"都"在使用上和语义背景上的差异。

2."也"误代"才"

(30) *两方都要努力了解对方,才能解决这个问题,也能继续发展。

(31) *现代科学技术越来越发展,我们应该利用科学,发明不会污染环境的化肥和农药,这样才能使产量增加,也可以吃"绿色"。

(32) *这样做的话我们的身体也会越来越好,人们的生活水平才能有提高。

例(30)(31)(32) 都表示"只有在某种条件下然后才怎么样"。"也"没有这个义项。当然实际的致误原因可能更复杂。学生想表达的是表类同义的"也"的语义，但忽视了行文过程中必须受"条件句"语义上位框架的限制，突破这个语义框架的限制，就容易导致"也"的"乱入"。

3. "也"误代"却"

(33) *……，但是你也这样做，我很难受。

(34) *相反也有有病者用把听各种自然音的方式来治病的情况，自然音和噪声之差这么明显。

(35) *随着科技文明发展，精神文明和经济发展也不如以前。

这三个例句都是表示转折，虽然有"虽然/尽管……，也……"的用法，但这并不意味着"也"具有表示转折的意思，而是这个格式有表示转折的意思。既然"也"没有表示转折的义项，那就应该使用"却"。

4. "也"误代"就"

(36) *这个现象是很久以前也有的。

(37) *如果在这个故事中的和尚之中有只有一个想到该结果会怎么样的话，他也可能和别的和尚讨论了，办法出来节约喝水的。

(38) *可有人也喜欢人抽烟的样子，……

例句(36) 这里的"就"表示事情发生的早，"也"没有此义项；例句(37) 是指"在某种条件或情况之下怎么样"，"如果……就……"是一个固定搭配；例句(38) 中的"就"表示加强语气，"也"只能表示委婉语气。

5. "也"误代"还"

(39) *妈妈最伤心了，不仅要替我们担心，也要担心顾虑买菜的钱。

（40）＊下次我也写给你们我的情况。祝你们健康。

（41）＊在一些国家，也有许多生活艰难的人们连一般的食品也吃不起，整天生活在饥饿当中。

在表示递进或者程度更深的时候，应该使用"还"，因为"还"有补充递加义。虽然汉语中也有"不仅/不但……，也……"结构，这里的"也"表类同义，不表示补充递加义；当然，例句（40）除了可以使用"还"以外，还可以使用"再"。

6."也"误代"又"

（42）＊因为这只是流行歌曲而已，也不是决定我的人生。

（42′）这只是流行歌曲而已，又不能决定我的人生。

这里用"又"是加强否定，"也"无此义项。

（43）＊我以前看过这部电影，今天也看了一遍。

"又"可以表示同一动作行为或情况重复出现，多数情况下是完成态，动词后常跟"了"。因此例句（43）的"也"应该改为"又"。

7."也"的其他误代

（44）＊你想一想，物质丰富的现在也有不少人饿死了。

（45）＊如果三个人中有一个人肯去打水，那么其他两个人就平安地能喝水，也两个人轮流着去打水，这样下去，他们全部共同快乐地就能生活下去。

例句（44）是想表示出乎意料之义，"也"无此义项，应该用"竟"。

例句（45）表示未定的选择，应该用"或者"，"也"无此义项。而且，副词"也"不能放在主语的前面。

（四）"也"的错序

错序是指句子、语篇中某个语言单位的位置顺序错了（周小兵，

2007）。"也"的错序共有 24 例。

　　1."也"与其他状语位置颠倒

　　　　（46）＊同一代人也有时不能了解同一代人。
　　　　（47）＊我也过几年后可能结婚。
　　　　（48）＊这是不仅仅对病人，也对家属都有好的一面。
　　　　（49）＊其实我也当然想吃很新鲜的绿色食品。

　　"也"与时间状语、语气状语、处所状语、对象状语共现时，韩国学生由于受母语负迁移的影响，常常不顾汉语多项状语的排列规则，把"也"直接放在主语后，造成语序偏误。这其实有目的语规则的过度泛化的因素在起作用，因为学生接触过大量的"我也……""他也……"等形式，句子稍微一复杂，他们还是按照简单句的形式来组织句子，于是就容易形成偏误。

　　张谊生（2002）认为：凡是无论单用还是合用都只能位于句中主语之后谓词性成分之前，既有限定功能又有连接功能的是连接性关联副词。如：就、才、也。

　　刘月华在《实用现代汉语语法》（2001）一书中认为：在递加关系的多项状语中，状语的排列顺序如下：①表示时间的状语②表示语气、关联句子的状语；③描写动作者的状语④表示目的、关涉、协同的状语⑤表示处所、空间、方向的状语⑥表示对象的状语。因此，在例句（46）中，表示时间的"有时"应放在表示关联的"也"的前面。

　　例句（48）是关联副词状语"也"与表示对象的介词短语状语错序。表类同的关联副词"也"应靠近句义重心"有"，表对象的介词短语状语与谓语关系较远，应放在关联状语之前。例句（48）应改为"这不仅仅对病人，对家属也都有好处。"例句（49）是关联副词状语与语气状语共现错序。汉语中，语气状语指向主语，表明主语的主观态度，应放在靠近主语的位置（王坤，2013）。关联状语"也"表示类同或重复，应放在句义相同项谓语中心之前，所以，关联副词状语与语气状语共现时，语气状语一般放在关联状语之前。因此，例句（49）应为"其实我当然也想吃很新鲜的绿色食品。"

2. "也" 与主语错序

首先,在主谓谓语句中,"也"错误地放在了大主语之后小主语之前。例如:

（50）＊我们国家<u>也</u>这样的事情很多。比如说看起来死了,但是他还呼吸,这样的我们应该怎么办!

（51）＊工作方面<u>也他</u>真厉害。

在这一类偏误中,学习者错误地把"也"放在了大主语之后小主语之前。例句(50)中,副词"也"与韩语的"도"一样,表示类同或重复,韩语一般将"도"置于主语之后,受这种负迁移的影响,韩国学生往往不顾句子的实际情况,简单地将汉语关联副词"也"放在主语之后。而例句(50)是主谓谓语句,"也"应置于表示句义重心的相同项"很多"的前面做状语。所以这个句子改为:"我们国家这样的事情<u>也</u>很多。……"

当然,还有一种错序是"也"与其他状语的位置颠倒。例如:

（52）＊但是,我<u>也</u>作为一个人认为,尽管上帝赐给我,但是一生总是艰难痛苦的话,这一生有什么意思呢?

在例句(52)中,"作为一个人"是句子的状语,其游离性较强,跟谓词组合的强度低于"也",因此应该改为:

（52′a）作为一个人,我<u>也</u>认为,……。

（52′b）我作为一个人<u>也</u>认为,……。

其次,在复句中"也"也经常发生错序。例如:

（53）＊有时候,有时给我错的电话,<u>也</u>他们没认他们自己的错。

在韩国语中,"也"通常是位于主语之后,由于母语负迁移和监控时间过短，留学生只关注到句子的第一个主语，因而导致偏误发生。

（五）与"也"有关的其他偏误

（54）＊如果得病的人<u>一点也</u>有治好的条件，虽然病人和家人的痛苦很大也绝对不能采取"安乐死"的方法，可是<u>一点也</u>没有希望而且病人愿意的话，才采取"安乐死"的方法。这样的话，才是帮助死者和家人解脱痛苦。

可以看出，这里的语序偏误实际上是"一点儿"的位置错误，正确的语序应该是"如果得病的人也有一点治好的条件"。但这样改，并不是说"一点儿"不能放在"也"的前面。反例是：

（55）那件衣服的样式，我<u>一点儿也</u>不喜欢。

而且在例句（54）中还有另外一个"一点儿"和"也"结合的例子，即：

（56）＊可是<u>一点也</u>没有希望而且病人愿意的话，才采取"安乐死"的方法。

关于例句（56），究竟是用"一点儿也没有希望"还是"一点儿希望也没有"，有的人认为都可以，有的人认为后者更好。看来，新的问题不仅仅是"一点儿"跟"也"的语序问题，而是"一点儿+N+也+不+V"与"一点儿也+不+V+N"两个结构各自成句条件的问题。下面我们尝试着分析一下。

A 式：一点儿+也不+V+N；　　B 式：一点儿+N+也不+V

首先来看这两个构式，我们可以发现 A 式中的"一点儿"修饰的是"也不……"，而 B 式的"一点儿"修饰的是 N。请看例句：

（57a）一点儿也<u>不帮忙</u>。
（57b）一点儿<u>忙</u>也不帮。

（58a）一点儿也<u>不帮我</u>。

（58b）＊一点儿<u>我</u>也不帮。

通过这四个例句，我们可以进一步思考，能够真正把 A 式和 B 式区分开的实际上是看哪些 N 可以进入 B 式中，哪些 V 可以进入 A 式中。我们再来看例句：

（59）他是一点儿情面也不讲啊。

（60）我是他的老上级，可是他一点儿面子也不给我。

（61a）一点儿水也不喝。

（61b）＊他一点儿也不喝水。

（62a）＊他一点儿不做饭。

（62b）他一点儿饭也不做。

（63a）他一点儿不学习。

（63b）＊他一点儿汉语也不学习。

（64a）他一点儿正事也不干。

（64b）他一点儿也不干正事。

初步发现，"一点儿"在 N 前时，N 一定是普通名词，N 既可以是物质名词"粮食、水"等，也可以是抽象名词"思念、教训"等。这些名词都是非定量的，由它们形成的概念节点（conceptual node）都具有无界性；定量而具体的名词不可以被"一点儿"限制，例如"桌子、椅子、电视机、我"等。因为由它们形成的概念节点具有有界性。

四　结束语

汉语副词"也"是汉语中的一个重要虚词。一般的观点会认为，外国学生学习这个词应该非常容易，实则不然。本节运用语料库研究法对搜集到的 250 例偏误句进行了分析和描写。研究发现，误加和误代是最典型的偏误形式。误加偏误受韩国语母语负迁移和目的语规则过度泛化的影响有关。误代方面，"也"会经常跟"都、才、就、却、还、又"等词形成误代关系。只有解决了这些词与"也"之间的异同关系，学生才能比较准确地理解"也"的语义。错序方面,"也"跟谓词的关系更紧密,应该放在其他修饰词的后面,然后修饰谓词。比如"有时也……""当然也……""过几年后也……"等。另外,"也"不能放在主语的前面。最后,我们还发现,"一点儿+N+也+不+V"与"一点儿也+不+V+N"两个构式各自成句条件和制约因素亟待解答。虽然本文做了一些探讨,但仍不深入,值得继续研究。

第十五节　韩国学生习得汉语副词"正"偏误分析

一　引言

《现代汉语八百词》认为"正"有三个义项:

①表示动作在进行或状态在持续中。其公式是:正+动词/形容词+着+呢。

对这一公式的认识,首先,单音节动词、形容词要带"着",双音节以上可带可不带。如:

　　a. 我正等着呢。| 我们正讨论呢。

其次,双音节动词或短语的前后有介词短语时,单音节动词后面有介词短语时,句末可不加"呢"。如:

　　b. 他们正在楼上讨论。| 问题正摆在我们面前。

再次,正+动词/形容词+着。用于复句中前一小句,表示在某一动作进行中另一动作发生。如:

　　c. 正走着,听见后头有人叫我。| 大伙儿正忙着,客人已经到了。

最后,这一结构没有否定式。

②表示巧合,恰好,刚好。其公式是:正+谓词。如加动词的"你来得真巧,我正要找你。"加形容词的"大小正好"。

③加强肯定语气。如：正因为如此。｜问题正在这里。

韩国留学生在使用汉语副词"正"表达的时候，会出现大量偏误。从留学生使用的情况来看，要表示动作进行或状态持续的意思，他们更倾向使用时间副词"正在"，"正""在"表示此项功能的用法被弱化，因此在使用时，也较少产生此类用法的混淆(邹小青、白书鹏，2012)。

本节对韩国留学生汉语中介语语料库和 HSK 动态作文语料库中有关韩国学生使用副词"正"的偏误语料进行了统计和分析。发现在汉语中介语语料库中一共有 11 条存在偏误的语料，其中 2 条与副词"正"的用法不相关；中山大学的汉字偏误标注的汉语连续性中介语语料库中有 23 条和"正"这个字相关，其中有一条副词"正"的误代；HSK 动态作文语料库中韩国留学生关于副词"正"的所有语料为 58 条，其中关于副词"正"的偏误句为 4 条。通过分析，我们将副词"正"的偏误类型分为误代、缺失、多余、其他四大类。具体统计数据如下：

偏误类型	误代	缺失	多余	其他
所占比例	57.2%	28.6%	7.1%	7.1%

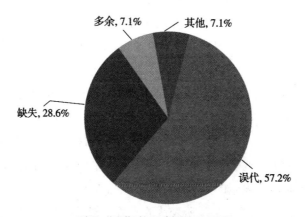

副词"正"偏误类型占比图示

从上表中可以看出，韩国学生习得汉语副词"正"的偏误比例中，占比最大的是误代，超过一半；其次是缺失、多余和其他。同时还发现，竟然没有"缺失"的情况出现。这很可能跟学生习得语言的回避策略有关。

下面，我们将对副词"正"的偏误进行具体分析。

二 副词"正"偏误分析

（一）"正"的误代

误代是指在语言表述过程中对某关键词进行了不正确的替换。副词"正"的误代主要集中在两方面，一方面是在该用副词"正"的时候用了其他词语，另一方面是在不该用副词"正"的时候对其使用。

1."正""正在""在"三者的混淆误代

（1）＊我觉得在韩国也一样的情况。这今年四十多岁，所以<u>正在</u>面临着上有老人，下有孩子的困难。

（2）＊然后打了想起来的人电话，可是打不通。可能他们也<u>正在</u>跟想起来的人打电话了。

（3）＊<u>正在</u>玩得开心时，看见一个一个脸色不好的老人向我们走来。

在汉语中，"正"和"正在"都可以表示动作在进行中或状态在持续中，"正"比"正在"更口语化一些。从使用情况来看，表示动作的进行或状态的持续，留学生更倾向于使用时间副词"正在"，"正"表示此项功能的用法被弱化。例句（1）是"正 V 着"的典型用法。"正"表示"某一动作状态的进行持续或发生与某一时间相契合"，也就是说，"正"与动词连用，既可以表示在某一时点，某一动作状态正在进行或持续中，此时表示持续的动作或状态，也可以表示在某一时点，某一动作恰好发生，表瞬间的动作。"正"的语法意义包含"某一时点状态的持续"，所以状态动词可以跟"正"连用（刘亚璇，2009）。例句（1）中的参照时间为"今年四十岁"，是一个时点，表示的是"四十岁"与"上有老，下有小"的困难相契合，因此用"正"。而"正在"所表达的时段只能是有时界的时段，不能是无时界的时段。例句（2）中的"正"更多的是表示"恰好"，也表示动作在进行或状态在持续中，但是"正在"没有"恰好"的意思。例句（3）应该改为：玩得<u>正</u>开心时，看见一个个脸色不好的老人向我们走来。表示人的心理的动词既可以表示人的某种心理状态（静态），也可以表示人的某个心理活动（动态）。与"正"连用时，既可以表示人恰好处于某种心理状态，强调某一时点的心理状态，也可以表示人的某种心理活动在持续中，强调某一时段心理活动的进行。"正" 和动词连用一般构成"N＋正＋V＋着/呢/着呢" 和 "V＋得＋正＋A" 两个结构。"正" 和形容词连用构成的"V＋得＋正＋A" 结构中，"正" 是指向形容词的，而不是前面的动词，表示在某个时间，人或事件恰好处于某种状态中。这一结构包含"时点" 义，所以用"正"。"正在" 包含时段义而不表示"时点"，不能表达某一时点状态恰好处于某一情状。所以"正在" 只能出现在"N＋正在＋A" 结构中，不能出现在"V＋得＋正在＋A" 结构中（刘亚璇，2009）。

副词"正" 有一个重要的语法意义，即强调两个事物在某一点上相契合，这一点可能是大小、长短、时间，也可能是位置、对象、性质等方面。"正" 多用在动作动词的前边，强调某一动作行为发生的时间与另一个时间相契合，但它本身并不表示动作进行或状态持续（杨平，2000）。"正" 在时间上，具有非延续性语义特征。"正" 侧重强调动作行为进行和持续的时间的早晚位置，简称"时位"，这一时位往往是以另一时间为参照点的（郭风岚，1998）。"正在" 是个复合副词，它们有各自的意义，表示进行的是"在"，"正" 强调的是某一时刻（杨平，2000）。"正在" 兼有"正" 和"在" 的双重特性，既表同时性，又表状态在进行或持续（张亚军，2002）。

一个动作以另一个与之同时进行的动作为参照点。这是"正" 的主要用法。"正" 作为时间副词可以表述为：正＋动/形＋着＋呢；正＋动/形＋着。

"正在" 的语义特征为"正在" ＝"正" ＋"在"，兼具两个副词的特点，既表示动作进行的状态，也表示动作进行的时刻，因此与之搭配的动词也要求既适合于"正" 又适合于"在"。

"正在" 有时候跟"正" 一样，但也有些许小差异，如"正在上课" 是行为描述，"正上课呢" 是行为状态。"正" 更强调动作的状态，而"正在" 强调动作描述。因此在教学时我们要着重强调两者语义背景的差异。

	正	在	正在
时点	谓词性成分 包括持续性和非持续性的动词、动词词组、形容词性成分、介宾短语		

续表

	正	在	正在
时段		1. 谓词性成分，只能跟持续性的动词、动词词组、形容词性成分搭配 2. 可与表示重复、延续的时间词连用，可出现在"都"之后，表示动作从开始持续到参照时间，表达无时界的时段	谓词性成分，只能跟持续性的动词、动词词组、形容词性成分搭配
同时	1. 句中位置更靠近句首的主语和时间词。 2. 前后常出现表示时间的小句做参照时间 3. 非自足性句子		前后常出现表示时间的小句做参照时间。
状态		1. 自足性句子 2. 与包含猜测、确定义的词语连用；用在排比句、对比句中，揭示动作的性质或内容	自足性句子

（引自刘亚璇，2009）

李晓琪（2011：15）针对"正""在""正在"三者之间的关系，用图表进行了区分。如下表：

	意义上			用法上			
	正在进行		正好碰上	后跟单个动词	后跟介词"从"	用于过去	后用"呢"
	强调发生	强调持续					
正	+		+		+		+
在		+		+		+	+
正在	+	+		+	+		+

2."正"与"正是""正值"的混淆误代

（4）*我的大女儿是正在青春期了。她的脸上出了青春痘了。

（5）*我以前去过了天沐温泉，那时正在春天第二天了，到处是人间了，那儿的环境又热闹又不干净，无论不知道平时的情况，不管怎么说我等的最初的印象不太好。

（6）*这正是反映着两代人之间的"代沟"问题是很久远的。

例句(4)的"青春期"是一个不确定的时期，而"正在"是用于相对封闭的时间段，加上这个句子主要想说的是"时间恰好契合"，因此应该用副词"正"，但是有了副词，如果没有动词性成分，就很难成句，因此需要加上动词性成分"是"或者"值"。例句(5)中"春天的第二天"的表达很奇怪，应该改为"那时正值春天""那时正是春天""那时正是初春""那时正值初春"。例句(6)跟例句(4)正好相反，"正"也是"恰巧"的意思，但其后已经有动词"反映"了，此时"是"一般不需要出现。建议将这个句子改为：

(6'a) 这<u>正</u>反映了两代人之间的"代沟"问题是很久远的。

(6'b) 这<u>正</u>说明"代沟"问题由来已久。

当然，例句(6)前后没有语境，所以很难判断这个句子表达的意思究竟是"恰好反映了……"形式还是"反映了……"形式。如果是表达第一个意思，应该用"正"，因为"正是"没有"恰好"的意思；如果是用"正是"表示"强调肯定的语气"，用"正"或"正是"都可以。因为，后附式副词"正是"修饰的是体现表明类动词，可以和副词"正"相替换，体现表明类动词常见的有反映、体现、证明、说明、表明等。附加式副词"正是"的语法意义是表示强调，加强肯定语气，当修饰体现表明类动词可以和"正"互换(冯佩雯，2013)。

但是，有两种情况，附加式副词"正是"不能被副词"正"所替换。一是因果复句中，因标为"由于"时，二者不能互为替换。二是单句中，附加式"正是"所修饰的动词为依靠凭借类动词时，"正"不能替换"正是"(冯佩雯，2013)。

《现代汉语虚词例释》认为，"正"是副词，意思相当于"恰好"，"正是"是副词"正"与判断动词"是"连用，强调肯定的意思，表示"不是别的，恰恰是……"(冯佩雯，2013)。副词"正"用于谓词前，"正是"就可以用在体词性成分前，强调两个事物正相契合(杨平，2000)。如果后面是时间，前面一般是"正是……"或者"正值……"。其中"正值……"更书面语。"正VP的时候"；"正V着P的时候"表示动作在进行中或状态在持续中，"正"后面不能直接加时间。附加式副词"正是"与副词"正"

只在加强肯定的语气这一义项上存在共通之处，因而二者只在特定的句法环境和语义环境下存在替换关系。后附式副词"正是"出现在有因标（如：因为、由于、因）的说明性因果复句中，可与副词"正"自由替换，意义完全一样。

3."正"与"就"的混淆误代

（7）＊这绿色食品虽然满足了现代人的要求，但它也有一个坏处，正是生产量的减少。

（8）＊有一首歌，就是流行歌曲，正描述同居有关的内容。

在汉语中，"就"经常位于后小句用于解释、说明、强调和确认。例句（7）的"正"就应该改为"就"来表达这类语气。例句（8）则比较复杂，因为找不到上下文，导致语义不明。建议修改为：

（8′a）有一流行歌曲，描述的就是跟同居有关的内容。

（8′b）有一首流行歌曲，描述的正是跟同居有关的内容。

可以发现"就"与"是"结合，其语气更多的是解释、说明、强调和确认，而"正"与"是"结合强调的则是"二者的契合"，但强调的语气离"恰巧"之义并不远。可见，"正"的语义发展有两大线索，一是表进行，二是表"恰好"这一类强调的语气。正因为"就""正"二者与"是"结合都具有强调功能，因此，学生很容易将其混淆。

（二）"正"的缺失

副词"正"的缺失有两方面的原因，一是韩国学生对副词"正"采取了回避策略，二是副词"正"的意义比较模糊，学生对它的一些典型结构记不住、不会用从而导致偏误。

1.对"正"的回避

回避是一种策略，指学习者避免使用或较少使用某些目的语结构。与"正在"相比，韩国留学生习得副词"正"有相当大的难度，回避的情况很严重。例如：

（9）＊自然地能互相了解，互相帮助等等。这不＊是我们追求的社会吗？

（10）＊晚上，俞伯牙拿出古琴，认真的弹起来。忽然，看到一个打柴人，＊听得入迷。

副词"正"的一个用法是加强肯定语气，例句（9）里的"正"是用来加强反问句中的肯定语气的，这一语气中仍然或多或少存在"恰好"的意思。针对例句（10），汉语不存在"正在＋V 得＋……"和"在＋V 得＋……"两种语法形式。因此，排除二者，应该用正确的形式：正＋V 得＋……。其实，"正＋V 得＋……"是"正"的一个典型结构，表示动作正在进行中或状态在持续中。教学中一定要将这样的固定结构或者固定构式教给学生，通过练习或者话语操练使之固化，以此解决学生对"正"的回避使用问题。

2. 对"正"的一些固定结构不会用

（11）＊辛苦的旅游给我留下了深刻的印象，＊因为那样，这次旅游对我来说无法忘记的。

（11′）这次旅游虽然辛苦，但给我留下了深刻的印象，正因为如此，这次旅游让我终生难忘。

（12）＊首先，在网络内许多黄色垃圾，网上的不健康信息使一些青少年有时模仿黄色垃圾犯罪，其实这样的犯罪＊越来越多。

（12′）首先，网上有许多黄色垃圾，一些青少年会模仿这些不健康信息实施犯罪，给社会带来不安定因素。其实，当今社会，这类犯罪正变得越来越多。

韩国学生不会表达汉语的"正因为如此""正因为……"等形式，所以就会出现偏误。首先要让学生明白这里副词"正"的意思是要加强肯定语气，然后要把"正因为如此""正因为……"当作一个实用语块教给学生并让其熟练表达。

汉语的"越来越……"表示动作、行为和状态的发展趋势，在其前可加上副词"正"强调和表达"情况契合"之义。而"正在"往往偏重即时可观，有形象感。

（三）"正"的多余

在偏误语料中，我们还发现韩国留学生把"正"和"一直"杂糅着一起使用的情况。例如：

（13）＊我诞生以后，到现在<u>正一直</u>攒钱。

"正"是短时间内持续的动作，"一直"持续动作的时间可短可长。"正"用于表示动作行为的进行，主要侧重于同时性，表示时点，而非时段（张亚军，2002）。"正"强调动作进行的时刻，侧重动作的"发生"或"不发生"，具有"时点"特点。这一"时点"往往以另外一个时间为参照点。但是"一直"表示动作持续不断或状态持续不变，形成的是一个时间段，可以说"一直在+VP"。"攒钱"是一个长期的行为，所以只能用"一直"，不能用"正"。当然，我们在 CCL 语料库中也发现一些"正一直"的语例，但是数量相对较少，不具典型性。

（四）与"正"有关的其他偏误

韩国留学生在使用副词"正"的结构时，容易把结构中的一些成分缺失，造成不能完整的表达句义或者句子虽完整但是不符合语法规则的情况。

"正"的典型用法主要包括以下五种：

①"正+VP/V 呢"

②"正+V 着 P"

③"正 VP 的时候"

④"正 V 着 P 的时候"

⑤"正 V 得……"

通过副词"正"偏误句可以推测出，不符合以上结构的基本都是偏误语例。例如：

（14）＊我<u>正玩</u>，突然头疼了起来。

副词"正"后面不能用动词的单纯形式，必须在动词后面加一个"着"

或"呢"。现代汉语中"正"所表达的是正在进行或持续的动作行为过程中的某一"点"与另一时间具有"同时性",受时间副词"正"修饰的成分必须具有延续性,而且"正"一般不能修饰单纯形式动词。动词至少要带有动态助词"着"。因此,例句(14)应该改成"我正玩着,突然头疼了起来"。

三　结束语

本节运用语料库研究法分析了韩国留学生在学习汉语副词"正"的过程中所出现的偏误,并对其致误机理进行了探讨。我们发现,韩国留学生在对汉语副词"正"的习得过程中,容易跟"正在、在、正值、正是、就"混淆,特别是跟"正在、在"的混淆比较严重。另外,"正"的缺失也比较严重,其偏误也很典型。可以说,汉语副词"正"是一个"语感词",这样的词是留学生习得汉语的难点词。虽然本文对"正"的偏误进行了初步的研究,但是尚肤浅粗泛,语例也较少,所以,对"正"的研究还有很多工作要做。

第十六节　韩国学生习得汉语副词"正在"偏误分析

一　引言

副词"正在"是对外汉语教学中的一大重点,这个词的激活度很高,但是在语义和语法方面都较难,是初级阶段的难词之一。《现代汉语词典》(第7版)对"正在"的解释是:表示动作在进行或状态在持续中。

通过对汉语甲级词偏误分析语料库和HSK动态作文语料库的韩国学生语料进行分析,我们共搜集到与副词"正在"有关的偏误句30句,我们将其分为多余、误代、缺失、错序、其他五大类。具体统计结果如下:

偏误类型	多余	误代	缺失	错序	其他
所占比例	26%	35%	26%	10%	3%

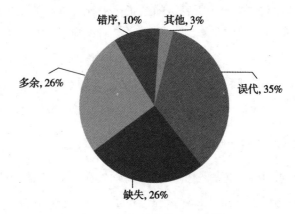

副词"正在"偏误类型占比图示

从上图可以看出，韩国学生在习得副词"正在"的过程中，出现偏误比例最高的是误代，多余和缺失持平，而错序和其他偏误占比很少。其中其他类只有一例，是汉字偏误，我们暂不讨论。

下面，我们将对副词"正在"的偏误进行具体分析。

二　副词"正在"偏误分析

（一）"正在"的多余

在 30 个偏误句中，"正在"的多余句有 8 句，在"正在"的偏误句中所占比例为 26%。

（1）＊你干嘛正在哭呢？

（2）＊网络黄毒正在容易侵蚀孩子的心灵。

（3）＊我在新丘大学一直学汉语，以后为了学习汉语，我正在在 X 大学编入了。

（4）＊岁月无情，他正在患中风卧病在床。

（5）＊因为正在有着发展中国家和发达国家人吃的太多，而浪费了不少的食品。

（6）＊不容易做的事情大家都不做的话，我们正在生活的这一世界怎么办？

（7）＊现在世界上还有很多人因缺少粮食而挨饿，正在他们需要的不是绿色食品而是粮食，可能对他们来说，绿色食品是超过消费能力的。

　　以上句子基本上都是语义不相容出现的多余，如（1）（3）是前后时态不一致导致的句内时间语义矛盾。如例句（1）中"为什么/干嘛"后面不能跟"正在+VP"。因为凡是问"为什么"，那么事情或行为一定是有结果或者结果已经存在，这跟正在进行的"正在+VP"相矛盾，所以二者不兼容。例句（3）这个句子比较奇怪，错误比较多，所以意思也比较难理解，修改起来存在一些困难。这里只分析"正在"的偏误，"正在"与后面的"了"语义矛盾，根据整句的意思，事情是已经发生了，不能用表示进行的"正在"，所以"正在"是多余的成分，应该去掉。

　　还有些句子是"正在"与动词搭配不当出现的语义不相容。如例句（2）中"正在"和"容易"语义矛盾，"正在"表示动作进行，"容易"表示主观判断，是一种事态的趋势，因此二者在语义上是不相容的。例句（7）比较复杂，句中的"正在"多余。当然，这个句子也可以是"正在"和"现在"的混淆误代，甚至可能是前小句缺失了副词"正"的偏误，因此，例句（7）可修改为：

　　　　（7′）现在世界上还有很多人正因缺少粮食而挨饿，现在他们需要的不是绿色食品而是粮食。因为对他们来说，绿色食品超过了他们的消费能力的。

　　"正在"虽然修饰动词，但并不是所有动词都可以被"正在"修饰。因为"正在"表示动作的进行，所以不具动性或动性不强或不含"进行"义素的动词，一般都不能受"正在"的修饰。这些动词有：A. 表示判断、领有、存在的。B. 表示感知的。C. 表示心理活动的。D. 表示出现、消失的。E. 表示趋向的（肖奚强，2002）。

　　此类偏误的原因主要是学生不考虑句内的搭配和语义特点，没有注意前后时态的一致性而造成的，只是生硬地添加体标记来表述所修饰的动作来表达行为正在进行的状态。

　　（二）"正在"的缺失

　　在30个偏误句中，"正在"的缺失偏误占了8个，占比为26%。例如：

（8）＊他说不定＊睡懒觉。

（9）＊在寺庙里，有的人看着寺庙，青瓦飞檐，有的人＊拍了个照片。

（10）＊我看见一个男人＊把别人的东西偷，我当场抓住了他。

（11）＊好多使用的化肥和农药＊造成很严重的健康问题，所以需要未经污染的农产品加工的食品。

（12）＊世界上有几亿人＊挨饿着。

（13）＊目前世界所有的国家＊走向世界化。

（14）＊其实很多国家＊这样做着。

这些句子语义上都表示动作或者状态的进行，强调的是某个时间段内正在进行的动作，此时应该在动词前使用"正在"。如例句（8）的"正在睡懒觉"，例句（9）应改为"正在拍照"。而例句（11）（12）（13）（14）可以加"正在"，也可以加"正"。

（三）"正在"的误代

误代偏误是由于从两个或几个形式中选取了不适合于特定语言环境的一个造成的。这两个或几个形式，或者是意义相同或相近，但用法不同；或者只是形式上有共同之处（如字同），而意义和用法不同；或者是用法相同，而意义相反（鲁健骥，1994）。在30个偏误句中，"正在"的误代偏误占了11个，是偏误里数量最多的一类，占比35%。而在误代里"正在"和"在"之间互相误代的数量最多，是难点中的难点。

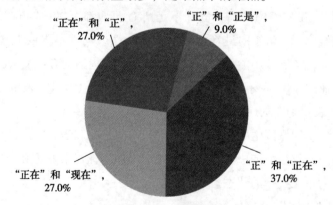

副词"正在"的误代词占比图示

1. "正在"与"正"的误代

（15）＊我觉得在韩国也一样的情况。这今年四十多岁，所以正在面临着上有老人，下有孩子的困难。

（16）＊我正在相信他，……

（17）＊……，但现在还是正研究新的代替品。

"正"表示某一动作状态的进行持续或发生与某一时间相契合，"正"的语法意义中包含"某一时间点的持续"，所以状态动词可以跟"正"连用，表示在某一时间点，某一状态正在持续中（刘亚璇，2009）。例句（15）中，提到了时间"今年四十岁"，这是一个时间点，因此用"正"，而且句子后面是"面临着"，"正"后面不能用动词的单纯形式，常与"着"或"呢"搭配。

《现代汉语八百词》认为："正"着重时间，"正在"既指时间又指状态。"正"后面不能用动词的单纯形式，"在、正在"不限。赵新和刘若云主编的《实用汉语近义虚词词典》认为二者相同的是：都是副词，作状语。在表示行为状态的进行持续时可以互换；都用在复句的前一分句，表示在一个行为进行的过程中，另一个行为突然出现，此时二者可以互换。二者不同之处在于：在单句中，"正在"的句末可以没有"呢"；"正"的句末须有"呢"；"正在"可以修饰单个的单音节动词，表示行为状态的持续；"正"修饰单个的单音节动词时，动词后要加"呢"或者"着呢"；"正"后面可以有"想、要"，表示行为将要发生；"正在"没有这个用法；"正"可以修饰形容词，表示状态的持续；"正在"不能；"正"多用于口语，且有"着"和"呢"作为状态标记，即"正……着"／"正……呢"，而"正在"的使用没有这些限制（李文奇，2011）。

例句（16）应该改为"我正想相信他，……"；例句（17）的"还是"与"正在"语义重复，因此应该改为：

（17′a）现在正在研究新的替代品。

（17′b）现在还在研究新的替代品"。

2. "正在" 与 "在" 的误代

　　（18）＊他<u>正在</u>路上遇到了一个好朋友，别提多高兴了。

　　（18′）他<u>在</u>路上遇到了一个好朋友，别提多高兴了。

　　（19）＊有一位老爷爷<u>在</u>院子里种一棵小树。那时，过路的小伙子看他，产生了好奇心，向问他。"爷爷，什么时候能摘这棵树的果实？"

　　（19′）有一位老爷爷<u>正在</u>院子里种一棵小树。那时，过路的小伙子看他，产生了好奇心，向问他。"爷爷，什么时候能摘这棵树的果实？"

　　（20）＊现在，市场上越来越多的 "绿色食品" <u>在</u>出现。

　　（20′）现在，市场上越来越多的 "绿色食品" <u>正在</u>出现。

　　（21）＊可是有一天两个小伙子过桥，两人从不一样的方向来过桥，<u>正在</u>桥的中间碰到了。

　　（21′a）可是有一天两个小伙子过桥，两人从不一样的方向来过桥，<u>在</u>桥的中间碰到了。

　　在例句（18）（21）句中，"在" 是介词而不是时间副词，留学生没有正确掌握其词性而导致了混用。例句（19）这个句子中的 "正在" 其实是 "正在+在" 的合体词，或者说是 "正（副词）+在（介词）" 的合体词。再比如 "我们正在教室里上课" 也是如此。也就是说，虽然 "正在" 是 "正" 与 "在" 的合体词，但是后来经过词汇化，其有时候相当于 "正在+在" 的语义结合体。例句（21）除了可以修改为（21′a）以外，还可以改为：

　　（21′b）可是有一天两个小伙子过桥，两人从不一样的方向来过桥，<u>在</u>桥的<u>正</u>中间碰到了。

　　例句（21′b）涉及 "正+中间/当中" 的语言形式，在这一形式中，"正" 是形容词。例句（21）学生的本意思很可能就是 "在桥的<u>正</u>中间"。

　　赵新和刘若云主编的《实用汉语近义虚词词典》认为，"正在" 和 "在" 可以互换的情况是：都是副词，在单句或复句中做状语，表示行为状态的进行、持续。二者的不同之处在于："在"的前面可以有"一直、总、还、都、又"等副词，强调行为的持续或重复；"正在"没有这些用法。"正在"可以用在复句的前一分句，表示在一个行为进行的过程中，另一个行为突然出现；"在"没有这个用法。

《现代汉语八百词》（增订本）（1994：599）认为："在"着重状态。"正在"既指时间又指状态。"在"后不能用介词"从"，"正在"不限。"在"可表示反复进行或长期持续，"正在"不能。

3."正在"与"正值/正是"的误代

（22）＊我以前去过了天沐温泉，那时<u>正在</u>春天第二天了，到处是人间了，那儿的环境又热闹又不干净，无论不知道平时的情况，不管怎么说我等的最初的印象不太好。

（22′）我以前去过了天沐温泉，那时<u>正是/正值</u>春天的第二天，到处是人间了，那儿的环境又热闹又不干净，无论不知道平时的情况，不管怎么说我等的最初的印象不太好。

在书面语境下，如果后面接季节等具体的时间，要表达时间的"恰好"和"契合"，前面一般要用"正是"或者"正值"。当然，与"正是"相比，"正值"更加书面典雅。

4."正在"与"现在"的误代

（23）＊<u>正在</u>世界由于饥饿死的人越来越多。

（23′）<u>现在</u>世界由于饥饿死的人越来越多。

（24）＊如果你愿意的话，留学也可以，<u>正在</u>学中国话受很广泛的欢迎……我感动得流眼泪了。

（24′）如果你愿意的话，留学也可以，<u>现在</u>学中国话受很广泛的欢迎……我感动得流眼泪了。

（25）＊爸爸想：多攒点钱后再买车，而女儿想：我们<u>正在</u>贷款买一辆吧，反正需要的，几年后买或者现在买都一样。

（25′）爸爸想：多攒点钱后再买车，而女儿想：我们<u>现在</u>贷款买一辆吧，反正需要的，几年后买或者现在买都一样。

上面的例子都是由于记忆问题而导致的用词偏误。就像有些韩国学生会将"再见"跟"现在"混淆的情况是一样的。除了"正在"和"现在"两个词容易发生词形混淆以外，"正在"和"正好、正如"也容易混淆（袁思思，2016）。教学中也需要引起注意。

当然，例句（23）（24）的"正在"很可能是基于学生没有学到"目前""当前""当今""时下"等书面语词的一种临时性交际策略导致的偏误。这样分析可能更接近学生的本意。

（四）"正在"的错序

在 30 个偏误句中，"正在"的错序偏误只有 3 个，仅占所有偏误句的10%。例如：

（26）＊<u>正在</u>世界各国的科学家研究化肥和农药。

（26′）世界各国的科学家正在研究化肥和农药。

（27）＊现在也<u>正在</u>很多人因缺少粮食而挨饿，甚至死亡。

（27′）现在很多人因缺少粮食而<u>正在</u>挨饿，甚至死亡。

"正在"是一个时间副词，副词用来修饰限制动词或形容词，通常放在动词、形容词前面。例句（26）的动词是"研究"，例句（27）的动词是"挨饿"，"正在"应该放在它们的前面。但是例句（27）修改以后仍然感觉有点儿别扭，如果改成"现在很多人正因缺少粮食而挨饿，甚至死亡。"就会更通顺。

我们再看一个例句：

（28）＊总而言之，现在全世界当中还有几亿人因缺少粮食而挨饿，而且<u>正在</u>还死去好多人。

例句（28）偏误焦点应该改为"而且还有好多人正在死去。""正在"不应该放在"还"的前面，而应该放在动词"死"的前面。这句话可以修改为：

（28′）总而言之，现在世界上还有几亿人因缺少粮食而挨饿，还有好多人<u>正在</u>死去。

三　结束语

本节运用语料库研究法分析了韩国留学生在学习汉语副词"正在"的过程中所出现的偏误，并对其偏误进行了详细分析。"正在"一词的使用频率较高，但是使用过程中存在较大问题。通过研究发现，韩国留学生在汉语副词"正在"的学习中存在相当大的困难，其中误代偏误占比最多，特别是"在""正""正在"三者的语义特征有一定的相似性，给留学生的学习带来很大困扰，需要有针对性地进行教学设计。一方面对"正在""在"和"正"进行辨析，另一方面需要设计精当的练习使学生增强语感，减少使用"正在""在"和"正"的偏误。

第十七节　韩国学生习得汉语副词"总是"偏误分析

一　引言

副词"总是"在现代汉语虚词序列中是一个比较有难度的词，在时间副词类中占有重要地位，口语和书面语中都常常会用到，留学生学习起来有一定的难度。《现代汉语八百词》(1994：623) 对副词"总是"的解释为：① 表示持续不变：一向；一直。如：一再相劝，他<u>总是</u>不听。② 毕竟，总归。如：一个人<u>总是</u>要有一技之长，才能服务于社会。

在韩国学生习得副词"总是"的过程中存在着大量与"总是"有关的偏误。为此我们从对韩汉语甲级词偏误语料库和北京语言大学 HSK 动态作文语料库 55 万字的语料中，搜集到与副词"总是"有关的偏误句 62 句。经过分析，将其偏误类型分为误代、多余、缺失、错序、其他五大类。具体统计结果如下：

偏误类型	误代	多余	缺失	错序	其他
偏误数量	38	4	5	5	10
所占比例	61%	7%	8%	8%	16%

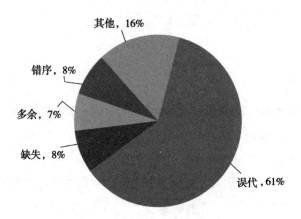

副词"总是"偏误类型占比图示

　　从上表中我们可以看出，韩国留学生在使用副词"总是"时最容易发生的偏误类型为误代，有 38 例，占总偏误句的61%；其次为缺失和错序，均为 5 例，分别占8%；多余句为 4 例，占7%。其他偏误分为两类，第一类为"总"使用了繁体字（4 例），属于字形偏误；第二类为"总是"与"了"的共现（6 例）。这两类偏误句共 10 例，占总偏误数的16%。

　　下面，我们将对汉语副词"总是"的偏误进行分析。

二　副词"总是"偏误分析

（一）"总是"的误代

　　副词"总是"的误代在本研究中占比最高，为61%，共 38 例。

　　误代是指在语言表述过程中对某关键词进行了不正确的替换。与"总是"有关的误代偏误较多，我们又将其误代对应词进行了细分。结果显示，"总是"与"一直"的误代最多，占整个误代偏误的63%。其次为"总是"与"常常、往往"的误代，共有 4 例，占14%。再次为"总是"和"从来""永远"的混淆误用，各有 3 例，共占11%。最后是"总是"与"最后、终究"的混淆误代。共有两例，占7%。具体统计结果如下：

误代对象	一直	常常/往往	从来	永远	最后/终究
偏误数量	26	4	3	3	2
百分比	68%	11%	8%	8%	5%

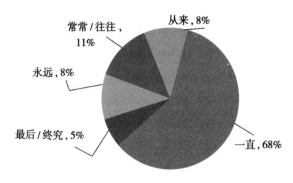

副词"总是"的误代词占比图示

1."总是"与"一直"的误代

《汉语8000词词典》(2000：1561)对"总/总是"的解释为"表示持续不变，一直；一向"。留学生参考的词典也常常将"总是"和"一直"互相解释，很多老师在讲解的过程中可能也不太注意区分二者的差异，因为在初级进行词语辨析基本上没有多少实际效果，这些因素很容易导致留学生将"总是"和"一直"混为一谈。例如：

（1）＊以前很多人劝了我学汉语。除了英语以外，我总是想学别的外国语。所以我考上XX大学了，我一入学就选了中文系。

（2）＊我的脑子里总是有一位善良的老师。

（3）＊我觉得您的身体总是不好的原因是烟和酒。

（4）＊据报道，几十年来总是抽烟的一个美国人得了肺癌，他认为他得病的主要原因就是长期吸烟，对烟草公司申请了赔偿，终于得到了巨额的赔偿金。

（5）＊你们也知道我总是想去中国工作。

关于"总(是)"和"一直"，前人的研究成果非常多，从语义、词类、用法等各个方面都有研究。比如：

潘优燕(2009)"总"和"一直"的语义、句法对比分析

张　丹(2011)时间副词"一直""总是""老是"的比较研究

关　键(2002)"一直""总""老"的比较研究

刘　靖(2008)时间副词"一直"与"总"的语义分析

魏燕庆（2013）现代汉语"总是"与"一直"的比较研究

张谊生在《现代汉语虚词探索》中提到：表长时的副词"一直"一般着眼于一件事情的整个过程长度，着眼点是一个静态或匀质的过程，重在久暂和先后；表高频的副词"总"则主要强调一件或一类事情的多次发生而持续一个过程，着眼点是一个动态或异质的过程，重在频次与变化。

"总是"更强调行为或状态的反复出现，虽然也有持续义，但可以间断，能够表示一种不确定的频率。在我们看来，"总是"第一义项的语义背景应该是"总结规律""出乎意料"或"每次如此"。比如"他总是借钱不还。"这句话就包含上面的语义背景的三个方面。而"一直"表示动作持续不断或状态持续不变，焦点不在频率，而在"持续"。因此例句（1）中的"总是"应该改为"一直"。

在限定为一次性动作的句子中，动词谓语后有表示持续的时段或终止的时间、到达的场所、位置等词语时，只能用"一直"，不能用"总（是）"（卢福波，2000）。比如例句（4）的"几十年来"暗示的是"抽烟抽了几十年"，也就是"一直抽了几十年的烟"，在这样的语境下，应该用"一直"而不是"总是"。

2."总是"与"常常/经常"的误代

（6）＊最后，妈妈的一句话："虽然你和我离得很远，但妈妈总是想你，你和你的家人幸福的时候，我也很幸福的。"

陆俭明和马真两位先生在《现代汉语虚词散论》一书中对汉语的时间副词进行了详细的分类，将"常常"分在表示常偶的类里，而"总"表示永常。也就是说"常常"表示行为出现频繁，但"总是"频率高于"常常"。不过，只从频率考虑似乎偏离了"总是"和"常常/经常"的本质差异。我们认为，"常常"表示非恒态频率，但"总是"的语义焦点不在于频率，而在于表达"每次如此"和"无一例外"的语义背景。比如：

（7）外出喝酒的第二天，我总是会睡懒觉。

（8）外出喝酒的第二天，我<u>常常</u>会睡懒觉。

这两个句子，前者表示动作的重复是"每次如此，无一例外"，属于恒态评述。而后者表示"经常如此"，属于常态陈述，不排除有例外的情况发生。不唯如此，"常常/经常"只表示常态频率，属于静态陈述类副词，而"总是"表示恒态永常，感情色彩比"常常/经常"更明显。

3."总是"与"从来"的误代

（9）＊父亲以前经历过很多困境，每当遇到这种情况，他<u>总是</u>不消沉，后来也<u>总是</u>一片光明。

"从来"和"总是"在时态上都可以表示过去、现在、到说话为止，"从来"倾向于表达某一动作、行为、事件在特定时间范围内一直如此，从未变化；而"总是"更倾向于表达单位时间内动作行为等毫无例外地重复。即"从来"强调动作发生所持续的时间，开始的时间模糊，结束的时间相对清晰，其关注焦点是框定事件发生的时间区间。因此，张谊生将其列入时间副词的范畴（2014：22）。而"总是"强调动作无一例外地重复，属于频率副词。"从来"常用于否定句，位于"不/没"等否定副词的前面。"从来"跟"常常/经常"等词一样，属于弱情感型副词。而与之相反，"总是"则属于强情感型副词，隐含着说话者的主观态度和情感倾向。从本质上说，例句（9）的语义焦点不在于表达频率，而在于框定时间，而且情感表达较弱。因此这个句子应该改为：

（9′）父亲以前经历过很多困境，但他<u>从来</u>不消沉，……。

4."总是"与"最后/最终"的误代

（10）＊我水平低，所以没有信心，有一天老师鼓励我以后，我每天晚上自己努力学习，<u>总是</u>我的水平提高，也有信心。

（11）＊因为课程太难，我觉得没劲，不过我觉得英语很有意思，因为英语成绩比别的更好，我对英语关心渐渐大了。到了三年级时，总是决定了大学专业！就是英语专业！

（12）＊但是，我认为通过这样的方法来解决食粮问题是总是有限的。

“最终”表示终究、归根结底，用于强调某一结果在经过一定的过程和曲折后最后出现。抛开词典释义，我们认为：其一，用“总是”这个词的第一种情况常常含有对有规律发生的某事或出现的某状态表示明确的态度，“总是”主要表示频率，情感色彩较强，如“他总是迟到。”就带有“在主观上认为他每次都迟到，所以不满”的语气。当然，也有赞扬的语例，比如“他总是热心助人。”，表示“在主观上认为他每次遇到类似事情都帮助别人，所以必须赞美”的语气。不过，通过查阅 CCL 语料库，我们发现，总体来看，“总是”后面的成分消极意义居多；其二，对事情的发展趋势做出断言性判断或评述，如“你的病总是会好的，别担心。”“阴暗的日子总会过去。”这两个例句中的“总是”属于我们刚才讲的第二种用法。也就是说，其第二义项类似于“最后/最终/终于/终究/终归/究竟/毕竟/到底”等词的语义。留学生由于搞不懂“总是”与“最后/最终/终于/终究/终归/究竟/毕竟/到底”的语义差异，只关注于表层语义而忽视各词之间语义背景的差异，就很容易形成偏误。当然，这一偏误的形成也跟这些词之间的韩国语语义互释有关。不仅如此，目的语语义的过度泛化也强化了这一偏误趋势。由此不难看出，这是“偏误潜势外化为真实偏误”的最典型的案例之一。

5.“总是”与“永远”的误代

（13）＊父亲母亲，总是健康吧！

（14）＊我的工作虽然很忙，可是我的家族总是在我心中，你别生气啊！

“永远”表示时间长久，没有尽头，是时间副词（张谊生，2014：22）。“总是”强调毫无例外地重复，是频率副词（张谊生，2014：22）。“永远”对时间的始点、终点并没有什么限制，但很多时候指“从现在到遥远的未来”，其功能在于框定时段，虽然这一时间段很模糊，但在人的认知世界中却是相对清晰的。而"总是"这一频率副词关注的焦点在于"行为动作每次毫无例外地重复"。上文例句(13)(14)的语义焦点是框定未来的时间，而不是强调频率高低，因此，这两个句子的"总是"都应该改成"永远"。

当然，例句(14)的"总是"也可换成"时刻""一直"，甚至用"时刻"比用"永远"和"一直"更贴切更恰当。

(15)　＊你这不良的习惯，怎么<u>永远</u>不改？

针对例句(15)，可能有人会认为是正确的。张谊生先生曾探讨过"永远"的语义指向问题，认为这个词有三种语义指向，一是"永远ᵃ"，表示"从过去到现在直至将来"。二是"永远ᵇ"，表示"从过去到现在"。三是"永远ᶜ"，表示"从现在到将来"。例句(15)的"永远"其实就是"永远ᵇ"。如果从这个角度看，例句(15)是正确的。不过张谊生也谈到："永远ᵇ"逐渐消亡，"永远ᶜ"更趋普及(张谊生：2014：423)。如果按照这一观点，那例句(15)就是错的。我们下面的分析正是在"永远ᶜ"的语义基础上展开的。

根据上下文语义，例句(15)的时间指向应该是前指，而不是后指。因为"不良习惯"的"不改"是以前发生的，而不是未来发生的，所以本句中的"永远"应该改为"总是"或者"一直"。如果引入情感因素，"总是"比"一直"更恰当。当然，如果抛开这个句子，将"不改"换成"不相信、不指望"等词，时间指向为"未来"，那么，"永远不相信""永远不指望"等语言片段就符合语义上的要求了。

(二)"总是"的错序

(16)　＊我们的老师很严，拿特别发音上来说吧，我们在韩国已经学过发音，但是<u>总是</u>老师觉得不太满意。

(17)　＊这时候<u>总是</u>替我辩护的人是奶奶。

(18)　＊他<u>总是</u>工作很忙，所以我们一起过的时间较少。(？)

"总是"是副词，应该放在谓词前面。例句(16)的"总是"应该放在"觉得"的前面；例句(17)将"总是"移位以后形成了"总是+是+N"，此时，二者合并，形成"总+是+N"的形式；

例句(18)比较特别，有人认为这个句子正确。因为在现实生活中，很多中国人也这么说。其实这种质疑是有道理的。这涉及"总是"的修饰功能。"总是"除了可以就近修饰谓词以外，还可以在更大的范围上修饰更复杂的结构。比如，"总是工作很忙"这句话，"总是"修饰的是主谓结构"工作很忙"。"工作总是很忙"这句话，"总是"修饰的是状中结构做谓语的"很忙"。这一点跟"一吃香蕉就肚子疼/一吃香蕉肚子就疼"的内部运作机制极为相似。当然这类句子有一个"认知接受度"和"词汇化"的问题。比如"我很头疼""我很心疼"正确，但"我很腿疼""我很牙疼"就不对。"头疼、心疼"已经词汇化，"腿疼、牙疼"尚未词汇化，就无法进入"我很 X 疼"的构式中去。

不过，在对留学生的汉语教学中，对于此类语言现象，在语法上应该尽量按照教学语法的规则进行，使学生先按照"死"的语法规则学，等他们有了一定的语感再教"活"的知识和"活"的规则。所以，上文的例句(18)如果按照"死"的知识来理解的话是偏误句。相反，如果按照"活"的知识来理解的话，则完全正确。

（三）"总是"的多余

（19）＊如果每个人都总是不负自己的责任的话，将一事无成。

（20）＊如果明天是世界末日，我要不可能的事挑战。我打电话给初恋的男朋友，我打扮好以后，撇下孩子，我一个人毅然走了。我们一起总是喁喁私语，虽然我们的样子已经变化很大，但是往事依然记忆。

例句(19)中"都"已经有时间和主体上的全部意义，就不需要"总是"来表达这个持续意义了。例句(20)中，如果使用频率副词"总是"，暗示"每次如此，无一例外"，可是根据上下文得知，作者离家出走只有这一次，因此例句(20)不符合"总是"的语义背景，应该去掉。

（四）"总是"的缺失

"总是"的缺失主要跟这个词的语义非常抽象、学生缺乏语感、话语生成不足有关。例如：

（21）＊从此以后，每当碰到老奶奶，＊充满敬意地道一声"奶奶好"。

（22）＊女儿恨妈妈，因为妈妈对女儿要求太高，而且不管什么事情都＊妈妈一个人决定。

（23）＊其次，他是很完美的人。他个子高高的，比较瘦，他的脸上长着一双内双眼皮的眼睛，高高的鼻梁。而且他几乎每时每刻都在笑，笑的时候＊露出了洁白的牙齿。

例句（21）有"每当"这一频率标记，后文的副词经常使用范围副词或者频率副词。范围副词一般是"都"，频率副词经常是"总是"。例句（22），有人认为只需要在副词"都"的后面加上"是"即可，但是根据上下文，精确表达时，需要在"都"的后面加上带有情感义的副词"总是"，因为"总是"可以表达"不满"义。例句（23）的致误机理是学生对频率副词"总是"表"每次如此，无一例外"的语义背景缺乏认识而形成的。

（五）与"总是"有关的其他偏误

1."总是"一般不能与表完成的"了"共现

（24）＊其实，那个时候我是非常淘气的孩子，<u>总是</u>给他添<u>了</u>麻烦。

（25）＊从我小孩的时候起，<u>总是</u>发生<u>了</u>不太好的事。

（26）＊参军之前，很想和你们度过愉快的时光，还想说出："爸爸，妈妈，我爱你们"这句话，但我<u>总是</u>说不出口来<u>了</u>，但我是知道的，而且我非常爱你们。

（27）＊从高中开始时，我<u>总是</u>跟父亲吵架<u>了</u>。

（28）＊饭店，市场，百华大楼等<u>总是</u>能听到<u>了</u>流行歌。

理论上，"总是"表示多次重复，是频率副词，而表完成的"了"表示事情事件的完成，二者在表达功能上是矛盾的。

当然，"总是"可以跟非核心动词后的"了"共现。比如：

（29）他总是吃<u>了</u>睡，睡<u>了</u>吃。
（30）他<u>总是</u>借<u>了</u>别人的钱不还。

但即使如此，正常的语法规律还是没有被打破。例句（29）的核心动词分别是"睡"和"吃"，而这后面都没有"了"；例句（30）的核心动词"还"后也没有"了"。

可以发现，虽然这类偏误不属于"总是"本身用法的偏误，是属于"了"的使用问题，但这类偏误句恰恰能从一个侧面反映出"总是"表频率的语法特点。这类偏误是留学生习得"总是"时需要特别注意的一个知识点。

2. 繁字体偏误

（31）＊……，而且家庭也安乐无无思，家庭一定<u>總是</u>会快樂。
（32）＊因為我心裏<u>總是</u>想说：我真感谢你们，但却不能說出口。

繁体字可能出现在有台湾学习经历的韩国留学生的文本中。他们将繁体字简单地等同于简体字，但现代汉语书写一般不再使用繁体字。

三　结束语

本节运用语料库研究法分析了韩国留学生在学习汉语副词"总是"的过程中所出现的偏误，并对其致误机理进行了探讨。我们发现，韩国留学生在汉语副词"总是"的学习中产生的偏误比较多，尤其是误代占比最大。误代偏误中最容易犯错的是那些因为对许多时间副词或者频度副词之间的差别区分不清而形成的偏误。特别是跟"一直、从来、常常/经常、永远"等词的混淆需要引起高度重视。另外，使用"总是"时，句子核心动词的后面不能跟表完成的"了"结合。最后，"总是"的缺失跟学生缺乏汉语语感，对"总是"抽象的语义不甚明了有非常密切的关系。

第十八节　韩国学生习得汉语副词"多"偏误分析

一　引言

在现代汉语的副词序列中，"多"是一个重要的副词。《现代汉语词典》（第7版）对"多"的副词用法解释如下：①大多，大都；②用在感叹句里，表示程度很高。《现代汉语八百词》（1994：161）对于副词"多"的解释主要有三种：①用在疑问句中，询问程度、数量。多+形容词。形容词单音节居多。"多"前常用"有"。句末可用"呢"。②表示任何一种程度。用在"无论（不管）……多""多……都（也）……""多……多……"等格式中。③表示程度很高。含夸张语气和强烈的感情色彩。多用于感叹句中。包括：a. 多+形容词/动词。句末常常带"啊（呀、哪、哇）"。b. 多+不+形容词/动词。c. 动词+不+多+形容词；没+多+形容词。在感叹句中，留学生使用c的情况较少，使用a和b的情况较多，感叹句偏误主要集中在a和b这两类构式中。

在韩国学生习得副词"多"的过程中存在着大量与副词"多"有关的偏误。为此，我们从对韩国汉语甲级词偏误语料库中搜集到与副词"多"有关的偏误句131句，将其分为错序、误代、误代兼错序、多余、缺失、其他六大类。具体统计结果如下：

偏误类型	错序	误代	误代兼错序	多余	缺失	其他
所占比例	34.4%	29.8%	10.7%	5.3%	3.9%	15.9%

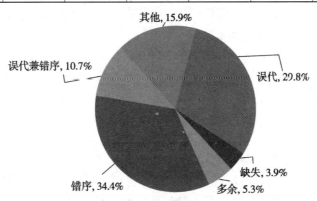

副词"多"偏误类型占比图示

从上表中可以看出，韩国学生习得汉语副词"多"的偏误比例中，错序所占的比例最大，其次是误代，多余和缺失占比较小。这说明，在对韩国学生进行副词"多"的教学中，需要特别注意其错序偏误。

下面，我们将对汉语副词"多"的偏误进行具体分析。

二　副词"多"偏误分析

（一）"多"的错序

"多"的错序句有45句，在"多"的偏误句中所占比例是34.4%，是一类比较严重的偏误形式。

1. 副词修饰动词时，副词与动词位置错序

（1）＊多一点吃吧。
（2）＊喝多绿茶对身体很好。
（3）＊我做题的时候，做多了三题。

韩语"많다(多)"的副词形式"많이"可做状语，修饰动词，表示动作所引起的宾语对象的数量很多。这种形式对应到汉语的情况很复杂，可翻译为"多、很、很多"，表示多种意思（周小兵等，2010：161）。实际上，通过分析可以发现，学生常常把副词的"多"理解成了形容词的"多"或其组合形式"很多"。因为在汉语中，副词"多"一般放在动词前面，而在学生的认知中，"很多"既可以单独作谓语，又可以位于名词前做定语，既然副词"多"可以放在动词前面，那"很多"放在动词前面当然也就没问题了，于是，偏误便由此形成。实际上，上文的描述可能过于简单，真实的认知习得过程也许更加复杂。

我们具体看例句。例句（1）应该改为"多吃点儿吧"。在韩国学生的笔下，"＊多一点儿吃吧"和"＊吃多一点儿吧"是最常见的两种偏误形式。例句（3）是"多做了三题"，而非"＊做多了三题"，其中的原因可能在于"做多了三题"中的"多"是形容词，其已经框定"行为动作所涉及的名词宾语的数量"比原来预想或者计划的数量"多"，至于具体的数字并不是说话者关注的焦点。它跟"吃剩了三个"不同。"吃剩了三个"在数量上是有界的，数量的上限也是有定的。而"做多了三题"中"做多了"在

认知上是无界无定的，"V 多了"在语义上是自足自洽的，而"三题"却是有界有定的，二者在深层语义上是矛盾的。这就不难理解"题做多了。"这一语言形式是正确的原因了。另外，如果去掉动词"做"，在"多了三题"结构中，"多"是类动词性的，这一结构形式也是可以接受的。同样，副词"多"修饰"做"的"多做了三题"同样是可以接受的。这里的"多"修饰动词"做"，"做了三题"符合语法，那"多做了三题"同样符合语法。因为"多做"在认知上实际上是一个动词语块。

　　由此可见，"V+多了"后一般不能加"数量词"，比如不能说"＊来<u>多</u>了三个人""＊拿<u>多</u>了五个包子"，而应该改为"<u>多</u>来了三个人""<u>多</u>拿了五个包子"。

　　2. 做补语的"多"放在了动词的前面

　　　　（4）　＊我<u>太多吃</u>了，现在撑死了。
　　　　（5）　＊孩子长身体，所以每天<u>很多睡觉</u>了。
　　　　（6）　＊出去旅游，<u>很多有</u>跟自然亲近的机会。
　　　　（7）　＊他<u>很多帮助</u>我，我很感谢他。
　　　　（8）　＊我觉得在韩国开这种早餐厅好像<u>很多挣钱</u>。
　　　　（9）　＊今天我的朋友<u>很多买东西了</u>，我觉得她是购物狂。
　　　　（10）　＊他<u>喝酒很多</u>以后病了，他说："我再也不喝酒"。

　　表示依然或非祈使意义的"많이+V"，汉语中多用"V+很多+宾语"或"V+得+很多"的形式（周小兵等，2010：162）。这是属于母语负迁移现象。在韩国语的句子里，谓语往往位于最后，韩国留学生在造汉语句子时，由于对汉语造句规则不熟练，常常会套用韩国语的造句规则进行造句。如上面的前四个例句就是如此。不仅如此，韩国语是状语优先的语言，大部分语法形式是由"主语+宾语+状语+谓语+语尾"构成，不同情况稍有变化，但基本的语法形式是这样的。汉语的"多吃""吃多了""吃得很多"三者在韩语中的主要语法形式基本一样，不同在于韩语使用不同的语尾表示不同的时态或语气情态。比如"多吃"的语尾是祁使态词尾아/어라/세요/으세요等，"吃多了"和"吃得很多"是完成态词尾었다或者其变体形式。可见，韩国语的这种状语优先的语法形式迁移到汉语中会

导致很多偏误。因为"很多+N"和"多 V"在语法形式上极为接近，很容易导致各种类型的偏误。比如例句(5) 翻译成韩国语就是"状动结构"的"很多睡觉了"，韩国语的"睡觉"跟汉语"睡觉"的动宾结构不同，是一个独立的动词，学生不理解汉语的"睡觉"竟然是动宾结构，茫然懵懂中将其看作独立的动词，于是求助于韩国语语法的"状动结构"，偏误便由此形成。本来应该是汉语的"每天睡很多觉"，但是韩国学生却表达成了适应韩国语法的"＊很多睡觉"这样的偏误形式。例句(4) 应该改为汉语的"吃多了"或者"吃得太多"，但是受韩国语"状语优先"语法形式"나는 너무 많이 먹었어"的影响就说成了"＊我太多吃了"。这一过程，韩国语语法负迁移效应表现得相当明显。前文中的例句(4) 到例句(8) 的致误机制皆出于此。例句(9) 也基本遵循这一规律，但是汉语"买了很多东西"在韩国学生中的偏误表现常常是"很多东西买了""很多买了东西"或"很多买东西了"，这种语法上的混乱充分反映了韩国留学生习得汉语的发展特征。例句(10) 更多跟离合词偏误有关。因为汉语一般是"V+很多+N"而不是"V+N +很多"。但是需要注意的是，以上例句中的"多"都是形容词用法，而不是副词用法。造成这种现象的原因在于，研究副词"多"的偏误无法摆脱"多"形容词用法的纠缠。

　　3."很多"的错序

　　　(11) ＊超市里的东西很多，所以，我很多买了。

　　汉语的"很多"带有一定的体词性，可指代名词，与数量词的功能相当(朱德熙，1982)。例(11) 的"很多"指代前面的东西，所以要做动词"买"的补语(也有观点认为此处的"很多"是宾语)。显然，这类偏误仍然没有摆脱前文曾经讨论过的韩国语"状语优先"的母语语法负迁移的影响。像例句(11) 的偏误具有偏误潜势，对此，广大教师务必做到心中有数。

　　(二)"多"的误代

　　"多"的误代有 39 句，在"多"的偏误句中所占比例为 29.8%。"多"的误代包括两种形式："很多"误代"多"以及"多"误代"很多"。下面我们就来具体分析。

1. "多"误代"很多"

（12）＊我买了<u>多</u>食物，其中大部分是地瓜。

（13）＊今天我学了做中国菜，另外还学了<u>多</u>单词。

（14）＊我生日那天，<u>多</u>人恭喜我生日快乐，我觉得谢谢。

（15）＊这两天，我在家，不是吃<u>多</u>饭，就是吃<u>多</u>小吃。

（16）＊他比我胖<u>多</u>。

（17）＊学生为了得到<u>多</u>奖学金，考试的时候常常作弊了。

以上偏误例句大部分跟韩国语母语负迁移有关。因为汉语的"很多"，韩国语一般表达为前面没有程度副词的"많이"，而"많이"这一韩国语形式，翻译成汉语，有时候是副词"很"加形容词"多"的"很多"，有时候是副词"多"，韩国留学生由于搞不清楚何时用"多"，何时用"很多"，于是就会形成这类词性偏误兼误代偏误的错误形式。上文的例句（12）—（15）都是比较典型的误代偏误。例句（16）稍显复杂。在汉语中，"很多"可以充当的语法成分很多。第一种，可以做谓语，比如"我的钱很多。"第二种可以做补语，有人认为是类似于代词宾语，如"那些书，我买了很多"。第三种跟第二种的变体形式有关，可以做主语，如"那些人，很多我都认识。"第四种是位于名词前作定语，如"教室里有很多人。"第五种是在"比字句"中的偏形容词性的谓语后作补语，比如"她比我高很多。"而例句（16）正违反了第五种的规则，缺失了"很"，应该改为"他比我胖<u>很</u>多。""他比我胖得多"或者"他比我胖多了"。例句（17）更特殊，如果将"多"改为"很多"，在语法上没有问题，但在达意的精准度以及语义焦点的凸显上，显然还存在问题。这个句子应该选择副词"多"修饰动词的形式，即：

（17′）有的学生为了<u>多</u>得奖学金，考试的时候常常作弊。

当然我们还是要说明，以上六个例句，除了例句（17）是真正意义上的副词"多"的偏误以外，其他五个例句都是形容词"多"的偏误。因为研究副词"多"无法摆脱形容词"多"在语义上的纠缠。

2. "很多" 误代 "多"

（18）＊他的行李比我很多。
（19）＊他的时间太很多了。
（20）＊很多做慈善可以免费。
（21）＊外面很冷，很多穿衣服吧。
（22）＊他是个小孩子，请很多原谅他吧。

前文谈到，"多"可以和"很"结合，形成程度概念和数量概念的结合体。而韩国语中"많이"同时具备这两个意思的词典解释，使韩国学生很容易将二者搞混。在汉语中，"很多"带有一定的体词性，可以指代名词，它主要用来修饰名词，表示数量多。但是"多"不可以直接放在名词宾语的前面，修饰宾语。要符合语法，必须在"多"的前面加上程度副词，其中，"很"用得最多。否则就会出现"多"跟"很多"误代的情况。

具体来看，例句（18）是"比字句"，句子的核心谓词前不能加绝对程度副词；例句（19）是"太"与"很"的程度冗余，应该改为"太多"或者"很多"；以上两则偏误句中的"多"都是形容词。而例句（20）（21）（22）都是形容词性的"多"的组合形式误代了副词"多"。其中例句（22）中的"多"换成"多多"更恰当。

从以上例句中，可以明显感受到学生习得"多"这一难词过程中的迷惑、茫然、纠结和无措。当他们找不出规律，大脑无法建构准确的知识体系时生成的那些杂乱无章的语句，正是留学生们习得心理茫然无助的生动写照。应该说，二语习得的深层次心理表征在"多"与"很多"相互纠缠的过程中得到了最鲜明最典型的呈现。

3. "多" 的其他误代形式

首先，"多"容易误代"很""大""强""严重"等表示程度的形容词。例如：

（23）＊我的头现在多疼。（我的头现在很疼。）
（24）＊我的父母年龄比你父母年龄多。（我的父母年龄比你父母年龄大。）

（25）＊我的孩子好奇心很<u>多</u>。（我的孩子好奇心很<u>强</u>。）

（26）＊车辆堵得越来越<u>多</u>。（车辆堵得越来越<u>严重</u>。）

这类偏误主要是受韩国语母语负迁移的影响而形成的。韩语中的"많이"可修饰形容词，既可表绝对程度高也可表相对程度高，如"많이 아프다"直译为"多疼"，而意译则是"很疼"。这正是例（23）的致误原因。另外，"많이"也可表示绝对程度高，相当于"아주"（韩语的"很"）。汉语中的"多"不能用于陈述句中表示绝对程度高，这种情况下必须转换成相对的程度副词"很""挺""好""非常"等（周小兵等，2010：164）。韩语的"많이"和汉语的"多"基本的认知意义都是"数量大"，但它们在认知隐喻中的范围和轨迹并不相同，所以并非所有义项和所能搭配的对象都一一对应。比如，汉语说"年龄大"，韩语说"年岁多"。这种偏误在初级阶段学生的作业中经常出现，很多年轻教师不理解为什么学生把"年龄大"说成"年龄多"，如果了解了韩国语母语表达的形式特点，就不难理解其中的奥妙。以上四个例句无一例外都跟韩国语母语表达形式的影响有关。如果跨语言对比分析做得好，这类偏误潜势是会被预测到的。

除此之外，有时候韩国学生受母语的影响，会将另一种"很多"跟"很大"混淆。例如：

（27）＊但是在韩国我买很多衣服，所以，现在我的行李<u>很大</u>。

从这个例句中，也能看出偏误潜势。汉语与韩国语甚至其他一些欧美语言对"行李"的观照焦点是不同的，中国人看到的是"数量多"，但是韩国人甚至西方人看到的却是"体积大"。不明白语言表达背后的心理因素，就容易形成这类偏误句。

其次，"多"容易误代"更"。例如：

（28）＊北方比南方<u>多</u>冷。

（29）＊他比我<u>多</u>喜欢她。

"多"是程度副词，是一个绝对的概念，"更"表现的是相对程度，两个词表达的意思不同。在这两个句子中，应该表示一个相对程度，所以要用"更"。而且，副词"多"一般修饰谓词，一般不能进入"A 比 B＋多＋Adj"语言框架中，如果要进入，"多"应该转变词性后位于"Adj"后然后加"了"，或者位于"Adj 得"后。比如：

（30）那本书比这本书难多了。

（31）那本书比这本书难得多。

最后，"几个"误代为"多"

（32）＊<u>多</u>月来，我做自己生活。

"多"有数词的用法，可以表示几个，但是不能与"几个"完全互换。"月"前面应该搭配数量短语，"多"一般无法充当数词单独修饰名词。所以这里应该用"几个"来代替"多"。这例偏误属于韩国留学生语言规则过度泛化造成的。当然，如果"多"换成偏书面的"数"，也是可以成句的。另外，"多"可以跟"日""年"结合为"多日""多年"，但是不能跟"月"结合为"多月"。除此之外，"多"还可以跟"时"结合为"多时"，用于相对正式的场合。比如：

（33）你终于来了，我们等你<u>多时</u>了。

（三）"多"的误代兼错序
1."多"误代"很多"并错序

（34）＊他每天<u>多</u>花钱了。

（35）＊我昨天<u>多</u>书买了。

（36）＊今年的产量比去年<u>多</u>提高。

（37）＊我们已经<u>多</u>看了关于世界末日的电影。

这类偏误的致误机理，前文已经阐述过，此处不再赘述。需要注意的是，汉语的"多+VP"结构经常具有祈使意义。例如，具有祈使意义的"多买书"与具有陈述意义的"买了很多书"在语言表达功能上存在着本质不同。

2."很多"误代"多"并错序

（38）＊汉字很难，必须练习<u>很多</u>。

在韩国学生习得"多"的过程中，首先，他们对"多"与"很多"之间的关系认识不清，极易形成混淆。其次，他们对"主语+很多。"这一先学语法形式印象深刻，在后面的语言表达中，就很容易受"主语+很多。"这一先学语法形式的影响，生成类似例句（38）的句子，从而将副词"多"与形容词"多"混淆。因此，例句（38）应该改为：

（38′）汉字很难，必须<u>多</u>练习。

3."多"误代"大"等形容词并错序

（39）＊他比我个子<u>很多大</u>了。
（40）＊现在<u>很多</u>刮风。
（41）＊那天很冷，<u>风多刮</u>了。
（42）＊他的体重比我<u>特别重</u>。
（43）＊今天<u>很多下雨</u>了，所以我没去学校。
（44）＊不管<u>多刮风</u>，学生都要去学校。

以上的偏误都是学生受了母语负迁移的影响，把韩国语中的"많이"对应到汉语中都翻译为"多""很多"。并且在汉语中"多"做补语时，是位于谓语的后面，学生将补语的位置提前了。这直接导致"多"不但误代"大、重"等形容词，还可能会形成语法上的错序。

具体来看，例句（39）学生可能要使用"A 比 B+Adj+多+了"这一句型表达"他的个子比我高多了"的意思，但是由于母语的影响，生成了

"他比我个子<u>很多</u>大了。"因为在韩国语中,"个子高"可以说"个子大",类似于汉语的"人高马大"的说法,韩国语关注的是"大",汉语关注更多的是"高";例句(40)的错误形式非常普遍,应该改为"现在风很大。"或者"现在风刮得很大。"例句(41)也应该改为"风很大。"例句(42)应该改为"他的体重比我重多了。"例句(43)应该改为"今天雨很大,所以我没法去学校了。"例句(44)很有趣,这个句子很可能是教师要求学生用"不管多+Adj,都……"这一句型造句,学生由于分不清楚形容词和动词,就照猫画虎造出这样的句子。此句可以改为:

(44′a) 不管风<u>多大</u>,学生都要去学校上课。

(44′b) 不管<u>刮多大风</u>,学生都要去学校上课。

(四)"多"的多余

在我们的语料中,"多"的多余句有 7 句,在"多"的偏误句中所占比例为 5.3%。

1. 其他程度副词和"多"一起修饰形容词形成多余

(45) ＊朋友们对我<u>很多</u>好。

(46) ＊我们觉得<u>很多</u>冷了。

(47) ＊我今天<u>太多</u>累了,所以吃完饭就我睡觉了。

(48) ＊第一次见面的时候,我<u>很多</u>紧张。

一方面,学生们在这些句子里,已经用了"很""太"来修饰后面的形容词,表示程度深,就不能再加上"多"了,会造成程度副词的语义冗余。另一方面,留学生其实并不清楚"很多+N"结构中"N"的词性和进入条件,"N"是名词性的,但是汉语的一些词既可以做名词又可以做形容词,比如"无奈、烦恼、忧愁"。"很多"可以修饰这些词,但有些词只能充当形容词,名词用法极少,比如例句(46)(47)(48)中的"冷、累、紧张",类似这些词是不能受"很多"修饰的,只能被"很"等程度副词修饰。这些信息,是我们在研究副词"多"的过程中需要特别注意的。因为学生是无法分清哪些词是名词,哪些词是形容词,哪些词既可以做名词,又可以做形容词。

2. "多/很多" 与表示数量多的词语共现形成多余

（49）＊他才学了<u>几个多月</u>的汉语，可是他通过了 HSK5 级，大家都服他。

（50）＊学校对面的路上，<u>很多有</u>各种各样的摊儿。

例句（49）中，"多" 前可加数量短语，但是数量短语中的数词必须是确数，而不能是约数。因为，"多" 本身就是表示一个大概的数值，前面不能再加表示大约数值的 "几"。因此例句（49）应该改为"几个月"或者"三个多月""四个多月" 等形式。例句（50）"很多" 放在 "有" 的前面，本身就不符合汉语语法，同时，"有" 的后面有表示数量多的 "各种各样" 来修饰 "摊儿"，再加上 "很多"，语义就冗余了，因此应该去掉 "很多"。

（五）"多" 的缺失

在我们的语料中，"多" 的缺失句一共有 5 句，在 "多" 的偏误句中所占比例为 3.9%。

（51）＊天气非常冷，你<u>尽管</u>＊穿衣服好了。

（52）＊外面很冷，<u>最好</u>＊穿点儿衣服。

（53）＊昨天晚上，<u>我喝</u>＊酒，现在头疼得要命。

（54）＊她的衣服穿得比那天<u>美</u>＊了。

（55）＊<u>不管</u>＊贵，只要有钱，就能买这个。

"多" 是可以表示数量大的一个词，上面的几个偏误句在语法上没有错误，但是在使用过程中，我们联系前后文可以知道，每个句子中都突出了数量大，所以 "多" 在这里就不能缺失，否则表达的意思就会出现偏差。其中例句（51）（52）都是具有祈使意义的句子，"多" 是副词，应该放在动词 "穿" 的前面；例句（53）（54）的 "多" 是形容词。其实，这两则例句也可以不是 "多" 的问题，比如例句（53）还可以说 "我喝酒了"。如果跟 "多" 的数量概念有关的话，就应该说 "我喝了很多酒"；例句

（54）可以是正确的句子，但是根据上下文，为精确表达的需要，应该在"美"的后面加上表示程度的"多"；例句（55）的"多"是副词"多么"的意思，表示"任何一种程度"（吕叔湘，1994：161）。"多"可以进入汉语的一些固定结构中，比如"无论（不管）……多……""多……都（也）……""多……多……""不管…多…，只要……，就……"等。例句（55）就是违背了"不管……多……，只要……，就……"在表达形式上的要求。因此，这句话应该改为：

（55′）不管多贵，只要有钱，就能买这个。

当然，例句（55）的偏误也很可能是受到了在非构式中的"不管"的语义影响而形成的。比如：

（56）妈妈从来不管我的学习成绩。

因为非构式中的"不管"不跟"多/多么"搭配，学生错误地将"不管"的这一用法移植到了"不管……，都……"构式中去，从而形成偏误。显然，这也属于目的语规则的过度泛化。

（六）与"多"有关的其他偏误

（57）＊他多学习了，现在很累。

（58）＊他比我吃多。

（59）＊现代社会发展了很多。

（60）＊在网上的商品和实际有差很多，所以我们失望也很多。

（61）＊他为了做生意赚很多钱，去大城市亲自开设了贸易公司。

（62）＊她很忙，我觉得不可思议，怎么能解决这样所有的事情呢？

（63）＊妈妈喜悦地说："没关系，你的身体好吗？多吃吧，注意感冒。"我的心情很沉重。

（64）＊不管明天多作业，我们都来学校。

前文谈到，在汉语中，"多+V"一般带有祈使意义，这正是例句(57)的问题所在。学生可能想表达"时间长"的概念，所以例句(57)可以改为"我学习了很长时间，现在很累。"例句(58)可以根据不同的意思修改为"他比我吃得多。"或者"他比我吃得多多了。"在汉语中，"吃多"与"了"结合具有句子的语义自足性，后面不需要其他成分，比如数量词。如果要加数量词，"多"应该移位到"吃"的前面。比如"多吃了三个"。汉语有自足的"吃多了"的说法，但没有自足的"多吃了"的说法。可见，"多吃"与"吃多"这两个小语块的表达功能其实是完全不同的；例句(59)，学生本来想表达程度概念，但是由于选择的表达形式有问题，于是形成了偏误句。这个例句可以改为"现代社会发展得很快。"或者"现代社会有了长足的发展。"例句(60)前半部分是将"多"与"大"混淆了，是一种受韩国语母语负迁移影响的误代偏误，应改为"网上的商品跟实际的商品有很大的差别"，后半部分将"失望"看作了名词，应将其看作形容词，改为"很失望"；例句(61)很有趣，也是将"很多"跟"大"误代混淆了，这个偏误句的形成其实跟教师没有教到类似知识点有关。因为这个句子可以说"他为了<u>赚钱</u>，去大城市亲自开设了贸易公司。"或者"他为了<u>赚大钱</u>，去大城市亲自开设了贸易公司。"恰恰是"赚大钱"的说法，学生没有接触到，偏误的焦点正出处于此。可见，在词汇教学过程中，从语法的角度适当扩散一些实用表达形式是很有必要的；例句(62)中"这样所有"改为"这么多"即可；例句(63)属于场景错乱，"多吃吧"一般用于即时场景，而这个例句是母女打电话的场景，语境不匹配，所以应改为"平时多吃点儿饭，小心感冒"，这样才能把母亲对女儿的那种牵挂之情鲜活地表达出来；对于例句(64)，前文已经谈到，"多"一般不能单独跟名词直接搭配，而且这个句子在语义逻辑上也存在问题。所以建议修改为"不管今天的作业多多，我都要完成。"

三　结束语

本节运用了语料库研究法分析了韩国留学生在学习汉语副词"多"的过程中所出现的偏误。我发现，韩国留学生在汉语副词"多"的学习中产生的偏误较多，尤其是错序和误代，情况都比较严重。而其中的原因都跟母语负迁移的影响有关。这其中，将副词"多"跟形容词"多"或者其组合形式"很多"混淆，是很多偏误的致误原因。另外，由于受母语的影响，学生会将"多"跟"大、强、严重、高"等很多形容词混淆，学生习惯于将韩国语的语言形式或者语义形式直接套用到汉语上。最后一点就是两国表达"多"的概念时，经常使用隐喻概念义，导致二者无法一一对译，于是形成偏误。比如"赚大钱"与"*赚多钱"就是如此。

第十九节　韩国学生习得汉语副词"再"偏误分析

一　引言

副词"再"是韩国初级留学生最难掌握的词之一。《现代汉语词典》（第7版）对"再"的解释如下：①表重复。②表更加。③表如果继续下去就会怎样。④表示即使继续下去也不会怎样。⑤表示一个动作发生在另一个动作结束之后。⑥表另外有所补充。

韩国学生在学习汉语副词"再"的过程中会出现大量偏误。为此，我们从对韩汉语甲级词偏误分析语料库中选取了40万字语料进行统计和分析，检索到与"再"相关的偏误例句共43句。将其偏误类型分为多余、误代、缺失、错序、其他五大类。具体统计结果如下：

偏误类型	多余	误代	缺失	错序	其他
所占比例	2.3%	53.4%	18.6%	16.2%	9.5%

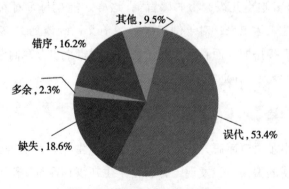

副词"再"偏误类型占比图示

从上表中可以看出，韩国学生习得汉语介词"再"的偏误比例中，占比最大的是误代，接近一半；错序和缺失基本持平，多余和其他的偏误占比最少。由于多余偏误只有一例，而且不典型，所以本文暂不讨论。

下面，我们将对副词"再"的偏误进行具体分析。

二　副词"再"偏误分析

（一）"再"的误代

"再"的误代主要包括七种情况："再"与"又"之间的误代；"再"与"在"的误代；"再"和"才"的误代；"再"和"重新"的误代；"再"和"第二次"的误代；"再"和"再次/再一次"的误代；"不再"与"不能"的误代。下面我们就具体来分析。

1."再"与"又"的误代

"再"和"又"的混淆是韩国留学生学习"再"字偏误率最高的一种。二者的混淆大多发生在对语义的理解上。《现代汉语词典》（第7版）对"又"的解释如下：①表重复或继续。②表几种性质或情况同时存在（多重复使用）。③表补充、追加。④表整数之外再加零数。⑤表说明另一方面的情况。⑥用在否定句或反问句里，加强语气。"又"的主要用法跟"再"的用法，主要的差别在于："又"表已然，经常与完成态的"了"共现，而"再"表未然。例如：

（1）＊换什么呀，又买一个新得了。

（2）＊难道你今天再迟到了吗？

（3）＊他们常常吵架，因为合不来，所以离婚了，可是就后悔了，为了孩子，他们再复婚了。

（4）＊妻子的身体越过时间越不好，终于她去世了，很多人来农夫的家了，农夫很感谢他们，为他们再杀了一个，就是牛，结果被老鼠夹子杀的是除了老鼠以外的，只老鼠活了。

（5）＊我等了半天，但是我妈妈都不回信。我很恐慌，我给我妈妈再发了短信。我说"妈妈，为什么不回答？"

（6）＊他去年来过这儿，今年再来了。

(7) *第二天，我们<u>再</u>去海边，可是不是海云台，而是广安里海边。我们期待得多，因为听说过那里有很多美女。但是我们的期待相反，那里的人都叔叔和阿姨。

(8) *只学一年吧就能交流，这是对我绝对不可能的事情，所以，我考虑考虑，<u>再</u>学半年了，而且半年后，还<u>再</u>学习半年了。

(9) *对不起，我<u>再</u>添麻烦你。

以上例句都是未然的"再"跟已然的"又"的误代。比如例句(1)，根据上下文的语义和语气，明显是"买"的动作尚未发生，因此"又"应该换成"再"。例句(2)(3)(4)(5)(6) 几个例句在语义上应该是"又"，而不是"再"，在形式上还有"了"的出现，因此从两方面看都应该用"又"。例句(7)(8) 属于事后的叙述，是已经发生过的事情。因此，这两句话应该改为：

(7′) 第二天，我们<u>又</u>去了海边，可是不是海云台，而是广安里海边。我们很期待，因为听说过那里有很多美女。但是跟我们的期待相反，那里的人都是叔叔和阿姨。

(8′a) 只学一年就能交流，这对我来说是绝对不可能的事情，所以，我考虑了一下，<u>又学了</u>半年，半年后，<u>又</u>学了半年。

其实，例句(8) 的修改还是不令人满意，建议进一步修改为：

(8′b) 只学一年就能交流，这对我来说是绝对不可能的事情，所以，我考虑了一下，<u>决定再</u>学半年，半年后，我<u>又</u>学了半年。

对于例句(9)，由于没有上下文，需要根据不同的情况，进行不同的表达，改为：

(9′a) *对不起，我<u>又</u>给你添麻烦了。

(9′b) *对不起，我<u>想再</u>麻烦你一次。

我们继续看偏误句：

（10）＊狐狸对乌鸦笑着说："亲爱的乌鸦，您好?"乌鸦没有回答，所以它<u>再说了</u>："亲爱的乌鸦，您好，今天天气很好吧?"乌鸦看着狐狸一眼，还是没有回答。

例句(10)的错误在于，汉语副词"又"具有"追加补充"的语义，而这句话的时态是进行态，而在进行态的语境下，"又"表示"追加补充"时，后面一般不加完成态标记词"了"。因此，例句(10)的"再说了"应该换成"又说"。

（11）＊有一天，我下了决心<u>又</u>去天津学习汉语。

例句(11)有完成态标记"了"，很多留学生据此会使用"又"，但是这个句子中"又"修饰的是后面尚未发生的"去天津学习汉语"，因此，这个句子中的"又"应该换成"再"。

（12）＊过几个月后，我知道几个汉语单词。<u>在</u>过几个月后，我可以说几句话，可我不能读汉子，也不能写汉字。

例句(12)有两层偏误，第一层是汉字"在"误代"再"的偏误，第二层是"再"与"又"的误代。根据上下文可知，这段话是事后的叙述，是完成态。因此，"在过几个月后"应该改为"<u>又过了几个月</u>"。

综合上面12个偏误句，我们可以对副词"再"与"又"进行如下辨析：

首先，在时态上，需要注意三点：第一，"再"通常用于未然态。"又"通常属于已然态，动词后常常有"了"；第二，"再"可用于过去式，一般表示过去的某种情况没有重复出现，如"自从毕业后我就再没见过他。"；第三，"又"也可用于将来时，但只有三种情况：a. 表示将来某种情况肯定会重复发生。如"天气预报说，明天又要下雨。"；b. 表示将会重复出现的某种情况的预估。如"又要下雨了。"当然要注意共现词"要"等；

c. 表示由于客观情况，某种情况将会重复出现。如"他起晚了，肯定又要迟到了"。需要注意的是，这种情况下，"又"的后面也需要加"要、想、得"等词。

其次，在与否定词共现的情况，"再"位于否定词前后都可以，"不再/没再"表示的是该动作行为的不再重复或不再继续下去，是客观的陈述某种变化。"再不/再没"表示的意思是"永远不"，即某种情况以后永远都不会发生，常表示主观上的决心或保证，语气强。"又"只能位于否定词前面，"又+不/没"表示加强否定语气，使否定意义更彻底。

最后，在与能愿动词共现方面，一般情况下，"再"位于能愿动词"要""想"之后，即"要再 VP""想再 VP"。而"又"位于能愿动词"要""想"之前，即"又要 VP""又想 VP"。

2. "再"与"在"的汉字误代

在韩国学生的笔下，汉字"再"与"在"的误代情况比较普遍。如：

（13）＊上海给我留下印象很深。我想以后<u>在</u>去上海。

（14）＊这个行星的破坏强度是可以灭种地球上的生物。<u>在</u>说明天是地球最后一天。

由于本文主要研究语法和语义的偏误，汉字偏误暂不作重点探讨。但是，广大教师需要注意的是，在韩国学生的笔下，音同造成的汉字"在"与"再"的混淆误代情况比较普遍，甚至可以说，在初级阶段的学生中还比较严重。因为汉字"在"比"再"更容易激活，也更容易书写。

3. "再"与"才"的误代

《现代汉语词典》（第 7 版）对副词"才"的解释如下：①表示以前不久。②表示事情或状态发生、出现得晚。③表示只有在某种条件下然后怎样（前面常常有"只有、必须"或含有这类意思）。④表示数量小，次数少，能力差，程度低，等等。⑤表示强调所说的事（句尾常用"呢"字）。下面，我们具体看偏误例句：

（15）＊别着急，你考虑考虑<u>才</u>决定吧。

例句(15) 关涉的是"再"与"才"的区别。彭小川等(2004：131) 认为，二者都可用于前后的两个动作之间，可是它们的意思不同。"再"表示的是动作的先后顺序，只能用在经常的或还没做的事。而"才"表示的是前一个动作的发生是后一个动作发生的条件，它没有时间限制。比如：

做了 A 再做 B　→　先做 A，然后做 B

做了 A 才做 B　→　如果做 A，那么做 B；

　　　　　　　　如果没做 A，就不能做 B

按照这一解释，例句(15) 就是"先考虑一下，然后再决定"，因此应该将"才"换成"再"。

4."再"与"重新"的误代

《现代汉语词典》(第 7 版) 对"重新"的解释是：①再一次。②表示从头另行开始(变更方式或内容)。再"有时会与"重新"发生误代。例如：

(16)　*对于常常旷课的学生，惩罚的方法是再注册。

一般来说，这个句子是没有错的，因为"再"和"重新"都有"再一次"的意思，但是"重新"有"从头另行开始"的意思，其认知焦点是"往回再来一次"，而"再"的认知焦点是"继续再来一次"，其动作所指是未来。虽然二者的差异很小，但是的确有差异。另外，例句(16) 也可能关涉音节和谐或语体词汇选择的问题。所以，句子中的"再"应该换成"重新"。

5."再"与"第二次"的混淆

(17)　*他再来的时候，我真的很高兴。

例句(17) 的"再"实际上是"第二次"的意思。因为"再"表示未然，而本句中的"第二次"所代表的时间显然是已然的。

6."再"与"再次/再一次(다시 한번)"的混淆

（18）＊两年后，他俩在一个大楼里遇见了，<u>再</u>开始谈恋爱。他俩一起经过多种多样的生活，他们<u>再</u>找了真正的爱。

（19）＊其实早就知道他们中的一些人应该离开我身边。因为他们都要工作，要结婚，还有发生去世的人。这次机会我<u>再</u>感到了他们的重要性。以后我要更疼他们。

（20）＊我<u>再</u>见她非常高兴了。

《现代汉语词典》（第7版）对"再次"的解释如下：①第二次。②又一次。例句（18）其实是"又一次谈起了恋爱"或"再次谈起了恋爱"，后小句应该是"又一次找到了真爱"或"再次找到了真爱"；例句（19）应该改为"这次机会让我再次感受到了他们的重要性"；例句（20）应该改为"再次见到他，我非常高兴。"可见，"再次"这个词跟"再"不同，它既可用于未然句，也可用于已然句。

7．"不再"与"不能"的误代

（21）＊那是我的奶奶不在这儿，独自的时间多了，可是我交很多朋友，我<u>不能</u>感觉孤单，每天很有意思。

在汉语中，"不再"有两个义项：①放弃；停止进行。②结束；停止；终止；放弃。例如"我不再淘气了。""不能"有三个义项：①不可能。②不能够。③没有能力。上句意为我交了很多朋友，"结束或停止了"孤单的感觉，因此应用"不再"。

8．"再"与"还"的误代

（22）＊以前不努力，现在有点儿后悔，我<u>再</u>想读书。

（23）＊西安之游结束了，比起以前我去过的其他旅游胜地，西安给我留下了更深刻的印象。十年后，我<u>再</u>想去西安。

这两个例句涉及的是"还""想""再"三个词之间的语序。汉语一般有以下四种表达形式：

表现形态	例　句
还想+VP	太好吃了，我还想吃。
想再+VP	我想再试一下，可以吗？
还想再+VP	那部电影太好看了，明天我还想再去看一遍。
再想+VP+…	快吃吧，过了这个季节就没有了，再想吃就得等到明年了。

据此，例句（22）的"再想读书"后面没有后续成分，应该改为第一种表现形态"还想 VP"。

（三）"再"的缺失

（24）＊现在我最想的菜就是土豆泥。做法非常容易，而且很快。先削马铃薯皮，＊把它切下来。烧开水里放进去，煮二十分钟左右。土豆煮好以后把水倒出、捣土豆、加黄油、牛奶、食盐和香芹菜就好了。

（25）＊这件事很重要，我打算跟父母商量以后＊处理。

（26）＊我们坐打车去，不行的话，＊坐公共汽车。

（27）＊我丢了朋友的笔，朋友说他＊买（一支）就行了。

（28）＊菜都做好了，客人没来，＊等等吧！

（29）＊我希望成功以后，三十六岁左右结婚。因为我觉得早婚是互相想玩儿，又没有社会经验。所以很多社会经验过以后＊结婚。

例句（24）是"先……，（然后）再……"结构，所以应该把"把它切下来"改为"再把它切开"。对于例句（25）（26）（27），严格地说，在口语中，在语境的帮助下，不用"再"也是可以的。可是对留学生的汉语教学，在开始阶段应该强调一些形式上的知识让他们记住，因此，这几个句子都缺少了"再"；例句（28）的"等等吧"与"再等等吧"在语义上是不同的，前者是首次实施"等"这一行为，后者是已经实施了"等"的行为，还要继续"等下去"。因此，严格地说，语境不明，无法判断这个句子是否是偏误句。例句（29）严格来说也是"先……，（然后）再……"结构的变体，因为是未然态，所以应该加上"再"，改成"有丰富的经历以后再结婚"。

　　（30）＊孩子很高兴地砍掉树干去航海远行了，孩子很长一段时间没＊出现了。

　　例句（30）中缺的"再"是"再次"的意思。留学生由于无法实现精细表达，所以缺失了"再"。

　　（四）"再"的错序

　　"再"的错序最典型的是"再"跟"介词＋代词/名词＋VP"之间的语序问题。例如：

　　（31）＊如果下次＊跟她<u>再</u>去旅游，一定我自己计划旅游的全部。

　　（32）＊在哪儿，马上回家，否则，我不＊给你<u>再</u>打个电话。

　　例句（31）（32）关涉的都是"再"跟"介词＋代词/名词＋VP"之间的语序问题。一般来说，"再"的位置可前可后。但是对留学生的教学来说，应该先教"再＋介词/名词＋代词＋VP"这一更常见的形式。

　　（33）＊你＊给我<u>再</u>一杯啤酒吧。

　　（34）＊这汤有点儿咸，＊放<u>再</u>多点水就好了。

　　例句（33）的"给"不是介词，而是动词，"再"修饰动词理所应当，因此，"再"应该放到"给"的前面。例句（34）非常有趣而且典型，句子中的"再"和"多"都是副词，二者一起修饰动词，词序应该是"再多＋VP"，所以例句（34）应改为：

　　（34′）这汤有点儿咸，<u>再</u>多放点水就好了。

　　除此之外，前文已经谈到，在汉语中，"还""想""再"的词序问题对留学生来说是一个难点。例如：

　　（35）＊西安之游结束了，比起以前我去过的其他旅游胜地，西安给我留下了更深刻的印象。十年后，我<u>再</u>想＊去西安。

前文谈到，汉语有"还想＋VP""想再＋VP""还想再＋VP"和"再想＋VP，……"四种形式，例句（35）关涉的是"还想＋VP"和"想再＋VP"两种形式。应该修改为：

（35′）西安之游结束了，比起以前我去过的其他旅游胜地，西安给我留下了更深刻的印象。十年后，我<u>还</u>想去西安／我想<u>再</u>去西安。

在韩国语中有"다시 한 번"，翻译成汉语就是"再一次"或者"再来一次"，受这一形式的影响，在汉语中学生也会出现不少偏误。比如：

（36）＊我想＊去<u>再</u>一次。

留学生将"再一次"作为一个固定成分，而不管其他语言成分与"再"之间的关系，这很容易形成偏误。所以，这个句子应改为"我想再去一次。"

（37）＊请你以后再不会迟到了。

例句（37）的语境也不是很清晰。建议修改为：

（37′a）请你以后别<u>再</u>迟到了。
（37′b）请你以后不要<u>再</u>迟到了。

另外，还有一个跟"再"有关的重要问题就是，很多韩国留学生搞不清楚"再不"和"不再"之间的差异。

彭小川、李守纪、王红（2004：133）对此进行了研究。他们认为："不再"和"再不"都表示以前曾经有的一种情况停止了，句子最后都有"了"。但差异在于，"再不"的意思是"永远不"，意思是某种情况"以后永远不会发生"，常常表示主观上的决心或保证，后面变化的情况一般是人可以决定的事，语气很强，常用来发誓。如果换成"不再"，语气就变得很平静了。如：

(38) 他被她骗了一次以后，就<u>再不</u>相信她了。
(39) 他被她骗了一次以后，就<u>不再</u>相信她了。

其次，"不再"是客观地陈述某种变化，后面的变化可以是人"自己能决定"的事，这时可以换成"再不"。如"从那件事以后，他<u>不再</u>来了。"而在例句"她现在老了，<u>不再</u>漂亮了。"中，"漂亮"和"不漂亮"都不是"她"能够决定的，此时就不能换成"再不"。

最后，"不再"还表示某种情况的暂时停止，但以后可能还会出现停止前的相同的情况。如：

(40) 母亲把孩子抱了起来，孩子才<u>不再</u>哭了。

三 结束语

本节运用语料库研究法分析了韩国留学生在学习汉语副词"再"的过程中所出现的偏误，并对其致误机理进行了探讨。我们发现，韩国留学生在习得汉语副词"再"的过程中产生的偏误较多，其中误代占比最大。误代词中数量最多而且最常见的是"又"。除此之外，"重新""才""再次/再一次""还"等也经常跟"再"混淆。错序偏误也需要引起特别的重视。

第二十节 韩国学生习得汉语副词"只好"偏误分析

一 引言

在现代汉语副词序列中"只好"是一个很重要的副词。"只好"在《汉语副词词典》中的解释为：在没有更好的选择，没有办法的情况下只能这样；不得不。基本用法有三种：①只好+动词或动词短语，前面一般有说明原因的句子；②只好+形容词，形容词后常有"一点儿、一些"；③只好+主谓短语。

在韩国学生习得副词"只好"的过程中存在着不少与"只好"有关的偏误。为此，我们从对韩汉语甲级词偏误分析语料库和北京语言大学HSK 动态语料库和中选取了语料进行统计和分析，共搜集到与副词"只好"有关的偏误句 50 句，将其分为多余、缺失、误代、错序、其他五大类。具体统计结果如下：

偏误类型	误代	多余	缺失	错序	其他
所占比例	48%	10%	16%	14%	12%

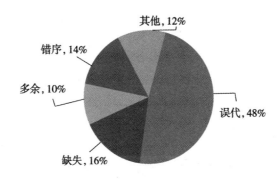

副词"只好"偏误类型占比图示

从上表可以看出，韩国学生习得汉语副词"只好"的偏误比例中，占比最大的是误代，接近一半；缺失也较多；错序和其他类基本持平，占比最少的是多余，仅占 10%。可见，我们需要对"只好"的误代偏误加以重点关注。

下面，我们将对汉语副词"只好"的偏误进行具体分析。

二　副词"只好"偏误分析

（一）"只好"的误代

在我们的语料中，副词"只好"的误代句有 24 句，在"只好"的偏误句中所占比例是 48%，占比相当大，接近一半。留学生经常把"只好"与"不得不、只能、只得"等词混淆。我们认为，只有让留学生弄清楚"只好"和"不得不、只能、只得"等词的差别，才能有效地避免此类偏误的发生。

1.“只好”与“不得不”的误代

（1）＊我本来想去海水浴场享受日光浴，但是我的朋友不想去，我＊不得不决定了去内陆旅游。

（2）＊但是，如果他处于只有他一个人做事情的境地，就＊只好去做了。

《现代汉语八百词》对“只好”的解释是：表示没有别的选择，不得不。《现代汉语八百词》一书没有解释“不得不”的意思，因为“不得不”不是副词，而是双重否定式，相当于“一定、必须”。我们可以将二者的意思总结为：

不得不：必须；一定要这么做。

只　好：必须，没有别的办法，只能这么做。

可见，“只好”和“不得不”两者的意思基本一样，都表示“不愿意，但又没有别的选择”，常常可以互换。二者都可表示由于条件限制，做出某种选择是不得已的，但二者所在的句子表示的可供行为主体选择的余地大小有所不同。（黄喜宏、方绪军，2009）从语义方面上看“只好”原始的语义就是“只……好”，其语义背景是，在众多的选择项中“没有更好的选择”。而“不得不”则表示“没有别的选择”，往往是“客观情势逼迫”下的“别无选择”；“不得不”多用于口语，“只好”没有此限。“不得不”后边一般跟肯定句，不能跟否定句，“只好”没有此限。“只好”有时候可以放在主语的前面修饰整个小句，但是“不得不”没有此限。

“只好”实际上是一个偏主观的副词，其语义本来是“觉得只有……最好”，而“不得不”相对来说偏客观，动作行为一般是在客观情势逼迫之下的“别无选择”。上文例句（1）偏主观化，是在众多选择项中选出的当时最好的选择项，因此，“不得不”应该换为“只好”。而例句（2）则明显是客观情势逼迫使然，没有选择的余地，因此“只好”应该换为“不得不”。

2."只好"与"只能"的误代

（3）＊最后，胡同里就剩了我一个人，我等了一会儿也听不到自己的名字被叫，＊<u>只能</u>一个人垂头丧气地回家。

（4）＊等他了半天，他也没来，车就开了，我们＊<u>只好</u>先走。

（5）＊如果你非常饿，又＊<u>只好</u>去吃这些受化学污染的农作物的话。

我们在前文中提到，"只好"表示在某种具体的情形或条件下没有更好的选择，不得不做某事。而"只能"表示只具备做某事的主客观条件或情理上、事理上只许可或要求做某事（丁雪欢，2005）。常见的"只能VP"句，不是以某条件为前提而选择的结果，VP所指包括能力、规定、要求、规范等的存在是一种相对稳定的常态，即非具体的、临时的事件。而"只好VP"句则表示一种后起的自然结果。

总的来看，"只能VP"句的表意范围较"只好VP"更广，它除了能表示某条件下的结果，还更常表述一种成事条件/要求。"只能VP"的表述较具客观性，"只好VP"强调在客观条件下的主体的选择，侧重从行为主体即人的主观视角来表述VP。

例句（3）中，等了一会儿听不到自己的名字被叫是条件，回家是结果，是"只好+动词"的用法。可以再等一会儿看自己是否被叫到或者回家，也可以去别的地方玩，很多选择的余地，不过"没有更好的选择"，这符合"只好"的使用条件。例句（4）中，"车就开了"为客观条件决定的，"只能"先上车走。句（5）中，并不是因为饿去吃受化学污染的作物，句子中的后小句的副词"就（＊又）"表示承接上一条件，另外的条件是"吃这些受化学污染的农作物"，这里的"只能VP"就是一种成事（解决"饿"）的要求，而不是自然的结果。

3."只好"与"只得"的误代

（6）＊如果没有替我做事的人，<u>只好</u>自己做。

（7）＊现在我感冒了，<u>只好</u>吃药。

（8）＊如果被禁止抽烟的地方多的话，吸烟者<u>只好</u>减少抽烟的时间。

　　"只好"和"只得"语义和分布相似，人们习惯互为解释。常用工具书如《现代汉语八百词》（1994）、《现代汉语虚词词典》（1998）及《现代汉语词典》（2016）的解释大同小异，为"由于条件的限制，不能不这样做或只能这样做"。有些词典甚至直接互释。很多情况下二者可以相互替换，句子原意也能保持不变。

　　不过二者也存在细微的差别，"只得"通常表示无奈之举，不是出于本意，即使不愿意这么做也不得不这么做。这点与"只好"有明显的差别。黄俊（2015）认为"只好"的情感量高，"只得"的情感量低。一般情况下，不带有摹状成分的"只得"的主观情感不高，这种特征能够满足客观叙述的要求。也就是说，"只好"与"只得"主要是情感因素上的区别，例句（6）中，条件为没有别人替，无奈之下，即使不愿意也"只得"这么做。例句（7）同上，感冒了，需要吃药，很无奈但是也"只得"这么做。例句（8），因为禁止吸烟的地方变多，吸烟者并非出于本意要减少抽烟时间，"只得"这么做。这些句子中，"只得"的情感量都较低，相对地，客观量较高。

　　4."只好"与"只是""只有""只想""不由得""只要"等词的误代

　　（9）＊我妈非让我去上课，我<u>只是</u>拿着书包去补习班，马马虎虎地打发时间。

　　（10）＊没有别的方法，<u>只好</u>（只有）努力了解对方的想法，才不会吵架。

　　（11）＊老板叫我去工作，可是今天我很累，<u>只好</u>（只想）在家里休息。

　　（12）＊我丢了全部的钱，<u>不由得</u>离开汉城到家乡去了。

　　（13）＊我觉得对人负责和为别人服务，并不很难，<u>只好</u>（只要）一想到大家就都做得到。

　　"只是"为副词，表示仅仅是，不过是，或者表示强调某个范围或状况。例句（9）中所表达的意思是在妈妈的逼迫下没有别的更好的选择了，相比较之下，用"只好"更合适；"只有"表示条件的唯一性，非此条件不可。例句（10）中，条件是没有别的办法了，要想不吵架，只有了解对方才可以。这里的"只有"表示"仅有"的意思，而且"只有"能与"才"搭配，"只好"不行。感觉此处是学生在话语监控不力情况下的误写。"只想"，"只"是"只是"，"想"是"想要"。例句（11）中，自己很累，但是老板还要让自己去工作，此刻"我"的想法是不想工作，只想休息。"只好"用在此处不恰当；"不由得"意为"不禁"，表示不能抑制自己做某事。在例句（12）中，我丢了钱，没钱生活需要回家，完全是主观方面，并非"不由得"之意。所以要用"只好"；"只要"是连词表示具有充分的条件，正句常用"就""也""都""便"相呼应，表明由这种条件产生的一种结果。例句（13）中，句末出现了"就"，明显是"只要……就"结构。

（二）"只好"的缺失

"只好"的缺失有8句，是仅次于误代的一类偏误。这类偏误在韩国留学生的表述中经常出现。

1."所以"后缺失"只好"

（14）＊本来在餐厅里见面，但餐厅关了，所以我们＊在图书馆见面。

（15）＊我本来想去饺子馆，但是在那里有很多人，所以我＊去吃面条了。

（16）＊我本来不喜欢吃中国的菜，但是现在在中国，所以＊吃中国的菜。

（17）＊我本来想买裙子，但卖完了，所以我＊买了一条裤子。

2."没办法"后缺失"只好"

（18）＊我们班本来去兜风，但是突然下雨了，没办法，＊上课了。

（19）＊所以政府对不戒烟的人也没办法，＊为不吸烟或者戒烟的人公布了办法。

"只好"的缺失是这个词的重要偏误形态，"只好"的第一种用法"只好+动词或动词短语"，前面一般有说明原因的句子。以上两个例句，前面都有说明原因的句子，但是学生很容易将"只好"这个词情感过滤掉或者回避掉，因为"只好"的激活度不足，同时他们认为不用这个词也可以将意思表达清楚，于是偏误便由此形成。教师必须对此类现象有清醒的认识。综合看，这个词激活度在中国人的话语中较高，但是在韩国学生的话语中则常常被回避，所以缺失的情况十分普遍。

（三）"只好"的错序

在我们的语料中，"只好"的错序句有 7 句，占总偏误句的 14%。

前文谈到，"只好"的用法有三种：①只好+V/VP，前面一般有说明原因的句子，如果主语在后小句，"只好"则放在主语后，谓语前；②只好+Adj，"Adj"后常有"一点儿、一些"；③只好+主谓短语。这三种形式中，第一种最常见，第三种相对少见。

1. 主语和"只好"顺序颠倒

（20）＊眼镜碎了，只好阿里和我＊一起去配了一副新眼镜。

（21）＊本来要开车去市里，但天下雪了，所以只好我们＊打车去了。

（22）＊春天的有一天，我住的胡同突然安静了。原来只有我一个人 7 岁，其他三个朋友八岁，所以他们上了小学。只好我＊要等朋友下课再和他们玩。有的时候，我就坐在校门口等着他们。

（23）＊有的时候他会突然找我："咱们喝酒吧！"只好我＊陪着他。

上面的四个例句都跟"只好"的第一种用法有关，属于主语跟"只好"的错序。

2. 谓语和"只好"顺序颠倒

（24）＊他们＊想只好自己的想法，因为孩子的想法不好。

"只好"是副词，主要修饰动词结构或者形容词结构，不能修饰名词性成分。例句（24）中的"自己的想法"恰恰是名词性成分，因此，应该将"只好"移位到动词"想"的前面，然后把"想"换成"相信"就可以了。

（四）"只好"的多余

"只好"的多余句有 5 句，在"只好"的偏误句中所占比例为 10%，占比最小。需要注意的是，虽然例句少，但这类偏误仍然值得重视。由于对"只好"用法的茫然，很多留学生无法准确掌握其用法，所以这是留学生学习时的一个难点。例如：

（25）＊他不来了，我们<u>只好</u>走吧。

（26）＊电视上的明星使他们受到影响，<u>只好</u>开始抽烟。

（27）＊我小时候经常坐在父亲旁边，<u>只好</u>耐心听着他说。

考察发现，"只好"句式主要与前文语段存在直接的逻辑语义关系，同时绝大多数属于"因果"关系，少数属于"假设""目的"和"条件"关系。上述例句中，"只好"的语义逻辑位置都不准确。当"只好"句式用于表示因果关系的语境之中时，表达的取舍行为是一种无奈的选择，往往由某种原因所致。例句（25）如果换成"他不来了，我们只好走了。"就正确了，或者换成"他不来了，我们走吧。"也可以。可见，"只好"这个词一般用于"事后叙述"的语境中，常用于完成时态。例句（26）不存在因果关系，同时也存在对"只好"意思的误解。这句话中的"只好"可能更近似于"于是"；例句（27）则是对"只好"意思的误解，"只好"表示"只能如此，没有别的选择"，用在这里明显不对。反而是用"只是"可能更恰当。

（五）与"只好"有关的其他偏误

（28）＊现在我没有手机，<u>只好</u>买新手机。

（29）＊我忘了拿作业，<u>只好</u>回宿舍去拿。

（30）＊等他了半天，<u>只好</u>走吧。

（31）＊我经常头疼，<u>只好</u>好好儿休息。

（32）＊我的汉语水平很差，<u>只好</u>好好学习。

（33）＊我生病了，<u>只好</u>去看医生。

（34）＊他为了省钱，<u>只好</u>打车回家。

（35）＊我的汉语水平还不好，<u>只好</u>在中国学习。

从上面的例句看，"只好"的确不是一个很容易习得的副词。主要问题在于前小句的条件设定到什么程度才算自足自洽，才能跟后小句的"只好"适配，这是一个大问题。上面 8 个例句无一例外都存在条件设定不足的问题，直接导致后小句的"只好"跟前文的语义不适配。可见，对副词"只好"的成句条件的探讨和语义背景的挖掘，还有很多工作要做。

三　结束语

本节运用语料库研究法分析了韩国留学生在学习汉语副词"只好"的过程中所出现的偏误，并对其致误机理进行了探讨。我们发现，韩国留学生在汉语副词"只好"的学习中产生的偏误比较多，尤其是误代占比最大，由于意思上的相通性，副词"只好"极易与"只得，只能，不得不"等词相混淆，必须弄清它们之间的区别，才能有效避免此类偏误的产生。

"只好"的语义看似简单，但是其成句条件和语义背景其实是不容易把握的。我们认为，这个词是一个"语感词"，没有相当的汉语语感，留学生造出来的句子往往不地道。虽然本文对这个词的用法以及语义进行了一定的探讨，但鉴于水平所限，研究深度尚浅，对"只好"与其易混淆词之间的辨析还很肤浅，因此，对"只好"这个副词的研究还有比较长的路要走。

参考文献

（按作者姓氏音序排列）

本书语例主要来源语料库：

对韩汉语甲级词偏误分析语料库［OL］.（http：//wd. jasonwung. com）

韩国留学生汉语中介语语料库［OL］.（尚未上线）

北京语言大学 HSK 动态作文语料库［OL］.（http://202.112.195.192:8060/hsk/index.asp）

北京大学中国语言学研究中心 CCL 语料库［OL］.（http://www.docin.com/p-14744544.html)

北京语言大学 BCC 现代汉语语料库［OL］.（http://bcc.blcu.edu.cn/）

专著文献：

北京大学中文系 1995、1997 级语言班:《现代汉语虚词例释》，商务印书馆 1982 年版。

岑玉珍主编:《汉语副词词典》，北京大学出版社 2013 年版。

陈榴:《东去的语脉》，辽宁师范大学出版社 2007 年版。

程美珍:《汉语病句辨析九百例》，华语教学出版社 1997 年版。

崔健、孟柱亿:《汉韩语言对比研究(1)》，北京语言大学山版社 2007 年版。

崔健、孟柱亿:《汉韩语言对比研究(2)》，北京语言大学出版社 2010 年版。

崔健、孟柱亿:《汉韩语言对比研究(3)》，北京语言大学出版社 2012 年版。

崔希亮:《语言理解与认知》，北京语言大学出版社 2001 年版。

崔希亮：《汉语作为第二语言的习得与认知研究》，北京大学出版社2008年版。

崔希亮、张宝林主编：《第二届汉语中介语语料库建设与应用国际学术讨论会论文选集》，北京语言大学出版社2013年版。

房玉清：《实用汉语语法（第二次修订）》，北京语言大学出版社2008年版。

冯胜利：《汉语韵律句法学》，商务印书馆2013年版。

冯胜利：《三一语法：结构·功能·语境——初中级汉语语法点教学指南》，北京大学出版社2015年版。

傅雨贤、周小兵：《现代汉语介词研究》，中山大学出版社1997年版。

甘瑞媛：《"国别化"对外汉语教学用词表制定的研究》，北京大学出版社2006年版。

何安平：《语料库语言学与英语教学》，外语教学与研究出版社2004年版。

何九盈等：《中国汉字文化大观》，北京大学出版社1995年版。

黄昌宁、李涓子：《语料库语言学》，商务印书馆2007年版。

黄伯荣、廖旭东：《现代汉语（增订五版）》，高等教育出版社2012年版。

侯学超：《现代汉语虚词词典》，北京大学出版社1998年版。

姜汇川、许皓光、刘延新：《现代汉语副词分类实用词典》，对外贸易教育出版社1989年版。

金立鑫主编：《对外汉语教学虚词辨析》，北京大学出版社2005年版。

金钟埙：《韩国固有汉字研究》，韩国首尔集文堂1983年版。

李大忠：《外国人学汉语语法偏误分析》，北京语言文化大学出版社1996年版。

李得春：《韩文与中国音韵》，黑龙江朝鲜民族出版社1998年版。

李德津、程美珍：《外国人实用汉语语法》，华语教学出版社1988年版。

李泉：《汉语语法考察与分析》，北京语言大学出版社2001年版。

李晓琪：《现代汉语虚词讲义》，北京大学出版社2005年版。

李晓琪主编：《现代汉语虚词手册》，北京大学出版社2003年版。

林从纲:《新编韩国语词汇学》,北京大学出版社 2007 年版。

林新年、肖奚强、张宝林:《第三届汉语中介语语料库建设与应用国际学术讨论会论文选集》,世界图书出版公司 2016 年版。

刘镰力主编:《汉语 8000 词词典》,北京语言大学出版社 2011 年版。

刘珣:《对外汉语教育学引论》,北京语言大学出版社 2000 年版。

刘月华等:《实用现代汉语语法(增订本)》,商务印书馆 2001 年版。

卢福波:《对外汉语教学实用语法》,北京语言大学出版社 1996 年版。

陆俭明:《作为第二语言的汉语本体研究》,外语教学与研究出版社 2005 年版。

罗青松:《对外汉语写作教学研究》,中国社会科学出版社 2002 年版。

吕叔湘主编:《现代汉语八百词》,商务印书馆 1997 年版。

吕叔湘、朱德熙:《语法修辞讲话》,商务印书馆 2011 年版。

吕文华:《对外汉语教学语法探索》,北京语言大学出版社 2008 年版。

马真:《现代汉语虚词散论》,语文出版社 1999 年版。

孟国:《对外汉语十个语法难点的偏误研究》,北京大学出版社 2011 年版。

彭小川、李守纪、王红:《对外汉语语法教学释疑 201 例》,商务印书馆 2004 年版。

朴英燮:《国语汉字语汇论》,韩国首尔博而精出版社 1995 年版。

任长慧:《汉语教学中的偏误分析》,武汉大学出版社 2001 年版。

沈家煊:《认知与汉语语法研究》,商务印书馆 2009 年版。

石毓智:《汉语语法》,商务印书馆 2010 年版。

孙德金:《对外汉语语法及语法教学研究》,商务印书馆 2001 年版。

檀国大学校东洋学研究所:《韩国汉字语词典》,韩国首尔檀国大学出版社 1997 年版。

佟慧君:《外国人学汉语病句分析》,北京语言学院出版社 1986 年版。

王海峰:《国别化:对韩汉语教学法(上、下)》,北京大学出版社 2011 年版。

王力:《汉语史稿》,中华书局 1980 年版。

王力:《中国现代语法》,商务印书馆 2011 年版。

王建勤:《第二语言习得研究》,商务印书馆 2009 年版。

王寅:《认知语言学》,上海外语教育出版社 2007 年版。

王自强:《现代汉语虚词词典》,上海辞书出版社 1998 年版。

吴勇毅、吴中伟、李劲荣主编:《实用汉语教学语法》,北京大学出版社 2016 年版。

肖奚强:《现代汉语语法与对外汉语教学》,学林出版社 2002 年版。

肖奚强:《汉语中介语语法问题研究》,商务印书馆 2008 年版。

肖奚强:《外国学生汉语句式学习难度及分级排序研究》,高等教育出版社 2009 年版。

肖奚强等:《外国留学生汉语偏误案例分析》,世界图书出版公司 2016 年版。

肖奚强、张旺熹:《首届汉语中介语语料库建设与应用国际学术讨论会论文选集》,世界图书出版公司 2011 年版。

杨金华:《外国人汉语语法习得难点研究》,上海大学出版社 2012 年版。

杨庆蕙:《现代汉语正误辞典》,北京师范大学出版社 1993 年版。

杨昭全:《中国—朝鲜、韩国文化交流史》,昆仑出版社 2004 年版。

叶盼云、吴中伟:《外国人学汉语难点释疑》,北京语言大学出版社 1999 年版。

俞燕君:《韩国人学汉语难点及偏误解析》,浙江大学出版社 2011 年版。

张斌:《现代汉语虚词词典》,商务印书馆 2001 年版。

张博:《基于中介语语料库的汉语词汇专题研究》,北京大学出版社 2008 年版。

章宜华:《基于用户视角的对外汉语词典释义研究》,商务印书馆 2011 年版。

张谊生:《现代汉语副词探索》,学林出版社 2004 年版。

张谊生:《现代汉语副词研究》,商务印书馆 2014 年版。

郑定欧:《词汇语法理论与汉语句法研究》,北京语言文化大学出版社 1999 年版。

赵新、李英:《商务馆学汉语近义词词典》,商务印书馆 2009 年版。

赵新、刘若云：《实用汉语近义虚词词典》，北京大学出版社 2013年版。

赵扬：《第二语言习得》，外语教学与研究出版社 2015 年版。

中国社会科学院语言研究所词典编辑室：《现代汉语词典》（第 7 版），商务印书馆 2016 年版。

周小兵：《第二语言教学论》，河北教育出版社 1996 年版。

周小兵：《外国人学汉语语法偏误研究》，北京语言大学出版社 2007年版。

周小兵、傅雨贤：《现代汉语介词研究》，中山大学大学出版社 1997年版。

周小兵、李海鸥：《对外汉语教学入门》，中山大学出版社 2009 年版。

周小兵、赵新：《对外汉语教学中的副词研究》，中国社会科学出版社 2002 年版。

周小兵、朱其智：《对外汉语教学习得研究》，北京大学出版社 2006年版。

周小兵、朱其智、邓小宁：《外国人学汉语语法偏误研究》，北京语言大学出版社 2007 年版。

周文华：《现代汉语介词习得研究》，世界图书出版公司 2011 年版。

朱德熙：《语法讲义》，商务印书馆 1982 年版。

朱德熙：《现代汉语语法》，商务印书馆 1961 年版。

朱丽云：《实用对外汉语重点难点词语教学词典》，北京大学出版社 2009 年版。

朱景松：《现代汉语虚词词典》，语文出版社 2007 年版。

Susan Gass［美］、Larry Selinker［英］：《第二语言习得》，北京大学出版社 2001 年版。

期刊论文文献：

白荃：《"不""没（有）"教学和研究上的误区——关于"不""没（有）"的意义和用法的探讨》，《语言教学与研究》2000 年第 3 期。

曹春梅：《少数民族学生介词误代偏误及其原因分析》，《中南民族大学学报》（人文社会科学版）2007 年第 1 期。

陈金香:《韩国留学生否定副词的使用偏误分析》,《内蒙古师范大学学报》(教育科学版) 2011 年第 11 期。

陈小荷:《跟副词"也"有关的偏误分析》,《世界汉语教学》1996 年第 2 期。

储泽祥、肖扬、曾庆香:《通比性的"很"字结构》,《世界汉语教学》1999 年第 1 期。

崔健:《关于加强国别化汉语教学的几点思考》, 载郭鹏、赵菁主编的《汉语国际教育研究》, 北京语言大学出版社 2008 年版。

崔立斌:《韩国学生汉语副词学习错误分析》,《语言文字应用》2006 年第 2 期。

崔希亮:《"把"字句的若干句法语义问题》,《世界汉语教学》1995 年第 3 期。

崔希亮、张宝林:《全球汉语学习者语料库建设方案》,《语言文字应用》2011 年第 2 期。

丁安琪、沈兰:《韩国留学生口语中使用介词"在"的偏误分析》,《语言教学研究》2001 年第 6 期。

丁崇明:《外国留学生副词"又"习得研究》,《云南师范大学学报》(对外汉语教学与研究版) 2011 年第 2 期。

丁雪欢:《"只能""只好"比较》,《云南师范大学学报》(对外汉语教学与研究版) 2005 年第 1 期。

董秀芳:《"都"与其他成分的语序及相关问题》,《世界汉语教学》2003 年第 1 期。

范干良:《"向、往、朝"及其相关介词》,《烟台大学学报》1990 年第 4 期。

方绪军:《"V 向……"和"V 往……"》,《语言教学与研究》2004 年第 2 期。

冯佩雯:《"正是"与"正"的比较考察》,《常州工学院学报》2013 年第 1 期。

冯志伟:《从语料中挖掘知识》, 载肖奚强和张旺熹主编《首届汉语中介语语料库建设与应用国际学术讨论会论文选集》, 世界图书出版公司 2011 年版。

郜峰:《空间介词"离"及其相关句式》,《淮北师范大学学报》(哲学社会科学报) 2012 年第 2 期。

甘瑞媛:《韩中同形异义汉字合成词的对比分析》,《广东社会科学》2002 年第 4 期。

高磊:《"从来""始终""永远"的语法意义辨析》,《语言文字应用》2006 年第 2 期。

关键:《"一直""总""老"的比较研究》,《汉语学习》2002 年第 3 期。

郭伏良、杨柳:《试析"为"和"为了"的异同》,《汉字文化》2009 年第 2 期。

韩莉:《基于 HSK 动态作文语料库的连词"而且"偏误分析》,《兰州教育学院学报》2016 年第 3 期。

韩容洙:《现代汉语的程度副词》,《汉语学习》2000 年第 2 期。

胡晓清:《韩国留学生汉语中介语语料库的标注研究》,载肖奚强和张旺熹主编《首届汉语中介语语料库建设与应用国际学术讨论会论文选集》,世界图书出版公司 2011 年版。

华相:《韩国留学生习得介词"给"的偏误分析及教学对策》,《华文教学与研究》2009 年第 1 期。

黄俊:《析"只好"与"只得"》,《鸡西大学学报(综合版)》2015 年第 10 期。

黄理秋、施春宏:《汉语中介语介词性框式结构的偏误分析》,《华文教学与研究》2010 年第 3 期。

黄露阳:《外国留学生副词"就"的偏误分析》,《广西民族大学学报》(哲学社会科学版) 2008 年第 6 期。

黄喜宏、方绪军:《"只好"和"不得不"辨异》,《汉语学习》2009 年第 6 期。

蒋绍愚:《把字句略论——兼论功能扩展》,《中国语文》1997 年第 4 期。

金昭延:《韩国留学生学习汉语副词的偏误分析》,《徐州教育学院学报》2001 年第 1 期。

金琼镐:《"很"和韩国语"매우"的句法功能对比》,《汉语学习》2006 年第 3 期。

靳丽君：《韩国留学生使用介词"在"的偏误分析》，《中山大学研究生学刊》（社会科学版）2011 年第 4 期。

来思平：《现代汉语副词"真"和"很"的用法辨析》，《北京科技大学学报》1999 年第 2 期。

李大忠：《偏误成因的思维心理分析》，《语言教学与研究》1999 年第 2 期。

李丹：《现代汉语"为了"表原因用法多角度考察》，《现代语文（语言研究版）》2014 年第 6 期。

李得春、金基石：《汉字文化与朝鲜汉字》，《东疆学刊》1997 年第 3 期。

李建慧：《外国留学生介词"给"偏误分析》，《语文学刊》2010 年第 16 期。

李临定：《介词短语使用漫谈》，《语言教学与研究》1985 年第 3 期。

李如龙：《论汉语国际教育的国别化》，《语言教学与研究》2012 年第 5 期。

李晓琪：《中介语与汉语虚词教学》，《世界汉语教学》1995 年第 4 期。

李小荣：《谈对外汉语虚词教学》，《世界汉语教学》1997 年第 4 期。

李英、邓小宁：《"把"字句语法项目的选取与排序研究》，《语言教学与研究》2005 年第 3 期。

李莹：《"当在 S 还是 X 的时候"结构新探》，《华中师范大学研究生学报》2006 年第 1 期。

李宇明：《程度与否定》，《世界汉语教学》1999 年第 1 期。

刘丹青：《汉语中的框式介词》，《当代语言学》2002 年第 4 期。

刘靖：《时间副词"一直"与"总"的语义分析》，《广东海洋大学学报》2008 年第 2 期。

刘莉：《"不"与"没（有）"的语义表达功能辨析——对外汉语中否定副词教学策略》，《高等函授学报》（哲学社会科学版）2009 年第 8 期。

刘顺：《"对"字短语作定语的歧义问题》，《汉语学习》1998 年第 6 期。

刘振平：《新加坡中学生使用汉语常用介词的特点与偏误》，《华文教学与研究》2014 年第 4 期。

卢福波:《关于"太"字结构的教学研究》,《世界汉语教学》2000 年第 2 期。

鲁健骥:《中介语研究中的几个问题》,《语言文字应用》1993 年第 1 期。

鲁健骥:《外国人学汉语的语法偏误分析》,《语言教学与研究》1994 年第 1 期。

陆俭明:《对外汉语教学中的语法教学》,《语言教学与研究》2000 年第 3 期。

陆庆和:《关于"把"字句教学系统性的几点思考》,《暨南大学华文学院学报》2003 年第 1 期。

吕叔湘:《把字句用法的研究》,载吕叔湘《汉语语法论文集》,商务印书馆 1958 年版。

吕文华:《"把"字句的语义类型》,《汉语学习》1994 年第 4 期。

马真:《把字句补遗》,载马真《现代汉语虚词散论》,北京大学出版社 1981 年版。

马真:《程度副词在表示程度比较的句式中的分布情况考察》,《世界汉语教学》1988 年第 2 期。

马真:《普通话里的程度副词"很、挺、怪、老"》,《汉语学习》1991 年第 2 期。

马真:《表加强否定语气的副词"并"和"又"——兼谈词语使用的语义背景》,《世界汉语教学》2001 年第 3 期。

马真:《包含副词"也"的并列复句句式及其他》,《世界汉语教学》2014 年第 1 期。

潘优燕:《"总"和"一直"的语义、句法对比分析》,《云南开放大学学报》2009 年第 1 期。

朴相领:《现代汉语词汇与韩国语汉字词的特征比较》,载《词汇学理论与应用》(三),商务印书馆 2006 年版。

奇化龙:《中韩同形词正负迁移初探》,《汉语学习》2000 年第 1 期。

乔芸 郭凤杰:《"把"字句的句法、语义、语用研究》,《语文学刊》2007 年第 11 期。

全香兰:《汉韩同形词偏误分析》,《汉语学习》2004 年第 3 期。

任海波:《"一直"与"从来"的比较分析》,《广播电视大学学报》(哲学社会科学版) 2005 年第 1 期。

荣虹:《韩国留学生程度副词使用偏误分析》,《南昌师范学院学报》2008 年第 3 期。

沈家煊:《"有界"与"无界"》,《中国语文》1995 年第 5 期。

沈家煊:《如何处置"处置式"——论把字句的主观性》,《中国语文》2002 年第 5 期。

沈家煊:《"零句"和流水句》,《中国语文》2012 年第 5 期。

沈丽丽、李伯令:《基于语料库的韩国留学生把字句习得偏误及教学建议》,《现代语文(语言研究版)》2014 年第 2 期。

石定栩、孙嘉铭:《频率副词与概率副词——从"常常"与"往往"说起》,《世界汉语教学》2016 年第 3 期。

史锡尧:《"不"否定的对象和"不"的位置——兼谈"不"和副词"没"的语用区别》,《汉语学习》1995 年第 1 期。

司艳艳:《近三十年来对外汉语偏误分析研究综述》,《聊城大学学报(社会科学版)》2011 年第 2 期。

宋增国:《高级汉语水平韩国留学生副词"就"偏误分析》,《现代语文(语言研究版)》2011 年第 7 期。

孙朝奋:《主观化理论和现代汉语"把"字句研究》,载沈阳、冯胜利主编《当代语言学理论和汉语研究》, 商务印书馆 2008 年版。

孙迪、郭力铭、邰冬梅:《留学生"为"和"为了"的用法考察》,《现代语文(语言研究版)》2013 年第 6 期。

田善继:《非对比性偏误浅析》,《汉语学习》1995 年第 6 期。

王春辉:《对韩汉语教学中"把"字句偏误分析》,《临沂师范学院学报》2013 年第 2 期。

王还:《把字句中"把"的宾语》,《中国语文》1985 年第 1 期。

王还:《漫谈汉语一些副词》,《语言教学与研究》1992 年第 1 期。

王静:《副词"终究"的形成和发展》,《现代语文(语言研究版)》2014 年第 12 期。

王森、王毅、姜丽:《"有没有/有/没有+VP"句》,《中国语文》2006 年第 1 期。

王天佑:《"只好"用法三题》,《汉字文化》2014 年第 2 期。

吴仑真:《韩国学生习得汉语介词"在"偏误分析》,《现代语文(语言研究版)》2012 年第 5 期。

武惠华:《"不由得"和"不得不"的用法考察》,《汉语学习》2007 年第 2 期。

项雯彬:《"和""与"的对比研究及偏误分析》,《湖北师范学院学报》2015 年第 2 期。

肖奚强:《"正在、在"与"着"功能比较研究》,《语言研究》2002 年第 4 期。

肖奚强、钱如玉:《现代汉语副词研究综述》,《云南师范大学学报(对外汉语教学与研究版)》2006 年第 3 期。

肖奚强、郑巧斐:《"A 跟 B(不)一样(X)"中"X"的隐现及其教学》,《世界汉语教学》2006 年第 3 期。

肖奚强、张旺熹:《首届汉语中介语语料库建设与应用国际学术讨论会综述》,载肖奚强、张旺熹主编《首届汉语中介语语料库建设与应用国际学术讨论会论文选集》,世界图书出版公司 2011 年版。

解燕勤:《留学生学习汉语副词"都"的偏误分析及思考》,《昆明学院学报》2005 年第 1 期。

徐建宏:《汉语词汇与韩国语汉字词的对比研究》,《辽宁大学学报》1999 年第 4 期。

徐子亮:《对外汉语学习理论研究二十年》,《世界汉语教学》2004 年第 4 期。

焉德才:《论对外汉语词汇教学过程中的"偏误预治"策略》,《云南师范大学学报(对外汉语教学与研究版)》2005 年第 3 期。

杨平:《副词"正"的语法意义》,《世界汉语教学》2000 年第 2 期。

易绵竹、薛奎恩、李民:《网络背景下语言信息处理的理论研究》,《外语学刊》2000 年第 2 期。

尹桂丽:《否定副词"不""没"的差异及使用偏误分析》,《石河子大学学报》(哲学社会科学版)2004 年第 4 期。

袁毓林:《试析中介语跟"不"相关的偏误》,《语言教学与研究》2005 年第 6 期。

袁毓林:《试析中介语中跟"没有"相关的偏误》,《世界汉语教学》2005 年第 2 期。

苑艳艳:《"一……就……"格式的偏误分析及教学策略》,《云南师范大学学报 (对外汉语教学与研究版)》2008 年第 5 期。

臧传勇:《近十年来汉语作为第二语言教学中副词运用偏误研究综述》,《柳州职业技术学院学报》2010 年第 2 期。

翟艳:《汉语词语偏误分析的方法》,《云南师范大学学报 (对外汉语教学与研究版)》2007 年第 1 期。

张博:《同义词、近义词、易混淆词:从汉语到中介语的视角转移》,《世界汉语教学》2007 年第 3 期。

张博:《第二语言学习者汉语中介语易混淆词及其研究方法》,《语言教学与研究》2008 年第 6 期。

张博:《针对性:易混淆词辨析词典的研编要则》,《世界汉语教学》2013 年第 2 期。

张博:《外向型易混淆词辨析词典的编纂原则与体例设想》,《汉语学习》2008 年第 1 期。

张博:《二语学习中母语词义误推的类型与特点》,《语言教学与研究》2011 年第 3 期。

张博:《汉语二语教学词语混淆的预防与策略》,《华文教学与研究》2017 年第 1 期。

张伯江:《论把字句的句式意义》,《语言研究》1991 年第 2 期。

张宝林:《汉语中介语语料库建设的现状与对策》,《语言文字应用》2010 年第 3 期。

张宝林:《关于通用型汉语中介语语料库标注模式的再认识》,《世界汉语教学》2013 年第 1 期。

张宝林、崔希亮、任杰:《关于"HSK 动态作文语料库"的建设构想》,载《中国应用语言学会编第三届全国语言文字应用学术研讨会论文集》,香港科技联合出版社 2004 年版。

张虹:《浅析副词"共"与"一共"之比较与应用》,《吉林教育学院学报》2013 年第 1 期。

张纪红、彭家法:《对外汉语教学中副词、区别词兼类研究》,《海外华文教育》2013 年第 2 期。

张君博:《程度副词"很"的有关偏误分析》,《海外华文教育》2007 年第 2 期。

张田田:《"为"类介词的语用功能》,《教育与教学研究》2008 年第 3 期。

张艳华:《韩国学生汉语介词习得偏误分析及教学策略》,《云南师范大学学报 (对外汉语教学与研究版)》2005 年第 3 期。

张谊生:《现代汉语副词的性质、范围与分类》,《语言研究》2002 年第 2 期。

张谊生、邹海清、杨斌:《"总(是)"与"老(是)"的语用功能及选择差异》,《语言科学》2005 年第 1 期。

赵春利:《对外汉语偏误分析二十年研究回顾》,《云南师范大学学报 (对外汉语教学与研究版)》2005 年第 2 期。

郑艳群:《中介语中程度副词的使用情况分析》,《汉语学习》2006 年第 6 期。

周文华、肖奚强:《现代汉语介词习得研究》,《语言文字应用》2011 年第 2 期。

周小兵:《学习难度的测定和考察》,《世界汉语教学》2004 年第 1 期。

朱德熙:《现代汉语形容词研究》,《语言研究》1956 年第 1 期。

朱景松:《介词"给"可以引进受事成分》,《中国语文》1995 年第 1 期。

朱英月:《〈汉语水平词汇等级大纲〉中的中韩同形词比较分析》,《汉语学习》1996 年第 5 期。

朱其智、周小兵:《语法偏误类别的考察》,《语言文字应用》2007 年第 1 期。

朱其智:《留学生汉语杂糅偏误分析》,《汉语学习》2007 年第 3 期。

邹小青、白书鹏:《中介语中时间副词"正、正在、在"使用情况分析》,《才智》2012 年第 12 期。

学位论文文献:

奥云次次日拉:《蒙古国学生使用汉语副词"又"和"再"的偏误分析

及其教学对策》，硕士学位论文，上海师范大学，2011 年。

巴丹：《"都"与"也"在相关构式中的异同》，硕士学位论文，上海师范大学，2011 年。

蔡罗一：《针对"毕竟、到底、终究、终归"的对外汉语教学研究与设计》，硕士学位论文，华东师范大学，2014 年。

陈芳：《"和""同""跟""与"的语法分工和使用的层化》，硕士学位论文，暨南大学，2013 年。

陈瞳：《外国学生介词"给"的偏误分析》，硕士学位论文，北京外国语大学，2015 年。

崔泳允：《韩国学生习得介词"给"的偏误分析》，硕士学位论文，辽宁师范大学，2016 年。

董颖瑾：《表"重复"义的"又"和"再"的偏误分析》，硕士学位论文，复旦大学，2013 年。

高红娜：《初级阶段韩国留学生习得汉语副词的中介语分析》，硕士学位论文，四川大学，2006 年。

高亚云：《基于 HSK 动态作文语料库的韩国留学生"不"和"没（有）"否定结构习得研究》，硕士学位论文，北京语言大学，2009 年。

韩承美：《韩国留学生介词"在"的运用研究》，硕士学位论文，华东师范大学，2015 年。

胡彩敏：《介词"从"和"从"字结构研究》，硕士学位论文，上海师范大学，2008 年。

胡兰：《蒙古学生学习汉语介词"从"和"离"的偏误分析与教学对策研究》，硕士学位论文，东北师范大学，2013 年。

黄小燕：《汉韩"从来"类时间副词对比研究》，硕士学位论文，延边大学，2015 年。

黄一柳：《"从来"小句与"总是"小句连用情况考察》，硕士学位论文，华中师范大学，2015 年。

黄瓒辉：《时间副词"总"和"一直"的语义、句法、语用分析》，硕士学位论文，暨南大学，2001 年。

金道荣：《论阿尔泰语法背景下的汉语"把"字句偏误生成机制与教学对策》，博士学位论文，北京大学，2010 年。

金贤娥:《韩国学生习得介词"给""对""跟"的偏误分析》,硕士学位论文,黑龙江大学,2011 年。

金宣教:《韩国留学生习得重复义"还""再""又"的偏误分析》,硕士学位论文,吉林大学,2012 年。

景洪:《初级汉语水平韩国留学生使用汉语介词偏误研究》,硕士学位论文,中央民族大学,2004 年。

赖帆:《时间副词"正、在、正在"与"着"共现与替换条件研究》,硕士学位论文,华东师范大学,2011 年。

李彦泽:《外国留学生重复义副词"再、还、也、又"的偏误分析》,硕士学位论文,辽宁师范大学,2011 年。

梁珺:《句首介词"在"的分析以及对外汉语教学策略》,硕士学位论文,湖南师范大学,2014 年。

林雪梅:《"既⋯又(也/且)⋯"构式研究》,硕士学位论文,上海师范大学,2016 年。

林载浩:《韩国学生习得"把"字句情况的考察及偏误分析》,硕士学位论文,北京语言大学,2010 年。

刘畅:《韩国留学生使用把字句的偏误分析》,硕士学位论文,吉林大学,2013 年。

刘睿:《对外汉语教学中引进对象的介词"给""为""替"研究》,硕士学位论文,西北师范大学,2015 年。

刘小红:《留学生重复义副词"又、再、还、也"的习得偏误分析与教学对策》,硕士学位论文,湖南师范大学,2014 年。

刘亚璇:《时间副词"正""在""正在"的比较研究》,硕士学位论文,上海外国语大学,2009 年。

柳智恩:《汉韩汉字词的比较研究》,硕士学位论文,东北师范大学,2007 年。

孟宇:《基于对外汉语教学对象类介词"对、向、给"的研究》,硕士学位论文,沈阳师范大学,2011 年。

聂羽菲:《面向对外汉语教学的现代汉语介词"从"研究》,硕士学位论文,扬州大学,2013 年。

沈夏娜:《副词"还、再、又"重复义研究以及对韩教学策略》,硕士学位论文，山东大学，2012 年。

沈小乐：《现代汉语副词"又"的语义及用法研究》，硕士学位论文，上海师范大学，2012 年。

宋杨：《韩国留学生关联副词考察》，博士学位论文，华中师范大学，2014 年。

王会云：《初级阶段韩国学生使用汉语副词的偏误分析》，硕士学位论文，辽宁师范大学，2008 年。

王坤：《韩国留学生汉语状语语序习得偏误分析》，硕士学位论文，吉林大学，2013 年。

王亚西：《汉语常用同义介词比较研究》，硕士学位论文，广西师范大学，2002 年。

魏庭新：《现代汉语介词结构位置的考察及影响其位置的句法、语义因素分析》，硕士学位论文，北京语言大学，2004 年。

魏艳庆：《现代汉语"总是"与"一直"的研究比较》，硕士学位论文，吉林大学，2011 年。

吴成焕：《韩国留学生习得汉语介词偏误分析》，硕士学位论文，吉林大学，2006 年。

吴漪萍：《韩国留学生使用介词"在"的偏误分析及教学策略》，硕士学位论文，扬州大学，2013 年。

吴萧然：《"从来""向来""一向""一直"的对比研究及对外汉语教学对策》，硕士学位论文，南昌大学，2014 年。

吴子玉：《面向对外汉语教学的"很"和"太"的研究》，硕士学位论文，陕西师范大学，2015 年。

武氏清平：《"既……又……"格式的语义和语用特征》，硕士学位论文，北京语言大学，2002 年。

武樱：《对外汉语中"只好、只能、只得、只有、不得不"的比较分析》，硕士学位论文，河北师范大学，2012 年。

席晶：《韩国留学生习得程度副词"真""太"的偏误分析》，硕士学位论文，沈阳师范大学，2014 年。

杨永：《留学生介词"给"偏误研究》，硕士学位论文，暨南大学，2007 年。

叶姣蒂:《副词"还"的语义探源》,硕士学位论文,上海外国语大学,2006年。

于丹:《初级阶段韩国学习者学习汉语常用介词偏误分析及教学对策》,硕士学位论文,东北师范大学,2011年。

余敏:《介词"往""朝""向"比较研究》,硕士学位论文,华中师范大学,2003年。

元莲仙:《汉韩语言对比研究及在对韩汉语教学中的应用》,硕士学位论文,南开大学,2010年。

袁思思:《汉语进行体标记"正""在""正在"的对比研究及其对外汉语教学》,硕士学位论文,南昌大学,2016年。

张丹:《时间副词"一直""总是""老是"的比较研究》,硕士学位论文,延边大学,2011年。

张璇:《"和"的词性认定及其介引连接功能分析》,硕士学位论文,渤海大学,2013年。

张园:《HSK动态作文语料库中留学生使用"还是"偏误研究》,硕士学位论文,陕西师范大学,2010年。

张月:《基于对外汉语教学的介词"从"研究》,硕士学位论文,辽宁师范大学,2012年。

郑静:《韩国留学生习得对象介词"对""向""跟"的偏误分析》,硕士学位论文,四川师范大学,2014年。

郑攀:《认知语言学视角下汉语介词"在"研究》,硕士学位论文,沈阳师范大学,2013年。

周洋:《韩国留学生习得对象类介词"对、向、给"的偏误分析》,硕士学位论文,吉林大学,2013年。

周颖:《汉语常用介词"给""对""跟""向""为"的研究及其教学》,硕士学位论文,新疆大学,2009年。

周正红:《韩国学生使用汉语介词偏误分析》,硕士学位论文,辽宁师范大学,2007年。

朱虹:《韩国本土汉语学习者学习把字句偏误分析及实验教学研究》,博士学位论文,吉林大学,2015年。

邹岚:《"都"和"也"互换与同现研究及其在对外汉语教学中的应用》,硕士学位论文,复旦大学,2010年。

后　记

专心做自己喜欢的事情是幸福的。记得 2011 年教育部课题申报成功时，当时我的心情是既高兴又忐忑。随后的几年，建设国别化偏误分析语料库占用了我大量的时间，导致研究计划一拖再拖，但我一直没有停下前行的脚步。今天，基于国别化偏误分析语料库的第一个小成果终于面世了。通读全书，掩卷沉思，既有小兴奋，也有小遗憾。兴奋的是付梓在即的书稿中有不少新观点和新发现，遗憾的是书中对某些词的偏误分析尚嫌粗浅浮泛，值得进一步研究论证。不过好在我们也知道，追求学术真理的过程，绝不可能一蹴而就，一劳永逸。带着问题负重前行，也许更能让自己"行稳致远"。

本书的研究方法并不新颖，但即便如此，我们仍然坚信这一研究深具意义。在我们看来，本书最鲜明的特点是"用最传统的方法，做最有意义的事情"。因为很多从事汉语国际教育的教师都希望对所教授的汉语词汇的偏误分布情况有一个大致的了解，以便有针对性地实施教学，实现教学效果的最大化。但他们往往苦于手头找不到现成的资料，或者即使能找到一些，也常常是不分国别的研究结论，指导教学的效果难免打折扣。我们的研究很大程度上填补了这一空白。基于国别化汉语中介语语料库偏误反馈的海量研究资料，不但能让广大教师和汉语国际教育专业的本科生、硕士生、博士生更切近地窥见汉语中介语偏误分析的复杂性，而且能使他们更直观地感受外国人习得汉语过程中语言认知的复杂性，这本身就非常有价值。因此，在研究的过程中，我们没有把主要精力放在探讨每个词的偏误成因和教学应对策略上，而是尽量摒弃陈词滥调，让语言事实说话，在此过程中聚焦偏误描写和偏误解释。也就是说，我们更看重的是每个词的偏误分布和偏误表现，以及这个词与其"易混淆词"在语义背景和语法功能上的异同探讨。

当然，我们也知道本书的不足。比如，历时研究没有得到充分重视，有的词的本体研究资料搜集得尚不够全面，偏误难度评价做得还不够彻底，语料规模还需要进一步扩充，等等。这些不足，我们会在以后的研究中逐步加以改进。

在本书写作的过程中，鲁东大学国际教育学院院长胡晓清教授为我提供了各种有利条件，加油打气的话语至今言犹在耳，她是我最应该感谢的人。同时，还要感谢鲁东大学国际教育学院 2015 级代婷婷、李杨、吴真、周娜、肖雅文、白微、岳辉、李迎赫等同学，她们在文献检索和语料分类方面做了大量工作，为本书的顺利写作创造了有利条件。我爱人李冰枝女士不但为我创造了很好的研究环境，还在百忙之中主动承担了本书的图表设计工作，所以本书的出版也有她的一份辛劳。

最后，惟愿本书"精彩而解渴"，能够激起大家研究语言偏误的兴趣。学术之路不易，且行且珍惜！谨以此语与尊敬的读者朋友共勉！
是为后记！

馬德才

2018 年 2 月 18 日